U0909074

写作培训规划教材 | 总主编◆周蓓新

社交文书写作模板与范本

文体规范　范文新颖　即查即用

主　编◎余　潇　侯蓉英
副主编◎袁佩芬　何　蕾

SHEJIAO WENSHU XIEZUO
MUBAN YU FANBEN

中国纺织出版社

内 容 提 要

本书以社交中常用的文体为主，内容涵盖信电类文书、告启类文书、礼仪类文书、涉外信函、涉外礼仪文书五大类别，涉及多种文体，每种文体模板规范，并配有示例范文，读者可直接套用，同时补充近似文体区别、惯常问题等写作注意事项，更切合社交文书写作的需要。

本书主要供各级行政机关、社会团体、企事业单位的文秘人员、办公室工作人员学习写作各种社交文书，作为写作培训规划教材，也适合秘书学专业或相关专业的学生使用，其他读者也可作为自学的参考书。

图书在版编目（CIP）数据

社交文书写作模板与范本 / 余潇，侯蓉英主编．—北京：中国纺织出版社，2016.2

ISBN 978-7-5180-2203-8

Ⅰ．①社… Ⅱ．①余… ②侯… Ⅲ．①汉语—应用文—写作 Ⅳ．①H152.3

中国版本图书馆CIP数据核字（2015）第283826号

策划编辑：刘 丹　　责任印制：储志伟

中国纺织出版社出版发行
地址：北京市朝阳区百子湾东里A407号楼　邮政编码：100124
销售电话：010—67004422　传真：010—87155801
http://www.c-textilep.com
E-mail：faxing@c-textilep.com
中国纺织出版社天猫旗舰店
官方微博 http://weibo.com/2119887771
三河市盛宏印务有限公司印刷　各地新华书店经销
2016年2月第1版第1次印刷
开本：710×1000　1/16　印张：23.5
字数：362千字　定价：58.00元

前言

社交文书写作能力是秘书人员应具备的最基本技能，也是其思想理论水平、思维能力、知识结构等各项素养的综合性反映。因此，学习社交文书写作，对于提高文秘工作的质量，提高文秘人员自身的软实力至关重要。当今，随着办公室工作处理的科学化、现代化和规范化程度的加深，对社交文书写作的实用性要求越来越高。《社交文书写作实用模板与范本》的编写宗旨就是突出实用，以社交中常用的文体为主，以规范的文体模板和范本为核心内容，配以精练的文体写作基础知识和有针对性的写作注意事项，帮助读者提高写作能力，高效、高质地完成各种社交文书写作任务。本书主要供各级行政机关、社会团体、企事业单位的文秘人员、办公室工作人员学习、写作各种社交文书。同时，本书作为写作培训规划教材，也适合秘书学专业或相关专业的学生使用，其他读者也可作为自学的参考书。

本书具有如下特点：

首先，注重实用。本书简明切实，从各种社交文书写作的实际工作入手，对具体文体写作的内容要求、结构特点、写作要求概括精准，点明各种文体的写作个性，做到理论部分阐述简洁，而以写作模板和范本为主，具有很强的针对性与实用性。

其次，注重规范。本书模板设计规范，种类齐全。囊括信电类文书、告启类文书、礼仪类文书、涉外信函、涉外礼仪文书类五大类别，涉及多种文体，每种文体模板规范，并配有示例范文，读者可直接套用，同时补充近似文体区别、惯常问题等写作注意事项，更切合社交文书写作的需要。

最后，范文新颖。在内容编写上充分考虑社交文书写作工作的现状和实际需要，力求与时俱进，所用范文大多为近几年内所作的，类型多样，具有典型性和时代气息。

本书由余潇（华北科技学院）担任主编，侯蓉英（华北科技学院）、袁佩芬（浙江旅游职业学院）、何蕾（华北科技学院）担任副主编。具体分工如下：侯蓉英负责绪论、第一章和第四章，何蕾负责第二章和第三章，袁佩芬负责第五章、第六章和第七章，余潇负责第八章、第九章，并负责全书统稿。本书的编撰得到了周蓓新教授的大力支持与协助，在此特别致谢。

在本书编写过程中，作者参考了很多相关的专业书籍和文献资料，吸收、借鉴、引用了其中的一些观点、材料和案例，为了行文方便，未能在书中详尽注明，以参考文献的形式在书后一一列出，为此向有关作者深表谢意。

由于是集体编写，各位作者会有文字风格差异，加之我们水平所限，书中难免会存在一些疏漏欠妥之处，敬请读者批评指正。

编者

2015 年 11 月

目 录

第三章　信电类文书写作模板与范本（下）

第四章　告启类文书写作模板与范本

第五章　礼仪类文书写作模板与范本（上）

第六章　礼仪类文书写作模板与范本（中）

第七章　礼仪类文书写作模板与范本（下）

第八章　涉外信函写作模板与范本

第九章　涉外礼仪文书写作模板与范本

绪论

随着全球经济一体化、互联网信息的高效化，国际间的商务交流日渐频繁。多变的经济市场和复合型的高素质人才需求，为秘书学专业的教育目标提出了更高的要求。无论是公务秘书、企业秘书、文字秘书，还是商务秘书、涉外秘书等，各大高校都在致力于培养能够在各类企、事业单位和相应管理部门从事辅助决策、实施有效管理的高级秘书人才。尤其在各个高校的培养目标和课程设置上，要求学生具备涉外交际能力、语言文字表达能力、沟通协调能力、应变能力、谈判促销能力的等多方面的素养，已经成为各大高校文秘专业的重要的办学特色和实践导向。更为重要的是，面对互联网社交多媒体的发展，新型的商务文秘人才要能够熟练地运用电子科技多媒体，即时处理商务往来中的电子邮件、商务报告、新闻稿、操作说明以及商品宣传等，同时还能够快捷有效地起草公关活动的调研案、策划案，化解各种公关危机以及分析总结活动后期的评估文案等等，同时还要能够与交涉方有效积极地社交，例如电信问候与邀约、礼仪性的祝贺与答谢、商务洽谈建立合作关系、谈判各种合同、策划企业活动、联络公众建立诚信等等。因此，熟悉各类社交文书，掌握社交文书的书写文体与写作规范，是国际化高级文秘人才必须具备的最重要的能力。一份得体的社交文书直接关系到企业的对外形象与品牌。

在人才的培养规格上，秘书学专业重点培养具有国际视野、电子社交和商务沟通能力运用自如的复合型文秘人才。因此，作为高级文秘人才，写出的社交文书内容必须符合不同场合的社交语言情境要求、遵循各国文化语用规则、表述贴近双方的心理需求，条理清晰，文理通顺。目前常用的社交文书包括信电类文书、告启类文书、礼仪类文书、涉外类文书等，具体有事务性通知、邀请函、请柬、感谢信以及海报、外贸商业信函等。加强学生社交写作能力的培养，是贯彻秘书学专业定位理念和人才培养规划的需要，是专业特色的重要体现。高级秘书要有过硬的撰写各种社交文书的能力，要善于写出可供领导参考的社交策划文案、咨询建议书，以及可供媒体和有关部门采用的其他社交文稿。这些文书一方面要写得专业、有认识高度，能够帮助解决各类商务问题；另外还要融入双方互惠互利的社交合作思想。本科秘书学专业培养的学生，需要走进各类企事业单位的管理层，作为领导的外脑和手臂，通过公关社交，积极处理危机事件，对职场问题进行敏锐的判断分析、提出处理方案等。

目前秘书资格考试等级分为六个层次。第一类是秘书国家职业资格考试；第二类是全国商务秘书职业资格考试；第三类是国际商务秘书职业资格认证考试；第四类是信息化商务秘书资格考试；第五类是伦敦工商会（LCCIEB）秘书证书、日本的 CBS 考试；第六类是国际职业秘书协会秘书（IAAP）考试。前四类秘书学的资格认证书是国内不同行业的专设的秘书认证考试，后两种是国际上认可的秘书考试认证资格书，考试难度加大。尤其 IAAP（国际职业秘书协会的英文简称），是全球著名的跨国性职业组织，它的资格认证在业内被称为“博士级”的资格证书。国际职业秘书协会对秘书职业的要求作了如下描述：“像心理学家一样善于观察和理解人，像政治家一样有灵敏的头脑，像外交官一样有潇洒的风度，有洞查各种棘手问题的丰富经验，有良好的速记能力及文字功夫，谙熟各种商业往来中的法律关系，能熟练地使用各种办公自动化，具备相当的金融和税务方面的知识，能熟练地对各种文件资料进行整理。”① 不难看出，这些资格认证都对秘书的写作能力提出了高要求，比如必须能够撰写各类社交书信公函及各种商务报告，为企业经营者的决策提供科学依据；能有效地与客户沟通，能够起草一般性文件、报告和准备会议，进行信息收集和管理等工作；能够协助决策者策划、组织、协调和管理大型活动，懂得法律、税务、金融、WTO 规则等专业知识，能够起草重要合同文本；能够全面协调和处理应急事务，达到总裁助理的能力。② 企事业单位的各项商务社交事宜都具有举足轻重的作用，而秘书社交文书的规范与标准化直接影响着企事业单位的经济利益。

---

① 孙芳芳 . 科学理论与实务 [M]. 杭州：浙江大学出版社，2007 年，第 9 页 .

② 金圣才文化发展（北京）有限公司 . 信息化商务秘书资格考试 [EBIOL]httpalwww.l00mishu.comiExamIndex. ①spx？ Id=1709，2010-3-16.

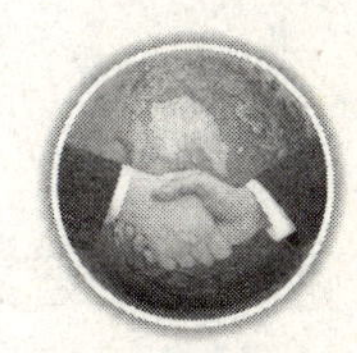

第一章 社交文书概述

chapter 1

第一节　社交文书的界定

一、社交文书的概念

社交文书是一种运用书面形式进行交际，有明确交际目的、交际内容、交际对象的固定书面语言系统，多用于较为正式的社交场合，具有广泛性、长期性、准确性和权威性的特征。它的发文者往往是以机关、企事业单位、社会团体组织的名义出现，主要体现的是发文机关的意图，而非个人意图。即便是秘书以个人名义拟写出现的，实际上代表的仍是机关、企事业单位组织。社交的双方即为表达者和接受者，团体性成为交际双方的基本角色。社交文书的种类繁多，如契约性文书（国际贸易经济合同等）、礼节性文书（国际往来的邀请函、请帖、感谢信、商函等）、介绍信、证明信、邀请信、感谢信、祝贺信、慰问信、申请书、吊唁信、求职信、推荐信等等，恰当得体的社交文书能帮助企事业单位有效地沟通人际关系，交流思想感情，提升企业形象。它不会受到时间、地点的制约，而且在写稿完成之后还可以进一步修改，达到准确、规范。

实际上社交的本质是关系能力维系的一种体现。具体包括为沟通双方是否能够满足彼此自主和交往的需求，达到交往预期；在社交过程中是否能够互惠互利，产生共识，并且以礼相待，有效合作；同时双方文化和心理习惯是否可以互相适应，灵活变通，处理和解决各种矛盾问题。一个优秀的秘书不但需要了解相关社交对象的背景、行为规则、情境的信息，而且需要了解他人文化中的交际者对其交际的目的和动机所在，并能够恰如其分地将其融进社交文书的写作中，这对于国际商务文秘来说，是必要的社交技能。因为沟通的成功与否、企业与客户之间是否有良好关系的建立，都与社交文书是否规范有直接关系。

1972年社会语言学家Hymes在《论交际能力》中提出了“交际能力”

（Communicative Competence）的概念。Hymes 认为，一个人的交际能力包括语法（合法性）、心理（可行）、社会文化（得体）和概率（实际出现）等方面的判断能力。Hymes 认为，语言能力其实只是交际能力的一个组成部分，如果一个人获得了交际能力，也就是说他不但习得了与语言规则相关的知识，而且还具有在实际的社交中适当使用语言的能力。此外，他还认为，学生在学习有关句法知识时，不但要掌握相应的语法规则，还要尽可能地理解言语在特定语境下的恰当性。他称这种运用能力为语用能力。因此，认知、情境与语言三种能力是紧密相连、互相作用的，三者互相作用，从而能够推动国际商务文秘的沟通顺利进行。

二、社交文书的特点

在社交活动中，社交文书具有交际目的明确、交际对象特定、使用材料真实、交际惯用格式固定、交际语言得体、交际时效有限等特点。

（一）交际目的明确

人们在进行社交的时候都有一定的交际目的。同样每一篇社交文书都有自己的写作交际用意，可以提出合作意向、交流信息；或者表示答谢与慰问，增进感情；或者组织活动，发布通知等。这个目的是在写作之前就产生的，并在写作的过程中贯穿始终。一篇社交文书的优劣，就看它是否实现了交际目的。大多数社交文书如祝词、贺信（电）、迎送词、答谢词等通过内容，可以看出来一篇社交文书的交际目的；另外，还有些社交文书如公示、启事、海报、声明等通过标题，也能够大致了解发文机关的交际目的。如果从标题无法确切了解公文制发机关的交际目的，还可以从社交文书的开头部分或者结尾部分了解交际目的，如商务关系函、外贸商业信函、提供服务函等。因为文书的开头部分常常交待发文缘由、依据、原因等，结尾部分也常常揭示发文的意义，提出希望等。

（二）交际对象特定

交际对象指语言交际中信息传递的目标，即语言交际活动中的信息接收者，它包括信息接收者的职业身份、文化程度、思想状况、性格爱好、处境心情、年龄阅历、生理特征及说话人的特定关系等，这些因素共同构成语言交际活动的交际对象，影响着语言交际的效果。社交文书的交际对象，即受文对象，可能是一个企事业单位或商务合作伙伴，也可能是几个企事业单位，也可能针对大众的告知性文书。一篇文书的交际对象确定了，交际范围也就确定了。按照社交文书的撰拟规范，在文书撰拟之前，就要明确交际范围。这样在国际商务谈判中，避免误会、增加谈判成功的机会。秘书不仅应遵从合作原则的“四准则”（即质量、数量、关联性和方式），更应充分运用礼貌原则，来维护双方的友好关系。

（三）材料真实准确

在日常生活交际中我们要求以诚待人，社交文书更要求以诚待人。文书之“诚”，是通过文书中使用真实可信的材料来实现的。只有这样，文书才能真正发挥交际作用。一旦文书中所使用的的材料失真，会给合作双方带来或多或少的影响，有些甚至影响企业的声誉和诚信。比如在文书写作中，数据、人名、地名等都要求真实准确，特别是一些请示、报告中的数据。这些数据只有准确、真实，才能有利于上级制定出适合的政策。同样在喜庆、哀丧、欢迎、送别或祝贺场合中用以表示礼节抒发情感的社交文书，它是人们真情的流露。所以要真实、亲切、热情，不虚假矫情、敷衍应酬。

（四）惯用格式固定

文书大多具有固定的格式，特别是社交文书，虽然有一定的灵活性，但是基本的格式要求是要符合规范的。这决定了文书语言不能像其他语言一样，自由创作。它表现在文种的名称固定、称谓语有一定惯例、有惯用的短语、有一般的层次结构，有常用的结尾或落款方式，有约定俗成的文面形式。有些文种的格式要求非常严格，例如告启类文书中的公示、启示、声明等。规定社交文书的格式有利于交际的顺利进行。一篇社交文书，有着正确的格式，到达交际对象手中，方便对方查看和办理。文书的格式是出自礼仪的习惯，代表着写作一方对于交际对象的友好和尊重。文书格式如果运用错误，就会给对方办理文件带来不便，甚至延误办理时间，可能对交际目的产生负面影响。格式是在长期的社会实践中逐渐发展定型的，它有利于文书的规范和实用，能够发挥文书的交际功能，提高办事效率，方便文书的传递和管理。

（五）交际时效有限

文书对成文时间非常重视，一篇公文要上传下达、互相交流，必须有一定的时间作为参考。比如，会议纪要就要离会议结束时间比较短。社交文书讲求时效首先是为了提高办事效率，防止拖沓误事。尤其一些商务信函和启示、海报等，没有时效性，社交也就失去了它的意义。再如，有些商业机会难得一遇，稍一放松就会失之交臂，商贸信函中也应体现出“时间就是金钱”的快捷性。在人际交往中，守时不仅是礼貌，也是一种美德。每一篇社交文书都会写明成文时间。

三、社交文书的意义

随着新时期中国的经济发展与腾飞，中国与其他国家和地区的经济交流越来越密切。目前，中国综合国力已跃居世界前列，在全球化的社会中扮演着举足轻重的角色。国际商务谈判中，社交是必不可少的环节，也是一种重要的手段。社交文书成为国家间贸易关系建立的桥梁和纽带。由于国家与国家之间在文化习惯和商务规则方面都各有不同，而社交文书作为交际的信息传递者、促进者、协调者，书面语言和书面格式的规整体现了商务社交的专业性。作为秘书，需要在写社交文书时，对所涉及的商务合作过程中涉及的互动性、文化习惯、纠纷处理和利益分配有所了解，才能将商务细节写进文书内容中，获得最佳效果。当然，社交文书中巧妙地运用语用策略和心理策略是非常重要的，它们对社交文书的表达起到了规范和指导作用，积极推动双方的合作，更高层次地促进彼此的友好氛围与互动。国与国的交往不局限在经济方面，在政治、文化层面上的沟通与合作也正逐步扩大、加深。中国多方位的外向发展形态，进一步令中国对外的政治、经贸领域多元化、高端化和全球化。有交往就有可能发生摩擦，只有了解国与国、民族与民族以及各种不同种族群之间存在的差异，了解文化冲突的根源，学会从跨文化角度思考和处理问题，才能克服沟通和交往中的障碍，这是商务秘书另一个素养的提升。这样，中国才会进一步了解世界，世界才会更好地了解中国。

当前，全球社会正面临着历史上最为复杂的文化变迁，社会关系和交往方式正发生诸多革命性变化。社交文书作为一种由“文化传播和语言组织起来的解释性范式的贮存”，是交往行为得以落实的基础，也是交往行为得以继续的“界面”。社会交往是人在社会上存在的基本方式，也是社会结构形成的基础。作为人与人之间发生社会关系的中介和现实体现，多种文体的社交文书也正是不同类别、不同层次社会交往关系规范化、制度化的结果。涉外社交文书促进了不同文化之间的民族和国家文化大传播，穿行于世界各地的商人、旅行者和移民融化了不同文化的隔阂，增进了国际文化、民族之间的相互了解。信息网络化的出现赋予了人们社会交往的新内涵，从时间和空间上根本改变了传统的社会交往和人际沟通的方式，由此而出现的社交文书不仅扩大了社会交往的空间，同时也建立了新的人际交往关系，更形成了许多独特的观念与准则。

第二节　社交文书的分类

随着科技信息化的发展，公共性的社交活动和场合也越来越多，例如电子社交、涉外社交、公众社交、行政社交、商务社交等。由于社会经济和科学技术的交融，在实际应用中，各种社交文体也悄悄地发生着变化，有些文体随时代的变化而逐步消亡，而同时又有一些新的文体应运而生。因此，适应不同社交情境的文书，通过总结，大致概括起来可以分为以下四类：第一类是信电类文书。这类文书通常用于企事业单位机关，通过利用互联网电邮 Email 和微信、微博等电子化社交平台，以一定的规范格式和书写要求进行的各种信函往来。这类社交文书多用于解决事务性的各项问题，要求语言严谨和准确，具体包括介绍信、证明信、申请书、谋职信、请柬、聘书、倡议书、建议书等。第二类是告启类文书。这类文书是以大众作为社交对象，通过公众传播的方式进行公共社交，目的在于信息的传播与告知，如公示、启事、海报、声明等。第三类是礼仪类文书。此类文书是人们在社交场合、人际交往等礼仪活动中，用书面形式表达恭敬之情、礼貌之意时使用的各种社交文体的总称，包括祝词、贺信（电）、迎送词、答谢词、慰问信、感谢信、讣告、悼词、题词、寄语、对联等。第四类是涉外社交文书，主要以国外友人、外商合作伙伴作为社交对象，是跨文化的书面的形式，具体包括涉外信函、商务关系函、外贸商业信函、提供服务函、涉外的请柬与聘书、欢迎词、欢送词、告别词 、祝酒词等。

一、社交文书的类别

每一类社交文书的接受对象不一样，语境不一样，文书的语言与基本格式也就有所不同，具体类型介绍如下。

（一）信电类文书

在社交活动中，信函、电子邮件的往来是现代人们交流沟通重要的媒介。尤其办公秘书需要每天处理大量的电子邮件，要通过各种各样的社交文书达成意向，完成工作任务。因此信电类文书的拟写格外重要。所谓信电类文书，是一个概括性的概念。从广义上来讲，信电类文书是机关、团体、企事业单位以及个人在社会活动中，为了某种需要，按照一定的体式和要求形成的信函式书面文字材料。信电类文书大体可分为介绍信与证明信、申请书与求职信、请柬与聘书、倡议书与建议书等几类。这些文书是以建立公共关系目的和开展公共关系活动而制作使用的各种书面材料，具有实用性、程式性、广泛性、时效性等特点。

1. 信电类文书的文体类型

（1）介绍信：指由机关团体、企事业单位等社会正式组织或机构出具，旨在向有关单位证实本单位人员身份、使命等客观情况的一种事务性书信。例如，工作调动介绍信、工资介绍信、便函式的介绍信、固定格式的介绍信等。

（2）证明信：特指证明一个人的身份、经历或一件事情的真实情况时所写的专用书信。它也通常被称为“证明”或“证明书”。例如组织证明信、个人名义证明信、存档文件证明信、丢失证件证明信、使用证件证明信等。

（3）申请书：是指个人或部门向上级组织、机关、企事业单位或社会团体表述愿望、提出请求时使用的一种文书。例如个人申请书、单位集体公务申请书等。

（4）求职信：又称“自荐信”或“自荐书”，是求职者主动向用人单位或单位主管领导介绍自己的个人资历和实际才能，表达自己就业愿望，以求对方了解自己、相信自己、录用自己的一种书信式专用性文书。例如，有技术性求职信、销售型求职信、生产性求职信、演艺性求职信、医疗性求职信等。

（5）请柬：又称为请帖、柬帖，是为了邀请客人参加某项活动而发出的礼仪性书信以示对客人的尊敬，也表明邀请者的郑重态度。请柬又分为双帖、单帖。

（6）聘书：又称聘请书，它是指单位或个人用来聘请某些有特长、名望或具有业界权威地位的人员担任某一职务或承担某项工作任务时使用的一种专门文书。例如专家聘书、顾问聘书、名人聘书等。

（7）倡议书：是由某一组织或社团拟定、就某事向社会提出建议或提议社会成员共同去做某事的书面文章。例如捐款倡议书、志愿服务活动倡议书、工会倡议书等。

（8）建议书：是指个人、单位或集体向有关单位或上级机关和领导，就某项工作提出某种建议时使用的一种常用书信。它通常是个人或者单位有关方面为了开展某项工作，完成某项任务或进行某种活动而倡议大家一起做什么事情，或提出合理化的意见、建议时使用的一种文体，也叫意见书。例如，公司建议书、法律建议书等。

2. 信电类文书的特点

（1）信电文书的简洁性。信电文书是处理社交关系的实用文，为便于沟通、交往与传播，行文去芜求精，简明概括，目的明确。例如，介绍信与证明信、申请书与求职信、请柬与聘书、倡议书与建议书等文体在词语的使用上力求简洁概括。

（2）信电文书的规范性。信电类文书具有特定的惯用程式。所谓程式，指在长期的实践中总结形成的有关内容要素、行文格式、书写位置以及一些习惯用语等方面的基本要求。因此在运用语言上要求准确严密，合乎逻辑与语法，合乎事实与政策。

（二）告启类文书

在公共社交关系中，机关、企事业单位需要经常就某些公共事务向公众公开发布言论，以表明其态度与立场，因此告启类文书就成为企业危机传播、政府危机公关以及团体组织与其他公众团体交流合作的沟通平台。通常所谓告启类文书的内涵主要是指机关、单位、团体就某一具体事项向群众公开陈述、报道、解说，说明事物，以使大众周知的一种简短社交文书，具体包括启事、声明、公示、公告、海报、商业广告、通知、通报、产品说明书等。这类文书公开性、时效性、传播速度快与范围广的特性非常显著，因此具有维系公共关系独特的职能。

1. 告启类文书的类型

（1）公示：特指党政机关、企事业单位、社会团体等事先预告群众周知，用以征询意见、改进工作的一种社交文书。公示所公布的事项通常是行政机关发布有关政策、法规，告知群众遵守或执行，或者企事业单位宣告某种事项，需要公众周知或者遵守，希望群众知晓并给予必要的协助。例如，法规性公示、知照性公示、意见性公示、办理性公示、制止性公示等。公示具有广泛性、周知性、法规性的特征。

（2）启事：一般是指政府机关、企事业单位或个人向公众说明事实，提请公众注意，或呼吁公众协力、予以帮助、办理事情或传达礼仪信息的社交文书。启事具有公开性、鼓动性及社交求助结合的特点，而不具约束力。启事的应用面广，简便易行。启事的种类很多，如：开业启事、招聘启事、招生启事、征订启事、招商启事、招领启事、征文启事、征婚启事、寻物启事、求租启事等。

（3）声明：它是指国家机关、社会团体、企事业单位以及个人就某一重要问题声明立场、态度、主张或维护自己权益所发表的公开性应用文书。声明的发布途径广泛，发布形式灵活，可以在报刊登载，可以通过广播、电台播发，也可以利用互联网发布，还可以进行张贴。声明的文种包括：作废声明、遗失声明、解除合同声明、解除关系声明等。

（4）海报：海报是向公众报导文化娱乐、体育赛事，例如介绍有关电影、戏曲、杂技、体育、学术报告会、球讯、晚会、电影、演出、展览等等与群众生活密切相关消息时所使用的宣传性应用文。海报的种类很多，包括电影海报、文艺活动海报、体育赛事海报、报告会海报等。

2. 告启类文书的特点

（1）鲜明的目的性。由于机关、企事业团体组织鲜明的目的性，因此在拟写告启类文书时就已经明确了公关活动要达到预期效果。告启文书只有在既明确要解决什么问题，又明确要达到什么目的时，才能进行写作。这样写出来的告启文书才能真正解决问题，达到组织或公关活动的预期目的。社交文书的创造力在于“协调”。因而可以说，告启文书写作的目的正是协调各方面的关系。

（2）信息的客观性。告启类文书的一项主要工作就是传播信息，而一般来说，传播信息这一工作本身并不难，难的是如何客观地、实事求是地传播信息。因为信息传播是否客观、真实，与组织、与公众皆有利害关系。告启文书写作要客观地传播信息，首先必须客观地掌握事实，秘书人员在调查、了解有关事实时，应不带偏见，而且必须杜绝主观随意性，力求事实的公正与真实；其次，告启文书在写作时对材料的要求要非常严格，必须认真鉴别，反复核实，实事求是，不容许有任何虚构。

（3）传播的主动性。告启类文书写作的主动性，首先表现在内容上，它是为公共关系活动服务的，是为了解公共关系活动中存在的实际问题，对公共关系活动起着直接的作用。例如，启事是为了把组织好的有关信息传播给公众；海报是为了给公众传递最新的娱乐信息和促销信息。这些都应该是积极主动的，而不是被动的。其次，在瞬息万变、丰富多彩的社交关系活动中，告启文书不是一种机械的固定模式，而是因人、因事、因时、因地而宜的。文书写作要主动根据具体情况灵活运用，才能获得理想的传播效果。

（4）很强的针对性。告启类文书写作还有一个明显的特征就是针对性很强。这里所说的针对性，主要体现在以下几方面：①有明确的涉及范围和对象，读者对象一般都有明确的范围或特定的公众。②针对具体问题而写作。告启类文书写作，总是针对公共关系活动或组织的存在与发展中的具体问题而进行的，因而写成的文章一般都有高度的针对性。

（三）礼仪类文书

礼仪文书是指国家、单位、集体或个人在迎来送往、节日庆典、婚丧寿贺、致谢慰问等各种礼仪和仪式中，以及其他社交场合用以表示礼节、抒发感情、具有较规范固定格式的一种应用文。它是人们在社交场合、人际交往等礼仪活动中，用书面形式表达恭敬之情、礼貌之意时使用的各种实用性文体的总称。人们在日常工作、生活中进行文明交往时，礼仪文书能够密切人际关系，增强友好气氛，是显示礼貌风范的一种重要工具。它能够增进人与人之间的了解、理解、信任，加深感情、增进友谊，也有利于建立良好的工作关系，促进双方事业的发展。社交礼仪类文书的特点表现为内容的礼节性、语言的感情性、篇幅的短小性、写作格式的非固定性。自古至今，礼仪文书文种类繁多、体裁各异，主要包括下列常用的社交文体，如祝辞、悼辞、欢迎词、欢送词、答谢词、开幕词、闭幕词、祝酒辞，以及讣告、祭文、碑文、挽幛、对联等。

1.礼仪文书的分类

（1）祝词：祝词也叫祝辞，指在各种喜庆场合中对人、对事表示祝贺或祝愿的一种社交礼仪生活文书。具体如事业祝词、祝寿词、婚嫁祝词、祝酒词等等。

（2）贺信（电）：贺信（电）是在某组织、某个人取得成功和成绩或是在节日、生日等值得庆祝的日子里用来表示庆贺的一种专用书信。有上对下、同级、下对上或者个人或单位、组织给某些重要领导人、重要人物的贺信（电）。

（3）迎送词：它是国家机关、团体、企事业单位的领导在举行隆重庆典、大型集会、迎送仪式或宴会上为欢迎、送别客人而写作的讲演稿。例如有接待重要来宾的迎送词、会议活动迎送词、驻港部队迎送词、援藏干部迎送词等。

（4）答谢词：是指特定的公共礼仪场合，主人致欢迎词或欢送词后，被欢迎者或被欢送者所发表的对主人的接待或盛情款待表示谢意的致词、讲话。有晚宴答谢词、婚礼答谢词等。

（5）慰问信：它是有关机关、团体或者个人，以组织或个人的名义，在有关集团、单位、团体或个人处于特殊的情况下时（如战争、自然灾害、事故），或在节假日来临之际，向对方表示慰藉、问候、鼓励、关切的礼仪生活文书。具体有春节慰问信、教师节慰问信、灾区慰问信等。

（6）感谢信：感谢信是单位或个人对某个单位或个人的关心、支持、帮助表示感谢的礼仪生活文书。感谢信不仅有感谢的意思，而且有表扬的意思。有个人感谢信、集体感谢信。

（7）讣告：讣告一般由逝者的亲属、朋友、生前所在单位或专门成立的治丧委员会发出，以向逝者的生前好友、有关团体、社会公众报丧。具体有一般式讣告、新闻报道式讣告、公告式讣告等

（8）悼词：它是在追悼大会上对逝者表示哀悼、敬意和思念的讲话或对逝者表示哀悼、缅怀的悼念性文章。按照用途划分有宣读体悼词、艺术散文类悼词；按照表现手段进行划分分为记叙类悼词、论文类悼词、抒情类悼词等等。

（9）题词：亦称题辞，是礼仪类应用文体之一。题词是为给人、物或事留作纪念而题写的简短、精练，同时又具有一定审美意义的集公关、书法、艺术等多种功能为一体的文字。具体有长辈对晚辈题词、同辈之间的题词、给英雄人物题词、为自然景物题词、给建筑物题词、为日常用品题词、给书籍题词等等。

（10）寄语：指寄托希望的话语给寄语对象以希望和鼓励，比如新年寄语、圣诞寄语，有新年寄语、圣诞寄语、教师（班主任）寄语、家长寄语、名人寄语等。

（11）对联：是一种由内容相关、节奏相同、词性一致、平仄协调、上下联字数一致的对偶句组成的一种应用文体。对联具体有春联、贺联、喜庆联、名胜联、题赠联等等。

2. 礼仪文书的特点

（1）情感的沟通性。礼仪文书有利于个人、企事业单位、社会团体及其之间加深情感，增进相互了解、彼此沟通、交流信息。在某些特定的时刻，通过礼节性和规范化的用语，来传递双方彼此之间的思想和感情。

（2）礼节的表达性。在传递信息的同时，通过礼仪文书的行文来表达喜庆、祝贺、悼念的礼节，把生活、情感和礼节融合为一体。礼仪类文书所承担的传递信息和表示礼节的功能是其他各种文书形式所不能取代的。

（四）涉外文书

涉外文书，是外事交往中一种重要的书面表述工具。外事文书是一类国际性、日常性和服务性文体的总称。它特指国家政府领导人、外交机关、外交代表及地方机关、军队、团体、企事业单位及法人在国际政治、外交、军事、经济贸易、科学文化、法律、宗教等实践活动中，用于发布和贯彻执行法律、证明身份，叙述事实申述立场、观点，表明态度，交涉问题，传递信息，建立友谊加强合作通知事务，同时通告情况、订立协议、礼仪往来等的一种重要的书面表述。涉外文书都有一定的严肃性和国际规范性。它们可以使外事工作的情况上情下达，下情上报，左右沟通，使外事工作成为国家工作中重要的有机组成部分。涉外文书，具有写作格式的国际习惯性、语言表达的准确严密性、政治倾向的鲜明突出性等特点。外事文书在写作中要遵循和平共处五项基本原则以及真实具体、实用有效和内外有别的原则。涉外文书的类型包括外经文书、外事文书、外交文书等，具体有涉外信函、涉外礼仪类文书、涉外意向书、涉外公证书、涉外调解书、涉外礼宾接待计划、国际市场调研报告、国际市场分析报告、涉外意向书、涉外投标申请书、涉外招标文书、涉外招标通告、中外合资企业说明书、涉外建立贸易关系函、推销商品函、订货（洽谈、博览、展览）会邀请书、中外合资经营合同书、国际劳务供应合同书、国际货物买卖合同书、出口商品经营方案等。

按照国际惯例，英语是涉外文书写作的主要通用语言。英语与汉语的不同之处在于，英语可以精密地刻画对象、客观细致地反映对象的语言诉求，它的表述具有很强的清晰性、严密性和科学性；而汉语蕴涵了浓郁的人文精神，可以展示出与他人合作的责任感与尊严，为了避免唐突和不友好，不宜采用直接入题和没有开场白的写作方式。

1. 涉外文书的分类

（1）涉外信电类文书：信函类涉外文书，涉及的范围非常广泛，它是涉外商贸业务活动中进行交往、交流，以期达到在建立商务联系的基础上实现互利互惠的目的。

（2）建立商务关系函：是企业为了促进生产与销售，针对目标客户发函向对方表达希望建立贸易关系的愿望的商务文书。

（3）外贸商业信函：是指用信函形式与外商或企业联系业务、洽谈生意、磋商问题的文书。具体有询问函、订购函、索赔要求函、社交函等。

（4）提供服务函：包括设计服务函、售后服务函、法律服务函、认证服务函等。

2. 涉外文书的特点

（1）合作性。涉外商贸文书主要是对产品、技术、项目等主要情况和突出的特点进行介绍或说明，以达到扩大影响、招商引资的目的。

（2）语言的概括性。涉外文书表达方式以说明、描述文字为主，语言表述简明扼要，往往直述本质。语言明确清楚，概括性极强。

（3）格式的国际化。在全球经济一体化的今天，为了促进各国之间商贸业务的发展，商贸文书写作格式国际规范化已受到了各方面的普遍关注。

二、社交文书的写作要求

（一）社交文书的沟通性

社交活动可以借助于写公函、拍电报、写书信、发请柬、发聘书、送慰问信、送表扬信等，达到传递信息、处理工作，争取社会效益和经济效益的目的。社交工作的沟通是双向的，社交文书的使用要考虑反馈效应。理解、信任、支持与合作，是在相互交往中建立的，社交文书作为联络的纽带，起着架设友谊的桥梁作用。

（二）社交文书的竞争性

开展社交活动要善于利用文字手段，在同行或同类产品中，利用自己的优势去争取社会与公众的支持与赞誉，进而树立组织的公关形象，开拓并占领广大市场，在竞争中求得组织与产品的生存与发展，使自己立于不败之地。

（三）社交文书的时效性

作为传播、服务的工具，社交文书必须公开、迅速、通畅地发挥作用。它的写作要快，传递要快，反馈要快。要紧密配合商品经济的发展，联系贯彻国家现行方针、政策的实际，及时地抓住时机开展工作，求得高速度、高效率。时间就是生命，就是金钱，任何迟滞都会使社交文书失去作用。

（四）社交文书的务实性

社交文书的写作是一种实用写作，每种文书的起草都要明确写作目的，意图，从公关工作实际出发，提出和解决现实中的问题。

（五）公关文书的可信性

公关文书的写作必须说真话、办实事，与公众坦诚相见，凡是文书上允诺的就要执行守信。

第三节 社交文书的语用策略

当今社会，社会活动日益频繁而且种类很多，因为社会交际是人类最普遍的行为和最基本的需求。但是由于情境、文化的不同以及风俗习惯的差异性，每个国家、民族乃至地区约定俗成的交际规则都有着明显的区分，具体体现为社交文书语用策略的掌握与运用技巧上。国际商务交流合作中，语用策略的巧妙运用是促进双方彼此尊重、合作愉悦的重要因素，语言的得体性在很大程度上影响着商务交易的成败。社交文书的语用，是在一定文化背景和社交语境的基础上的语言运用。语言现象，尤其书面语言，必须把它和它所依赖的环境联系起来，才能更好地运用语言的结构和意义。社交语境是一个动态概念，交际双方在特定的社交环境里进行言语交际，需要选择适合此类语境下的语言文字表达，才能易于让双方获得话语的言外之意，帮助听话人筛选信息、消除对听话人的误解，确保交际场合中的价值取向的一致性和言语交际的顺利进行。这对于培养高级秘书人才来说，是必备的语言素养，也是最基本的语用能力。

一、语用能力

什么是语用能力呢？何自然教授认为，语用能力是运用语言进行得体交际的能力，它可以简化为表达和理解两个方面。为使语言表达得体、合适，语言的使用者就必须学会针对特定的语境，考虑到社会和文化因素，灵活、合理地使用语言；而为了增强对语言的理解力，语言的接受者就必须了解言语交际的一般模式和原则，以及话语意义的多层次性。对交际能力研究最有影响力的应用语言学教授 Bachman 将语用能力分为施为能力与社会语言能力。所谓施为能力，就是一种语用规约，它包括表意、操作、启发和想象的功能；而社会语言能力，就是从社会的角度应用语言的能力及相关的知识。综上所述，所谓的语用能力，实际上就是组织、构思、改变信息，把握句子，建构话语的篇章能力；为了实现交际而使用信息，运用口语或笔语进行交际并且按照顺序表达出来的能力。语用能力决定话语或句子、意图和语境是怎样联系起来并构成意义的。对于秘书来说，需要从社会的角度、以企业为出发点，在日常的工作中保持对语言的敏感性和语用能力的提升。当然，巧妙地运用语用策略是社交文书沟通交流的重要环节。

二、策略能力

所谓策略能力，也就是语言的使用者对一定语境中的相关信息进行判断、取舍和对语义协商的使用过程。Bachman 认为策略能力是组成语言能力的另一部分，它是秘书对商务环境、社交情境及相关工作信息判断、取舍的综合能力的一种高度体现。事实上，秘书在草写社交文书过程中，语言知识、跨文化交际知识、心理活动往往交织在一起，相互影响、相互作用。秘书通过谋篇布局，制定出恰当的语用策略，不仅是为了交际的顺利进行，也是为了避免出现语用失误，解决社交中出现的实际问题。更为重要的是，使用者不仅要灵活运用语用策略，还要符合情境需求。交际这种有目的的活动一定会涉及策略的使用，语用策略的正确选择能够使交际者有效地交流思想达到交际目的。因此，高等院校要格外注重秘书文化意识的培养，提高秘书对文化差异的敏感以及处理文化差异的宽容性和灵活应变能力。

三、语用策略

（一）语用模糊策略

在社交文书中，语用的模糊性是社交文书中常见的一种策略。语用模糊是在言语交际中言者有意地运用一种含蓄的、不明确的话语来表达自己的观点以满足特定语境下某种交际需要的交际策略。语用的模糊性在公文中不仅没有损害社交文书内容的准确表达，反而使文书的内容更加严谨、周密。

模糊词具体有：

表示时间的如：现在、过去、将来、最近、长期以来、一度、一直、曾经、及时、从速、适当的时机、不定期等；

表示范围的如：个别、极个别、少数、多数、大多数、绝大多数、部分、大部分、各级、各单位、左右、上下、有关、某种等；

表示程度的如：很、极、最、约、近、一般、显著、比较、较为、逐步、更加、进一步、基本上、大体上、程度不同的等；

表示条件的如：酌情、必要时、在……基础上、在可能条件下、确因工作需要的、条件具备的、一经发现、视其情节、按有关规定，等等；

表示频率的如：再三、多次、经常、不断、时有、反复、往往、三令五申，等等；

表示趋向的如：继续、持续、仍旧、深入、提高、将要，等等；

表示数量的如：成千上万、很多、若干、大量、大约，等等；

表示性状的如：新、主要、大、严重、良好、高、多、好，等等。

在草写社交文书过程中，离不开对交际者角色关系、社会地位、权势等语言形式选择的制约。社会交际，往往需要对自我身份和他人身份的再现与建构。因此介于双方角色态度的弹性，可采用语用模糊策略。

例如，在一些告启性社交文书中，正文内容一般由缘由、事项和执行要求三部分构成。其中，缘由如果是事情的原因、目的、意义等等，这些内容都是比较抽象的，没必要详述，所以可使用模糊语言来表述。如果公示、启事、海报、声明内容是对相关活动或事宜做出决策和安排，有时候所涉及的内容比较多，所以“事由”可以采用模糊语言来表述。另外，在社交活动中，一般的信电函和商务函是不相隶属单位之间进行社交联系的重要工具。根据函的行文方向，可将函分为两种：去函和复函。函的标题包括发文机关、事由、收文机关、复函、文种等项内容。由于函的务实性强，语气委婉，不具有指挥性和强制性，所以事由的表述，可以采用模糊语言策略。同样，在一些贺信、祝词、欢送词中，由于参加活动的有关负责人有很多，没必要一一列举，这时候模糊语言的表述能够使行文简洁，避免冗长与繁琐。如果要阐明主要活动议题，此时需要对活动内容高度概括，模糊语言的使用几率将会更为频繁。秘书在写文书过程中，无论是处理重大事务，还是在处理一般性事务，很多时候出于礼节、保密或者策略的需要，不能把话说得太确切、明白、具体，此时便会故意使用一些模糊词语，如：“欢迎阁下在方便的时候来访问”“表示遗憾”“无可奉告”等模糊词语的使用，便属于此类情况。

语用模糊策略的功能主要体现在以下几个方面：

1. 文书表述更加准确

由于社交活动的复杂性、多样性，不可能完全用精确的词语来表述，它必须借助大量的模糊词语，才能使文书的表述更加准确。在草写中，模糊语言和精确语言是一个统一体的两个方面，例如“以上”二字则是最常见的一个模糊词语。正因为使用了这个模糊词语，所以才使表达更准确，更符合实际。精确语言和模糊语言具有互补性，两者虽不能互相代替，但却能互相补充。再如“任何”“有关”是两个模糊词语，所指范围十分广泛，不论人和事物，全部归纳概括在内了，没有例外。

2. 能使表述具有一定的灵活性，避免行文绝对化

由于不同地区、不同行业和不同部门的具体情况是比较复杂的，秘书行文时应该考虑周全，要留有一定的余地，不要规定过死。而运用模糊词语就可以使社交文书的灵活性和原则性相统一，避免行文绝对化。

3. 委婉、含蓄，使行文得体

社交文书，一般要求平实直露。但在某些情况下，由于考虑受文对象的心情而难以直言，或出于保密需要，或出于礼节等，都需要把话说得委婉、含蓄些，做到刚中带柔，威而不露。这时运用模糊词语，就会收到好的表达效果。例如，“请参照执行”“请研究执行”“望及时告诉我们”“届时敬请光临”“请及时函复”“请及时函告”“希即研究执行”等，尽管没有那种盛气凌人的气势，但也不容你有禁不止，有令不行。

4. 模糊词语具有高度的概括性，可使冗长的列举变得简洁

文书对交际双方的情况和合作发展方向提出参考建议时，都具有一定的普遍性和复杂性。如果缺乏准确的概括，公文势必拖沓冗长，而模糊词语具有高度概括性，可以弥补精确词语在概括性上的不足。例如，行文中用个“等”字，便把所有的内容都包括了。这样表述，不仅显得简洁、科学、而且避免了表意的绝对化。

（二）礼貌语用策略

在交际过程中，交际双方都希望得到彼此的尊重。尊重可以通过交际语言来体现。这要求语言一定要礼貌，才能有助于交际的顺利进行。在社交中因人际距离、受益与受损、权利与义务、群内与群外等语境因素的影响，社交语用礼貌策略的使用就显得格外重要。礼貌是一种语用现象，交际当中通常被特指用来维护双方的面子。“面子保全论”是布朗和莱文逊于 1978 年在戈夫曼（Goffman）的“面子”概念的基础上提出的。布朗和莱文逊认为，面子是每一个有理性和具有正常交际能力的人的一种公共的个人形象，面子既可以赢得，也可能丢失。言语交际中对面子的威胁是无时不在的，因此有必要采取社交礼貌策略给交际双方留下进一步沟通的机会。英国著名学者利奇提出“礼貌原则”，即最小限度地使别人受损；最大限度地使别人得益。换句话说，礼貌原则的核心内容是：尽量使自己吃亏，而使别人获利，以取得对方的好感，从而使交际顺利进行，并使自己从中获得更大的利益。

最常见的礼貌语用策略大体可以分为两类：积极礼貌策略和消极礼貌策略。积极礼貌策略是一种以“接近为基础的”礼貌补救策略，说话人往往强调共同之处，诉诸友谊或伙伴关系。布朗和莱文逊提出了十五个积极礼貌策略，包括：寻求一致，避免不和，假设有共同点，以伙伴关系著称，提高听话人的兴趣，注意听话人的需要和夸张自己对听话人的兴趣、赞同、同情等。消极礼貌策略主要是说话人意欲部分地满足听话人的消极面子，基本要求是保护听话人的隐私和自我决策的权利。消极礼貌策略主要是以“回避为基础的”，包含说话迂回，模棱两可，尊重对方，避免突出个人，表示悲观，道歉，减小对对方所施加的压力等十种具体的礼貌策略。

例如，在通常的一般信电函和商务信函中，礼貌语用策略是信函写作5C [礼貌（courtesy）、正确（correctness）、简明（conciseness）、清晰（clarity）和完整（completeness）] 原则中的首要原则。在社交活动中，信函不仅是用来商务沟通的一种方式，更是建立良好的合作关系、开展业务的重要手段。因此，在日常的社交文书中，秘书应注意写作中礼貌原则的运用，尽量做到所用语言得体、礼貌，注重用语规范，这样才能更好地促进商务合作的顺利进行。商务信函中礼貌策略的运用，譬如：恰当赞扬，真心致谢，热烈祝贺，深切慰问，尽量使用肯定句，避免表示惊讶、怀疑、嘲笑、指责、批评语气等，这都属于积极礼貌的补救策略；而间接表达，使用缓冲语、非人称、情态动词、过去时、虚拟语气、被动语态，诚恳道歉等则属于消极礼貌的补救策略。

礼貌能使人心情舒畅，便于建立双方良好的商务关系，同时也能够促进贸易的达成。委婉语在商务信函中的使用既可婉转地拒绝对方的要求或条件，又不会伤害对方情感，有利于继续保持友好的关系。因此，在商务英语信函中，不仅要选择委婉的语气来指出对方不尽如人意之处，而且用来表达感谢、快乐、满意、道歉等。另外，在社交信函中，要做到礼貌，必须遵循称呼次准则。日常交际中，都少不了称呼对方，这种称呼既代表着双方的交际关系，也是一种礼貌行为，表示对对方的一种尊重。在运用社交文书语言交际中，尤其是要注意到这点。前面讲到，社交有自己的交际对象，一个或多个。在正文的开头，必须要有称呼语（主送机关），这个称呼语通常不是个人，而是机构。这既方便收文机关知晓这篇文书是否是发给他们的，如果是则即时办理，同时也表示了对其他机关、单位的一种尊重。礼貌主要谈的是“善”的问题，多可以概括为敬（对别人）和谦（对自己）。礼貌强调了态度和情感，不论东方文化还是西方文化，每个民族都是提倡礼貌，重视礼貌，这是共性。社交文书交际过程中，面对的是上下级关系或不相隶属的关系。不管面对什么样的交际关系。在社交文书往来中都必须做到礼貌。在不同的商务信函中自然存在着要达到不同交际的言外功能和社会功能。

在商务信函中，写信人要注意礼貌地使用语言以减少言外行为的非礼性。礼貌原则在商务英语信函中有着广泛的应用。Leech 的礼貌原则可分为六大具体准则：得体准则、慷慨准则、赞扬准则、谦虚准则、赞同准则及同情准则。

（1）得体准则：（在表态和承诺中）①最小限度地使别人吃亏；②最大限度地使别人受益。

（2）慷概准则：（在强制和承诺中）①最小限度地使自己得益；②最大限度地使自己受损。

（3）赞誉准则：（在表态和断言中）①最小限度地贬低别人；②最大限度地赞誉别人。

（4）谦虚准则：（在表态和断言中）①最小限度地赞誉自己；②最大限度地贬低自己。

（5）一致准则：（在断言中）①使对话双方的分歧减至最小限度；②使对话双方的一致增至最大限度。

（6）同情准则：（在断言中）①使对话双方的反感减至最小限度；②使对话双方的同情增至最大限度。

中国文化提倡“礼貌是美德”。在文书交际语言中，要做到谦虚，特别是有求于别人的文书语言交际中，更要使用谦虚的语言。如在公文开头会有称呼语（受文机关、单位），结尾会有落款语（发文机关、单位），尾语。如在请示、报告、函等公文中尤其明显。

（三）合作语用策略

社会交往主要目的是为了能够促进双方共同合作，因此社交文书语用上要本着真诚合作的意愿进行语用。简单来说，合作谈的是“真”的问题，包括从内容的真实到表达的准确无误。该原则说明人们在会话过程中头脑里尽量保持某些标准，以便使交际顺利进行，有意图的交际是一种合作的表现。合作语用策略在文书中起着调节交际互动关系的作用，它使说话人在假设对方乐于合作的前提下能进行交际。美国语言哲学家格赖斯（H.P.Grice）认为：人们的言语交际总是互相合作的，谈话双方都怀着一个共同的愿望，双方话语都能互相理解，共同配合，因此，他们都遵守着某些合作的原则，以求实现这个愿望。换句话说，会话参与者尽管是分别提供自己的话语，但总是在一定程度上意识到其中的某些目的，至少是一个相互都能接受的话语发展方向；这些目的或方向的达成是会话参与者在交际过程中共同合作努力的结果，也可以说是在会话过程中共同维护和坚持当前的目的和方向形成的默契。合作原则包括四个范畴，每个范畴又包括一条准则和一些次准则。

（1）数量准则（Quantitymaxim）：①使自己所说的话达到（交谈的现时目的）所要求的详尽程度；②不能使自己所说的话比所要求的更详尽。

（2）质量准则（Qualitymaxim）：①不要说自己认为是不真实的话；②不要说自己缺乏足够证据的话。

（3）关联准则（Relationmaxim）：说话要相关。

（4）方式准则（Mannermaxim）：①避免晦涩的词语；②避免歧义；③说话要简要；④说话要有条理。

合作语用策略，具体则是指利益—关联—顺应策略。秘书在进行交际时要注意寻找语用的合作利益点去切入，保持双方的合作的需求和必要性，通过彼此的互惠互利达成双方的连接共赢的目的，因此就形成了利益—关联—顺应的合作模式。具体如下：

（1）明确表达积极的合作态度。例如在商务建立关系函和服务函的文书中，要直接提出双方的供需和价值，语言的选择上要以合作开放的语气和口吻来召唤对方的合作意向。

（2）勾勒未来合作前景。当了解到双方的合作意向时，需要选择正面的语言和乐观的态度，来向合作方提供未来的发展方向与彼此利益最大值。

（3）在协商的基础上提供具体的合作方案。在合作方式上，明确双方的合作关联的步骤和日程安排。

（4）顺应对方的语境并给出相应的补充。可以提前预先假设对方的态度，在对方提出不同建议时，先顺应对方的语境，再对其意见进行相应的补充，以使交际双方合作成功。

为了使自己的交际中的利益损失达到最小程度，同时使交际能够顺畅进行，可以采取话题转换、话轮转接、即席修正、应急填语等语用手段。

（四）角色转换语用策略

社交文书的交际主体在进行合作交际的过程中扮演着一定的交际角色。交际者要能够清醒认识、适时调整自己的交际角色。交际角色实际上是指交际者在具体的交际情境中，与交际对象相对，从而显示出来的一种临时的身份特征。交际者在具体的交际情境中所充当的角色，要求他采取相应的交际策略，从而把握其谈话方式，左右其对话语的选择和使用。秘书在发文时则必须认清文书所代表的交际角色。文书的交际角色代表的是企业、机关、单位团体，即使是以秘书名义发文，也是秘书在职务、权力范围内充当企事业单位的代言人。因此，秘书在进行交际过程中，不同的交际角色决定了使用什么样的合作交际语言。要想交际顺利进行就必须遵守“角色转换合作策略”。所谓的“角色转换合作策略”，是指要在交际过程中，能够从对方的角度出发，了解对方的立场和心理状态，选择有利于双方合作的交际语言，最终促成彼此的合作。角色转换合作策略有利于协调双方的分歧和争议，能够消除彼此之间的矛盾与误会，最终达成合作。具体策略如下：

1. 语境趋同

说话人采取的是言语趋同交际策略。言语趋同交际策略是指在言语交际过程中，交际一方改变自己原有的言语习惯或语体，以更接近说话对象的言语或语体。它可表现在发音、语速、停顿、语码等方面。一般来说，言语趋同追求的是获得对方的赞同、接受、喜欢或好感，增进理解和交际效果以及相互间的吸引力等。具体体现在：话题的选择、话轮转接、即席修正、应急填语、停顿等语用手段，包括使用委婉、隐喻等多种修辞手段和模糊语言等，以减少威胁对听话人“面子”的言语，以求达到期待的言语交际效果。秘书在拟写文书时，是在充分考虑交际对象的身份、地位、年龄、性格、修养、文化程度、职业、经历、处境、心绪等因素的前提下，找到自己与交际对象的相对位置。言语目的的实现方式，除了同话语角色的共性社会心理因素相适应以外，还要同话语角色的个性心理特点以及话语角色关系相适应。此外，言语目的的实现方式还要适合交际双方的个性心理特点。例如对性格开朗、大方、礼让、不拘小节的人，较宜采用直接方式；而对性格内向、敏感、斤斤计较的人，则宜采用委婉方式。另外，话语角色转化和心理变化在言语交际过程中也起着重要作用，言语目的的实现过程中也要考虑这些因素的影响。言语交际是一个动态过程，交际双方在话语推进过程中，会不时地转换交际对象，调整各自的话语角色。因此，在言语交际过程中，言语目的的实现方式也要因话语角色关系和交际双方的心理变化而变化。

2. 角色定位

交际语言的运用首先要合乎发文单位的身份、权限，文书撰写者要确定站在什么角度，采用什么态度，用什么词语和语气来写社交文书，也就是要适应自己的角色定位，要定好角色关系，这是把握成功交际的必备条件。交际双方的关系互有亲疏与尊卑。当交际主体之间的亲疏关系，对交际活动产生影响时，最明显的就是体现在彼此之间的称呼上。然而，这并不是说在其他方面就没有影响，如前所述，亲疏关系在语气上也会带来一些差异。此外，在话语的措词和节奏上也存在不同：关系亲密的人之间说话的措辞比较随意，节奏比较迂缓；关系紧张的人之间说话措词比较尖刻，节奏比较急促。交际双方关系密切，较宜采用直接方式，因为交际双方在言语方式的接受性上有较大的容忍度。交际双方关系疏远，则宜采取间接方式。从双方的社会角色来看，确实存在着地位高低、职业优劣、年龄长幼、收入多少等方面的差距。例如，在汉语的传统中涉及第一人称和第二人称的，除“你”“我”等代词外，还有一整套相对应的词汇体系，用来表示对交际对象的尊崇和对自己的贬抑：称对方的学生为“高足”，问年长者的年龄用“高寿”，问对方姓名用“贵姓”等等。对地位高的人应称呼其职位名称，或姓加职位名称，如“老师”“局长”“王主任”“张经理”“李教授”等。在这以后可以仍使用职位称呼，也可用“您”相称。此外，又如用作修饰语的“贵”和“敝”，几乎可以通用于表示机构的名词前面，分别表示尊称和谦称，如“贵校”“敝校”“贵厂”“敝厂”“贵公司”“敝公司”等。从理解的角度来说，我们随时可能遇到别人用这些词和我们说话，掌握这些词，可以使我们更好地理解别人的意思；从表达的角度来说，适当的场合，偶尔使用这些词语，可以提高表达的档次和效果。比较麻烦的是，在言语交际中位卑者往往要在称呼和语气等方面考虑更多。

3. 了解行文关系

行文就是文书的运转。文书从行文关系可分为上行文、平行文、下行文。行文关系是机关之间文件的授受关系，它是根据机关各自的隶属关系和职权范围来确定。上行文指下级向上级领导机关的发文；平行文指平级机关或不相隶属机关之间的发文；下行文指上级机关向下级机关的发文。不同的行文关系要用相应的行文语气。行文语气指组织文字、表达意思时用的语气。上行文体现本机关请求或接受上级机关的领导，要用请求的语气；平行文体现平级机关之间的互相协商与工作联系，语气要谦虚；下行文体现本机关对下属机关的领导，可用比较严肃、庄重的语气，但也不能盛气凌人。正是由于交际双方关系明确，使社交文书有了上行文、下行文和平行文之分，才能取得好的表达效果。比如，在使用文书交际语言时，面对是广大人民群众或是技术人才或是政府机构人员，他们的知识水平不同、思想观念不同，在运用文书语言时就必须考虑到使用的语言是针对哪类群体，是否能够读懂、理解。如果对非专业技术人才使用很多专业术语，那么就会阻碍交际的顺利进行。同时秘书还要考虑文书的行文方向，根据机构之间的关系来确定是上行文、平行文还是下行文，语气要得当，用语要妥帖。

第四节　社交文书语用的心理原则

社会交往中的交际对象是人，因此在特定的交际过程中，一般要考虑到交际双方的心理状态。社交文书的拟写其实离不开交际双方的心理变化。交际沟通的过程，主要也是双方心理博弈的过程。因此文书语言的运用，不仅表现为同质的语言知识或语法知识，同时也是心理状态、心理器官或认知结构的综合运用的结果。简而言之，语言交际具有天赋的、绝对的心理特征。1990 年 Bachman 认为语言交际能力就是把语言知识和语言作用的场景特征结合起来，创造并解释意义的能力，并且将语言交际能力分为三大成分，语言能力、策略能力和心理生理机制。Bachman 认为，心理生理机制指的是“作为一物理现象语言实际执行时所涉及的神经或心理过程”。作为一名国际商务文秘人员，单纯的语言基础知识和基本能力并不能满足国际商务环境中的沟通交流，还要掌握与交际心理相关的秘书学知识，才能真正具备跨文化交际能力，也就是具备跨文化的文秘沟通能力。一般来说，商务活动主要是通过言语沟通过程来表现商务活动的意图，并推动商务活动的进行以实现其目的。而文书沟通的本质就是一种心理互动的过程，其实也可以说是运用语篇进行交流的过程。

一、交际心理

良好的交际心理包括认知能力、情感能力、语言表达能力和关系能力。

（一）认知能力

所谓认知能力，是文秘人员在跨文化商务沟通环境中以不同文化中的沟通目标为方向处理和加工信息的过程。认知的基本过程包括感觉和知觉、记忆、思维、想象等。其中知觉对象包括交际双方不同的文化体系、国际商务知识体系、文秘的系统知识、语言沟通的系统。在这里，认知能力包括文化认知、商务认知、文秘认知和交际认知，具体体现为国际商务文秘参与不同文化的商务活动，清楚其类型和目的、了解交际情节与沟通规则，以及掌握沟通对象的文化特征和所使用的语言体系等。认知过程中另一重要环节是思维过程，思维是人脑记住语言所实现的对客观事物的简单和概括的反应，思维能力是智力活动的核心。在交际过程中，秘书需要运用思维进行认识、分析、判断事物，从而达到透过事物现象看本质的目的，并且能够解决沟通过程中出现问题的能力。一般体现在沟通策略水平和运用能力上。同时社交过程中秘书要有超前性、预知性，能判断事物的发展趋势、抓住未来信息，从而应对工作中的各种各样的难题，掌握主动权。

（二）情感能力

从交际学角度讲，情感是指人们在跨文化沟通中所表现出来的态度、精神状态，心理活动等方面的综合特征。对于跨文化文秘沟通活动来讲，情感能力非常重要。情感能力主要指的是移情能力，包括跨文化移情能力和自我心理调试能力。应该清楚的是，积极正面的情感能够推进认知的有效进行；而负面的情感则会阻碍沟通中的认知的完成。跨文化移情能力又包括言语语用移情和社会语用移情，前者指人们运用语用规则和文化习惯，交际双方对彼此的交际语篇恰当准确的构建和理解，后者指交际者在社会交往过程中实现移情。而在国际商务社交中，跨文化移情能力包括克服民族中心主义的能力、换位思考能力和进行积极交际的动机能力。其中克服民族中心主义，就是用别人的文化标准，积极地解释和评价别人的行为。自我心理调试能力，也就是减轻焦虑的能力、对不确定性的控制能力和保持积极心态的能力。一般来说，置身另一个文化中，要经常改变自身来适应该文化的规则和习惯。在国际商务交际活动中，文秘人员经常会与来自不同文化的人进行沟通，而这种沟通会受到跨文化因素的影响。在跨文化文秘沟通过程中，因为价值观念、宗教信仰、文化取向、思维方式、风俗习惯等方面的特征的不同，沟通主体在信息的加工处理方式上、解决问题体现出的思维方式上以及构建语篇的方式上都表现出差异与不同。所以只有正视、调解和适应这些因文化背景的不同而表现出的文化差异，才能消除误解、解决矛盾。

（三）语言表达能力

国际商务文秘的语言表达能力则体现在构建和理解商务语篇的能力上。国际商务文秘在商务往来中进行的跨文化文秘沟通，必然是由国际商务文秘通过各种言语行为实现，跨文化文秘沟通的过程和结果都体现为语篇。国际商务文秘必须具备处理和建构话语篇章的能力，这也是国际商务文秘的基本能力，表现在书面文书的语言上。

（四）关系能力

在跨文化文秘沟通能力中，关系能力更为重要，沟通的成功与否、企业与客户之间良好关系的建立，都依赖于关系能力。对于国际商务文秘来说，在日常的工作中与上司的上下级关系、同事之间的关系、维护自己与客户之间的关系都是非常重要的。

具体包括：①沟通双方应满足彼此自主和交往的需求；②相互吸引，产生共识；③以适应对方代替群体中心主义；④处理和解决各种心理和社会障碍的能力；⑤灵活变通的能力。

认知、情感、表达以及关系能力是交际心理中紧密相连、互相作用的重要因素，它们互相作用从而能够推动国际商务文秘的跨文化文秘沟通的顺利进行。

二、交际心理的变化阶段

很多国际商务友人在中国进行商务合作时，无论是社会交往和文化交流方面，心理都会有一个逐步深入和了解的过程，在运用社交文书进行交际的过程中，我们必须克服交际障碍，把握交际者的心理，培养自身良好的心理素质。其交际心理变化主要经历了以下四个阶段。

1. 初步接触阶段

企事业单位交际双方在进行社交时，都本着初步接洽和尝试的心态。因此，此时礼貌和寒暄问候是很重要的。在这个阶段，彼此都是开放的心态，因此尊重双方是交际的关键。

2. 交换意见和接纳阶段

交际的目的在于能给彼此带来最大的利益。因此，交际文书如果对于事物的判断和评价是利益大于成本来交换意见，那么双方就采取欢迎和接纳的态度。

3. 商讨与分歧阶段

在彼此合作过程中，这个阶段交往关系以交换和服务为主，此时往往在商讨过程中会产生分歧，会有情绪的起伏波动，因此交际中会出现低潮。

4. 解决问题与落实方案

人与人之间的交往和互动是一种计算得失的理性行为，因此要提出切实有效的方案来解决问题。

三、社交文书遵循的交际心理原则

要想交际顺利进行，交际对象能够接受交际任务，需要把握交际者的心理，才能更好地实现交际目的。人的感知能力、知识经验、动机状态等都会影响人对信息的选择与加工。当一篇社交文书到达交际者手中时，交际对象就会对文书语言提供的信息进行选择和加工，而这个过程是一个心理过程。我们不能控制交际者的心理，但我们要做到尽量符合交际者的心理愿望，把握交际对方的心理状态，同时也要提高自身的交际心理素养。

（一）求尊心理

每个人都希望获得别人的尊重，在交际中更是如此。随着社会的发展，人的主体意识的增强，处于社会关系中各种地位的人，都越来越需要别人和社会的尊重。这是人们高层次的心理需要。需要争取到交际对象理解、认同、支持，就必须给予必要的尊重，才能取得对方的支持与合作。例如，在社交的开头要写称呼语，最后要有落款，才是对交际对象的尊重。对交际对象的尊重，要适度得体。尊重上级而又不要有阿谀奉迎之词；尊重下级和群众，要不失身份；尊重兄弟单位不要有恃强凌弱之感；尊重外宾或境外组织机构，要不失国格人格。尊重要在行文内容、语言、形式等各方面都有体现。

（二）求实心理

随着现代社会的不断发展，人们对信息的渴望增强，渴望得到真实、准确的信息，因此社交文书的语篇要具有一定的务实性。尤其在国际涉外文书的表达过程中，都希望这份文件的内容是真实有效、数据准确，只有这样才有一定的交际价值。如果商务信函中的资金支持的文书中涉及科技、文化、教育等方面的数据不真实、不准确，就会造成严重的影响。同时在面对公众传播的社交文书中，也要做到真实准确，否则就会引起不利的舆论，影响社会稳定，产生严重后果。在文书语言交际中，必须做到实事求是，保证内容真实、准确。

（三）求简心理

当今社会节奏发展越来越快，办事效率迫切要求提高。作为文书交际对象，每天面对很多文书。一个机构，每天可能要处理上级机关、下级机关、不相隶属机关的各种不同文书，但是时间有限，都希望公文表达的内容简单明了，方便抓住要点。希望公文内容长话短说，尽力摒弃废话、空话、套话。不写长而空的文章，写短而精的文章。这要求发文者，在制定公文时，克服形式主义，没有必要不行文，行文则尽可能短些、实些、精些。从内容到形式都尽可能给受文对象提供更多的务实信息，不要言之无物的信息，冗长的信息，力求语篇无赘句，句无多字。一篇简短而精悍的文书，会大大提高办事的效率，给交际者带来方便。

（四）求新心理

面对众多社交文书之中，有一篇内容新颖独特的文书，对交际能够起到很好的润滑作用。社交过程中会发生很多新鲜的事情，出现很多新的变化。因此秘书要努力发现这些新的事务，例如提出新的建议、活动乃至合作方案；表达交际方关注的热点、焦点问题；给交际者提供想知道而不知道的新信息、新观念，吸引他们的阅读兴趣。有时为了形象地说明事情，会恰当地在文书语言表达时，使用修辞手段，如排比、比喻等，增强语言的表达效果，吸引阅读者的注意力。

（五）求利心理

利益对于任何人来说都是重要的，在日常交际中，我们交际的目的，很多都是为了利益。不管是个人、单位还是国家，都需要去求利益，有了利益人才能生存。一份社交文书，能吸引到对方，很多时候是因为和他利益相关。不管是个人还是机构，都会关注自身的利益。这种利益，涉及有关机关单位、群体的权、责、利，涉及各方的社会利益、经济利益。秘书发文书时，从实际出发，不能不考虑到受文对象和有关各方面的切身利益和长远利益。一定要顾全大局，兼顾各方，充分考虑到国家、部门、集体、群众、个人各方面的实际利益。

四、高级秘书良好的心理交际素质培养

社交文书对秘书的要求较高。秘书必须提高自身的修养，提高自己的交际心理素养，适应社会环境，这样写作中才不会犯常识性错误，写出来的文书语言才会符

合交际的要求。秘书要以积极的心态，寻求双方认同。秘书在文书语言中，尽量满足对方的心理要求。在文书交际中，交际对象或者是上级，或者是平级，或者是下级，应该抱着友好合作的态度，不能有敌视态度。这样才能保证工作的顺利进行。

（一）培养交互性素养

人际关系的基础是人与人之间的相互重视与相互支持。因此，在人际交往过程中，必须首先遵循交互原则。每个人都有维护自身心理平衡的本能倾向，都要求人际关系保持一定程度的合理性和适当性，并力图根据这种适当性、合理性解释自己与他人的关系。在这种本能倾向的作用下，当他人做出友好姿态以接纳和支持我们时，我们会觉得“应该”对别人报以相应的回答，进而产生一种心理压力，迫使我们对他人也作出相应友好姿态。否则，自己以某种观念为基础的心理平衡被破坏，我们就会感到不安。作为合格的高级秘书，要有善解人意的高度敏锐性，在充分了解自己的同时，便能妥善处理复杂的人际关系。设法了解对方的疑虑、目标、动机和所处的环境，设身处地为他人着想，认清其行为背后的动机，就可以强化并且维持彼此的关系。

（二）树立正确的功利态度

日常生活中的人际交往，更多的时候是为了价值存在感，即功利性。此处的功利包括金钱、财物、服务，更包含着情感、尊重等。换句话说，人们都希望交往有所值，例如希望在人际交往中获得支持、关心、帮助、感情依托等等。哪些对自己来说是值得的，或是得大于失的人际关系，我们就倾向于建立和维持。所以文书的表达要始终保持开放的合作态度，寻求双赢的共识。因为建立合作关系最初的目的，会深深影响这段关系后续的发展，引发各种后续效应。为了正确开启每一段合作关系，一开始就要确定与他人合作是为了追求每一成员的利益。合作之前要认清自己的态度，即是追求的是全体的成功，即使不符合个人的最佳利益，也不改其志。

（三）自我信誉价值保护

人的心理活动的各个方面都存在自我支持倾向，这种倾向反映在人际交往中，就形成了自我信誉价值保护的原则。在交际过程中，自我信誉表现为立诚，即概括为“诚心诚意，诚情诚感。”语言真实，态度诚恳，不虚情假意，则能叫人信服。在社会交际文书中，不切实际地吹嘘本单位或企业的情况，并盲目许以高薪、住房等条件来诱惑对方，待受聘人员一到单位，发现实际情况与所介绍的情况不符，甚至相差太远时，不免连呼上当，牢骚满腹，要求解约的纠纷将会不断发生。同时秘书在对外传播时要展现真诚，社交文书要营造一个大家能够放心讨论事情、直接面对难题的开放环境，以及能够解决问题的自我信誉承诺。

（四）同步变化原则

交际双方要保持心态和思想的同步变化，才能有交际持续与深入的可能。这种同步变化是人际交往吸引力水平的关键。交际过程中，要有一定的交际主见，也就是对于双方合作所作的任何决定都有很清楚的概念，并且愿意对过程中出现的变化状况负起全部责任。这是同步变化的交际信念系统，同时也是建立合作主导权的重要因素。如果有变化，避免羞辱他人，要让交际双方感受自己的担当，这样会受到来自各方的赏识和称赞，而且也会带来更多的合作机会。

（五）共谋解决之道

秘书在文书中要设定正面基调，开诚布公地表明自己有意愿解决彼此的冲突，为求有一个好的开始，首先就要向大家说明将来会采取哪些程序解决冲突，能够找出创新解决问题的方法，让双方都能因此受益，这是解决问题及建立合作过程中能发挥创意的部分。文书中要表达深信一定可以找出满足共同利益的解决之道。因此在语用上要表达例如“共创未来，互惠互利”、“采取对事不对人的态度”、“重新出发，回归到建设性的事务上”等方面的承诺。

第五节　社交文书的语言模式与传播价值

社交文书是以实用为目的，主要采用书面语言，不采用方言俚语和生僻字词，一般不使用口头语。其句类方式中陈述句、祈使句采用较多。大多都有专门表达文书主题的主题句，使主题鲜明地显露出来。社交文书为了表达庄重、简洁，通常会保留和使用一定的文言词语，如兹、拟、尚、悉、谨、予以、责成、业经、承蒙等。而且社交文书也会使用书面辅助语言，如图形、表格、符号、公式等，以替代、补充文字语言，从而使社交文书的语言表述更为直观、简明。

一、社交文书的语言模式

（一）社交文书具有体例规范性

行文中会运用领起语、承启衔接语、称谓用语、结尾用语等程式化的语言模式。具体如下：

1. 领起语

这是社交文书的开端用语及段落（层次）起首语。它多以介词结构模式打头，带出表述发文缘由的语句。常见的领起语模式有：

（1）信电类文书模式：如“兹有……”。

（2）告启类文书模式：如“由于（鉴于）……”“为了……”“根据（依据）……”“遵照（按照）……”等。

（3）总结模式。如“在……下”等。

（4）礼仪文书模式。如“欣闻（悉）……”“惊悉（闻）……”。

2. 承启衔接语

应用文很重视段落层次之间的承接，常以承启衔接语予以过渡。在开头部分（发文缘由）与主体部分（内容事项）之间起承接作用的承启衔接语主要有：“为此……”“现就（现将）……如下”“有鉴于此……”等。综述性的承启衔接语有：“综上所述”“如前所述”“总之……”等。

3. 称谓用语

（1）自称用语。“我”“本”，如我省、我市、我局、本公司、本人等。

（2）对称用语。“贵”“你”，如贵省、贵市、贵公司、你厂、你校等。

（3）他称用语。“该”“他”，如该市、该局、该厂等。

4. 结尾用语

是社交文书结尾时表收束、祈请、指示、感谢、期盼、强调的语言。如“以上各项望……”“以上规定希……”“以上建议望……”“以上意见如无不妥，请……”“特此（声明、公示）”“……为荷”“……为盼”等。

5. 引据用语

如“兹就……”“……悉（收悉）”“前接”“近接”等。

6. 经办用语

如“经……”“业经……”“兹经……”。

7. 表态用语

如“严禁”“禁止”“同意（原则同意）”“遵照”“可行”“不予同意”等。

8. 期请用语

如“即请查照”“希即遵照”“请”“拟”“希”等。

9. 征询用语

如“当否”“是否可行”“可否”“是否同意”等。

10. 期复用语

如“请批示”“请回复”“请指示”等。

11. 综述过渡用语

如“为此”“对此”等。

（二）运用介宾短语和联合短语来组词

在文书中，运用介宾短语对表述的对象、内容，从范围、目的、依据等方面进行限定，以充分体现文书表述的明确性、严密性。

表述范围的介词有“对于”“关于”“将”“以”等。

表述目的的介词有“为了”“为”等。

表述依据的介词有“遵照”“根据”等。

在社交文书中恰当地搭配使用联合短语，不仅能使叙述周全、严密，而且节省了句子中的重复成分，达到表意简明的效果。

二、社交文书的语言特点

（一）准确

社交文书的语言必须符合客观实际，要正确地、恰当地表达出所要表达的内容，用语含义清楚，符号逻辑。语法修辞也要符合规范。正确地记载和传递信息是撰写社交文书的基本要求，因此，准确是社交文书对语言的最基本的要求。

（二）简明

社交文书的语言必须简洁精炼、言简意赅。要做到简明，首先，要精简文意，反复锤炼，把无关或关系不大的内容删去，提高概括能力；其次，要推敲词语，锤炼句子；最后，要注意用词通俗，不用生僻晦涩的字句。要以不妨碍内容的表达为前提，要让人看懂，绝不能为简而生造词语，不能让人不明白或产生歧义，引起误解。

（三）平实

就是要求社交文书的用语朴素、不追求华丽的辞藻。社交文书是为了解决实际问题而写的，它的语言重在实用。社交文书写作多用平直的叙述，恰当的议论，简洁明了的说明。

（四）得体

社交文书实用性强，讲究得体，一方面要适应不同文体的需要，按文体要求遣词造句，保持该文体的语言特色；另一方面要考虑作者自己的身份，阅读的对象，行文的目的，语言要讲究分寸、适度，作者应有针对性地运用得体的语言取得最佳的表达效果。

三、社交文书语言的传播价值

（一）信息价值

社交文书能够提供即时有效地信息。文书语言的组织架构能力不仅仅体现在行文的流畅与得体，更主要的是能够再现有价值的信息。对于国际商务文秘来说，信息管理能力的培养格外重要。所谓信息管理能力，包括对于信息的加工、还有对信息的分析研究，通过收集信息、研究信息，判断出事物的因果关系，协助上司预见事物发展的趋势，特别是市场的发展趋势，将丰富的第一手资料以文书的形式传播给其他企事业单位、团体组织或者公众、个人。例如通过调查，国际商务文秘的文字处理工作应该包括记录口述、书信誊写、翻译打印、草拟商务函电、准备会议资料等。要撰写的商务文案包括契约性文书（国际贸易经济合同等）、礼节性文书（国际往来的邀请函、请帖、感谢信、公示、启事、海报、声明和商函等）。它们包含着丰富的信息内容，这些信息不仅便利生活，同时也为合作提供有利的契机，同时更是人们行事的依据和参考。

（二）经济价值

作为沟通的重要工具，语言的无障碍交流是降低衔接成本的有力武器。当前经济全球化的深入发展推动了信息技术的迅猛普及，语言所承载的信息内容实现快速跨境流动，为沟通方式的便捷性创造了有利的先决条件，但语言内容的精准对接则成为企事业机构亟待解决的难题。共同的语言能提高经济活动的效益，融洽经济交往的氛围，最终成为促进经济发展的润滑剂。例如，在涉外企业国际商务活动中，处于不同国家（地区）的商务活动买卖双方为了促成交易或为了解决商务争端，彼此通过社交文书进行信息交流，就商务交易或争端的各项经济利益条件进行协商。因此，社交文书具体事项的语言核心内容，实质都是以价格为中心的利益之争。秘书在撰写商务文书主题时，都是围绕价格作为谈判的核心要素，因为价格的高低表明了谈判双方的利益范围和得失，这也完全符合企业是以追求利润最大化作为主要运行目标。

（三）文化价值

从目前全球化来看，所有国际交往的形式都是以语言作为传播渠道，诸如外交、航空通讯、国际贸易与投资、入境和跨境旅游、移民留学、国际会议、国际文化交流等。任何语言都具有民族性，每个民族都有其自身约定的语言规则和符号体系，当全球化的趋势改变了交往的范围时，语言的同化发展成为新的交往体系要求和必然选择。国际商务文书深受各自社会文化背景因素制约，因为来自不同国家或地区的外事人员，其社会制度、文化背景、价值观念、知识结构、思维方式、行为方式、语言及风俗习惯千差万别，这些因素时刻影响社交的方式和语言成文。对于文秘人员来说，在拟写请柬、欢迎词、欢送词、告别词 、祝酒词时，无不体现着各国、各地区的文化价值与社交风范。

（四）交际价值

社交文书语言的趋同发展有利于交际性作用的发挥。人们利用语言资源进行交际，实际上“人”是人际功能的主体、“语言”是手段、“建立或维系某种关系”是过程、“表述自己或影响他人”是目的。不同国家与地区建立良好关系可以通过文书的沟通，以政治、文化和经济等方式进行官方和民间交流，交流结果将从某些方面反映并影响着两国（地区）间关系的发展。社交也是一个循环连续的过程，一次成功的社交将为下一次互动奠定良好的基础。

四、社交文书的传播定位

（一）社交文书的“约束型”

社交文书的言情达意是一种“约束型”的语言交流方式。所谓“约束型”，是指说话人衡量权移动以所在言语社团社会规约为参照点。言语得体性的衡量权虽然暂时由说话人掌握，但话语的得体与否是以说话人所属的言语社团所共有的社会规约作为参照点。钱冠连教授认为：言语者处在复杂的人文社会网络，其言语得体与否是由言语者所处社会网络的多种因素制约，衡量标准的主动权在于言语者所处的人文社会网络。说话人从表面看是向受话人的言语风格趋同，但实际上是顺应受话人的地位和社会权威，而不是他们的实际言语。也就是说，在某种程度上，社交文书的行文是以顺应群体范式为基础的，以言语社团习俗、规范来约束话语的。因此，交际双方的社会文化背景、社会语境决定了社交文书的总体风格。

（二）社交文书的“协商互动型”

社交文书以“协商互动型”作为语言交际基础。所谓“协商互动型”，是指说话人倾向根据言语交际发展的节奏与方向，将衡量权在交际双方或多方之间来回移动，从而表现出理智的互动的积极合作言语意图。社交文书言语交际的复杂性和动态性，不但受说话人自己的话语动机和认知水平等因素的影响，而且还受话语交际的特定的交际目的、社会距离、情景因素、话语主题等因素的影响。社交文书的互动特征决定了交际得体性衡量权具有移动的特征。秘书在不同的言语交际中，或者在同一言语交际的不同阶段中，需要根据言语交际发展的节奏与方向，将文书的主题衡量权控制移动给对方或者第三方，以达到增加言语交际的最大效率，在互动协商中完成最终的协议。

（三）社交文书的“语用模因”

社交文书具有“语用模因”体例化。1976 年，英国牛津大学动物学家提出：文化领域中存在一种复制因子，称作模因（mane）。语言本身就是一种模因，语言是模因传播的主要载体。语言的任何部分（词语、句段、篇章）只要通过模仿而得到复制和传播，都有可能成为语言模因。社交文书的言语方式、行文规则和语言策略等被复制传播后就成为语用模因，它具有横向传播和纵向传播的路径。一些交际文书常用的话语策略、规则被固化后，就可以成为文书交际中复制能力强的语用模因。秘书在掌握语用模因后，就可以复制型地按照既定的语言格式和体例去快速撰写社交文书。

第二章
信电类文书写作模板与范本（上）

chapter 2

第一节　信电类文书概述

在现代社会，通信手段日益丰富，无论是短信、电话、电子邮件，还是微信等社交媒体，都能够传递一定内涵的信息。这些传播形式用于私人信息传播尚可，若用于日常工作和正式社交活动，则明显不具有权威性和保留价值，因而，我们必须掌握信电类文书的特点、用途和写作要求，以满足工作需要。

所谓信电类文书，是一个概括性的概念。从广义上来讲，信电类文书是机关、团体、企事业单位以及个人在社会活动中，为了某种需要，按照一定的体式和要求形成的信函式书面文字材料。信电类文书大体可分为介绍信与证明信、申请书与求职信、请柬与聘书、倡议书与建议书等几类。

介绍信是由机关团体、企事业单位等社会正式组织或机构出具，旨在向有关单位证实本单位人员身份、使命等客观情况的一种事务性书信。介绍信是日常工作中常见的一种专用的书信函件，应用广泛，当需要派遣人员到有关单位进行接洽事宜、联系工作、考察学习、参加会议等活动时，都需使用。对于持信人而言，介绍信是一种简短、正式的自我说明，因而必须事实清晰，实事求是，不得弄虚作假；对于介绍信出具机构而言，介绍信是要加盖公章的正式公函，因而要秉承严肃负责的态度，在介绍信中要明确交代事由，真实、客观地说明情况，并明确有效期限，避免造成工作失误，切不可疏忽大意；对于接信人而言，介绍信具有介绍、证明来访者身份的重要作用，要注意核实情况，认真对待。

证明信是证明一个人的身份、经历或一件事情的真实情况时所写的专用书信。它也通常被称为“证明”或“证明书”。证明信是以行政机关、社会团体、企事业单位或个人的名义凭借确凿的证据证明某人的身份、经历或某件事情的真实情况时所使用的一种专用书信。证明信对了解和考察有关人员和事件的真实情况，有着重要的证明、参考作用。

申请书是个人或部门向上级组织、机关、企事业单位或社会团体表述愿望、提出请求时使用的一种文书。申请书的使用范围广泛，种类也很多。按作者分类，可分为个人申请书和单位、集体公务申请书。申请书也是一种专用书信，它同一般书信一样，也是表情达意的工具。对于个人与组织、下级与上级或有关部门的沟通、理解以及合作有着十分重要的作用，具有请求性、单一性、程序性的特点。申请书要求一事一议，内容要单纯。不同的对象有不同的申请书，常见的有入团申请书，入党申请书等。

求职信又称“自荐信”或“自荐书”，是求职者主动向用人单位或单位主管领导介绍自己的个人资历和实际才能，表达自己就业愿望，以求对方了解自己、相信自己、录用自己的一种书信式专用性文书。它是一种私人对公并有求于公的信函。简单来说，求职信就是用文字语言在推销自己，是简历的一个重要组成部分。目前，求职信作为新的日常应用类文体，使用频率极高，其重要作用愈加明显。

请柬是我国一种传统的礼仪文书，古往今来，为表事之重、主之诚，在很多仪式中，都会应用，形式也由最初的竹简、木牍逐渐发展为后来的信札。国人重礼的传统由来已久，古时人们即使交通不便，也会亲送请柬上门，以示对客人的尊敬，也表明邀请者的郑重态度。在国际交往以及日常的各种社交活动丰富的今天，凡召开各种会议，举行各种典礼、仪式和活动，均会使用请柬。请柬又称为请帖、柬帖，是为了邀请客人参加某项活动而发出的礼仪性书信，所以请柬不仅在内容上要讲究行文应达、雅兼备，在款式上也要美观、大方、精致，使被邀请者体会到主人的热情与诚意，感受到喜悦和亲切。

聘书在现代汉语词典中的解释是指用来请某些有特种专长的人才来完成某项工作的书信。在日常工作中，聘书又称聘请书，它是指单位或个人用来聘请某些有特长、名望或具有业界权威地位的人员担任某一职务或承担某项工作任务时使用的一种专门文书。

倡议书是由某一组织或社团拟定、就某事向社会提出建议或提议社会成员共同去做某事的书面文章；倡议书是党政机关、企事业单位、机构组织或有影响力的个人公开提出建议，希望有关单位、社会群体或公众共同来完成某项任务或开展某项活动的一种告知性文书；倡议书是为倡议、发起某项活动而写的号召性的公开提议性的专用书信。倡议书作为日常应用写作中的一种常用文体，在现实社会中被广泛使用。

建议书是指个人、单位或集体向有关单位或上级机关和领导，就某项工作提出某种建议时使用的一种常用书信是个人或者单位有关方面为了开展某项工作，完成某项任务或进行某种活动而倡议大家一起做什么事情，或提出合理化的意见，建议时使用的一种文体，也叫意见书。

上面所介绍的每一种信电类文书，在现今的日常工作和社会交往中都极其常见，我们将在后面的章节中仔细分析介绍每种文书的特点、用途和写作规范，同时提供一些实用范文，仅供大家研究参考。

第二节　介绍信

一、介绍信的概念

介绍信是由机关团体、企事业单位等社会正式组织或机构出具，旨在向有关单位证实本单位人员身份、使命等客观情况的一种事务性书信。

介绍信是日常工作中常见的一种专用的书信函件，应用广泛，当需要派遣人员到有关单位进行接洽事宜、联系工作、考察学习、参加会议等活动时，都需使用。对于持信人而言，介绍信是一种简短、正式的自我说明，因而必须事实清晰，实事求是，不得弄虚作假；对于介绍信出具机构而言，介绍信是要加盖公章的正式公函，因而要秉承严肃负责的态度，在介绍信中要明确交代事由，真实、客观地说明情况，并明确有效期限，避免造成工作失误，切不可疏忽大意；对于接信人而言，介绍信具有介绍、证明来访者身份的重要作用，要注意核实情况，认真对待。

二、介绍信的类型

在日常工作中，介绍信被广泛使用，是一种常见的专用书信函件，曾经有相当长一段时间，没有固定的写作规则和形式，然而，随着社会联系的日益密切和社会交往的日益发展，介绍信作为一种重要的社交文书也在使用中形制日趋规范。根据不同的用途，介绍信会有很多类型，除用于一般事务接洽的介绍信外，还有诸如工作调动介绍信、工资介绍信等特殊用途、特殊形式的介绍信。

在此，我们仅将工作中常用的介绍信分为两类做逐一分析：

一种是便函式的介绍信。便函式的介绍信是根据具体事项，按照正式格式临时撰写的介绍信，多用印有单位名称的正规公文信笺书写。这种介绍信形式较为复杂，结构上包括标题、称谓、正文、结尾、单位名称和日期、附注等几部分。内容上更为详细，适用于事由重大或需要详细介绍、说明的情况。篇幅长短依具体需要而定。

另一种是固定格式的介绍信。固定格式介绍信往往由单位按照统一的固定格式印制，这种介绍信形式简单，需要时按具体情况填写称谓、介绍对象、介绍事项、落款等事项，然后加盖公章即可，适用于事由简单、清晰的一般情况。依各个单位的不同情况，又分为存根式介绍信和非存根式介绍信两种。

三、介绍信的写作方法

（一）便函式介绍信的构成与写法

便函式介绍信一般由标题、文件编号、称谓、正文、结语、落款等部分组成。

1. 标题

大多数介绍信的标题一般直接以文种“介绍信”为标题。此外，还有几种撰写形式：

“出具单位＋文种”式，例如“协和医院介绍信”。

“问题性质＋文种”式，例如“关于开展社区义诊的介绍信”。

“出具单位＋问题性质＋文种”式，例如“协和医院关于开展社区义诊的介绍信”。

2. 文件编号

便函式介绍信通常情况下由出具单位一年编写一个总流水号。形式一般为“_________字（年份）第________号”样式，位于文书右上角。

3. 称谓

介绍信的称谓是在标题下另起一行顶格书写接信单位名称或接信人姓名，姓名后加“同志”、“先生”、“女士”等称呼，再加冒号。

4. 正文

介绍信的正文在称谓下另起一行，开头空两格写正文，一般应写清楚被介绍人的姓名、身份证件、职务身份、政治面貌、任务使命等，有时若需要还应该说明成行的原因或依据，说明所要联系的工作、接洽的事项等，内容会因具体情况不同而有所差异，一般不分段。

5. 结语

介绍信常常以表示敬意、感谢、请求或希望的惯用语作结，如“请予接洽为盼”、“请协助为荷”、“请予支持和帮助”、“此致敬礼”等。

6. 落款

在介绍信的右下方书写发文单位名称、时间。介绍信的时间一般有两部分，一个是介绍信的有效期限，常写作“（ × 日内有效）”；另一个是介绍信开具的日期。介绍信必须加盖公章，印章位置应该不压正文，加盖在单位、日期处。

（二）固定格式介绍信的构成与写法

1. 单联介绍信

单联介绍信是最为常见的介绍信形式，格式简单且固定，一般由单位按照统一的固定格式印制，基本构成与便函式介绍信相同，也由标题、文件编号、称谓、正文、结语、落款等部分组成，正文等部分只需简单填写，使用方便。

2. 二联介绍信

二联式介绍信格式基本固定，一般由存根、间缝、本文三部分组成。

（1）存根。存根部分由标题（即：介绍信）、介绍信编号、正文、开出时间等组成。存根部分由出具单位留存备查。

（2）间缝。间缝部分写介绍编号，应与存根部分的编号一致。还要加盖出具单位的公章。

（3）本文。本文部分基本与便函式介绍信相同，只是有的要在标题下注明介绍信编号。

3. 三联式介绍信

三联式介绍信应用于事由重大、情况特殊的事务的介绍信，使用规则较多，相对于二联介绍信则多了回执部分，且需要将回执与存根部分一同保存。具体要求如下：

（1）存根。三联式介绍信存根的主体部分与二联式基本相同，由标题（即介绍信）、介绍信编号、正文、开出时间等组成。但要注意，三联式介绍信存根要有“贴回执联处”，即需将符合要求的回执联与存根部分一起由出具单位留存备查。

（2）间缝与本文。基本形式和要求与二联式介绍信相同。

（3）回执。三联式介绍信的回执部分由标题（即介绍信回执联）、文件编号、称谓、正文、落款等部分组成，回执联内容简洁，主要用于介绍信接信人向介绍信出具单位说明情况。回执联非常重要，需由接信人加盖公章后返回给出具单位。

四、介绍信写作模版与范文

[介绍信写作模板 1]　便函式的介绍信

<table>
<tr>
<td>
介绍信
______字（2014）第____号
××（接信单位或个人）：
　　××× 系 ××××××××，×××××××××
×。 由　于 ××××××××，×××××××××
××××××××，×××××××××××××××
××，×××××××××××××××××，××××
×××××××××××××，××××××××××
×××××××，××××××××××××××
×××，××××××××× 原因，赴贵单位 ×××
×××××，×××××××××××××××××，×
××××××××××××××××，×××××××
×× 请予支持和帮助。
　　此致
敬礼！

（此信限______日内有效）
××××（签发单位）（公章）
××××年×月×日
</td>
<td>
标题：居中写

文件编号：由出具单位编写
称谓：另起一行，顶格写
正文：
①称谓下另起一行，空两个字符开始
②写清楚被介绍人的姓名、身份证件、职务身份、政治面貌、任务使命等，有时若需要还应该说明成行的原因或依据，说明所要联系的工作、接洽的事项等
结语：以表示敬意、感谢、请求或希望的惯用语作结
有效期限：必须明确
落款：印章位置应该不压正文，加盖在单位、日期处
</td>
</tr>
</table>

[介绍信写作模板 2]　单联介绍信

模板	说明
介绍信 ____字（2014）第___号 ____（接信单位或个人）： 兹有我单位____等同志____人前往贵处联系________请予支持和帮助。 此致 敬礼！ （此信限___日内有效） 签发单位（公章） ____年___月___日	标题：居中写 文件编号：由出具单位编写 称谓：另起一行，顶格写 正文：格式固定，填写简便 有效期限：必须明确 落款：签发单位一般为印刷好的，只需在此处加盖公章

[介绍信写作模板 3]　二联介绍信

模板	说明
介绍信（存根） ____字（2014）第___号 ____等___人，前往____联系________。 ____年___月___日 ……………___字（2014）第___号…………………… （间缝处加盖公章） 介绍信 ____字（2014）第___号 ____（接信单位或个人）： 兹有我单位____等同志____人前往贵处联系________请予支持和帮助。 此致 敬礼！ （此信限___日内有效） 签发单位（公章） ____年___月___日	存根：由出具单位留存备查 间缝：编号应与存根部分本文部分的编号一致，加盖出具单位的公章 本文：基本与便函式介绍信相同

[介绍信写作模板4]　三联介绍信

<table>
<tr><td>介绍信（存根）
______字（2014）第____号
______等______人，前往______联系______
______________________________。
______年______月______日</td><td>存根：与二联式基本相同，但要注意，三联式介绍信存根要有“贴回执联处”</td></tr>
<tr><td>贴回执联处
…………____字（2014）第____号……………
（间缝处加盖公章）</td><td></td></tr>
<tr><td>介绍信
______字（2014）第____号
______________（接信单位或个人）：
兹有我单位______________等同志____
______人前往贵处联系______________
______________________请予支持和帮助。
此致
敬礼！
（此信限______日内有效）
签发单位（公章）
______年______月______日</td><td>间缝与本文：基本形式和要求与二联式介绍信相同</td></tr>
<tr><td>………………………………………………
介绍信回执联
______字（2014）第____号
______________（出具介绍信的单位或个人）：
贵单位______________等同志____
______人来我处相关事宜已接洽，特此回复。
（接信单位）（公章）
______年______月______日</td><td>回执联非常重要，需由接信人加盖公章后返回给出具单位</td></tr>
</table>

[介绍信范文 1]

××大学新闻学院学生专业实习介绍信

×字（2014）第×号

××人民广播电台新闻采编中心：

张明系我院新闻学专业10级学生（身份证号×××××），他在本科专业学习过程中，理论基础扎实，实践能力较强，目前我院新闻学专业10级学生已进入社会实习阶段，专业实习对于提高学生业务能力和综合素质具有重要作用。特介绍该生前往贵单位实习，请予以大力支持，并给予指导和严格管理。感谢贵单位支持我校的学生专业实习工作！

此致

敬礼！

（此信限7日内有效）

××大学新闻学院（公章）

2014年1月20日

[介绍信范文 2]

介绍信

_×_字（2014）第_×_号

××人民广播电台新闻采编中心：

兹有我单位_李昆_等同志_壹_人前往贵单位联系_学生专业实习相关事宜_，请予支持和帮助。

此致

敬礼！

（此信限3日内有效）

××大学新闻学院（公章）

2014年1月10日

[介绍信范文 3]

介绍信（存根）

× 字（2014）第 × 号

李昆 等 壹 人，前往××人民广播电台新闻采编中心联系学生专业实习相关事宜。

2014 年 1 月 10 日

………………………………× 字（2014）第 × 号………………………………

（间缝处加盖公章）

介绍信

× 字（2014）第 × 号

××人民广播电台新闻采编中心：

兹有我单位 李昆 等同志 壹 人前往贵单位联系学生专业实习相关事宜，请予支持和帮助。

此致

敬礼！

（此信限 3 日内有效）

××大学新闻学院（公章）

2014年 1 月 10 日

[介绍信范文 4]

介绍信（存根）

× 字（2014）第 × 号

李昆 等 壹 人，前往××人民广播电台新闻采编中心联系学生专业实习相关事宜。

2014年 1 月 10 日

……………… × 字（2014）第 × 号 ……………………

（间缝处加盖公章）

介绍信

× 字（2014）第 × 号

××人民广播电台新闻采编中心：

兹有我单位 李昆 等同志 壹 人前往贵单位联系学生专业实习相关事宜，请予支持和帮助。

此致

敬礼！

（此信限 3 日内有效）

××大学新闻学院（公章）

2014年 1 月 10 日

………………………………………………………………

介绍信回执联

× 字（2014）第 × 号

××大学新闻学院：

贵单位 李昆 等同志 壹 人来我处相关事宜已接洽，特此回复。

××人民广播电台新闻采编中心（公章）

2014年 1 月 13 日

五、介绍信的写作注意事项

在拟写介绍信的过程中，应该注意以下几点：

（1）确保真实性。介绍信出具单位或个人必须秉承认真负责的态度，介绍信的内容必须清楚明确、客观真实，简洁明了，不能夸大渲染、故弄玄虚，更不可弄虚作假。

（2）明确有效期限。介绍信需注明有效期，有效期的考量一定要慎重，要根据出具介绍信的是由，注意宽限适宜。

（3）加盖公章有效。介绍信需加盖出具单位的正式行政公章方能有效力，不能随意盖章，且要注意，在正确位置加盖公章。

（4）确保介绍信整洁。介绍信也是公文的一种，需认真对待。首先，介绍信内容不得有涂改、污损，如有涂改或污损，需由出具单位重新出具。其次，介绍信的公章必须清晰可辨认，以确保介绍信的真实可信。

（5）固定格式的介绍信应该认真填写存根部分，以备查考。正文与存根中间应该加盖公章，以避免造假行为。

（6）固定格式的介绍信应注意存根、介绍信、回执联三个部分的文件编号统一。

第三节　证明信

一、证明信的概念

证明信是证明一个人的身份、经历或一件事情的真实情况时所写的专用书信。它也通常被称为“证明”或“证明书”。

证明信是以行政机关、社会团体、企事业单位或个人的名义凭借确凿的证据证明某人的身份、经历或某件事情的真实情况时所使用的一种专用书信。证明信对了解和考察有关人员和事件的真实情况，有着重要的证明、参考作用。

二、证明信的种类与特点

（一）种类

以写作者来划分，证明信可分为以组织名义出具的证明信和以个人名义出具的证明信。前者又可分为普通书写证明信和印刷证明信。

这种证明信多数是证明某人曾在或正在该单位工作的证明信。它可以证明此人的身份、经历、职务，以及同该单位的所属关系等真实情况。这种材料的来源一般源于该单位的档案，或来自调查研究。

以组织名义所发的证明信一般都是该单位的负责人或文书根据真实的档案或调查材料来组织书写的一种证明性书信。篇幅可长可短，视具体情况而定。

以组织名义发出的印刷式的证明信则是一种事先把格式印好，只需填进主要内容的一种证明信。这种证明信一般留有存根，以备今后查看。这是一种较为正规的证明信。

由个人名义出具的证明信，证明信的内容完全由个人负责。写这样的证明信，个人一定要严肃认真，仔细回忆，不得信笔由缰，马马虎虎。个人所写的证明信一般都以个人名义、采用书信体格式。

以证明信的用途来看，证明信又可分为作为材料存入档案的证明信、证明丢失证件等情况属实的证明信和作为证件使用的证明信。

（二）特点

1. 凭证的特点

证明信的作用贵在证明，是持有者用以证明自己身份、经历或某事真实性的一种凭证，所以证明信的第一个特点就是它的凭证的作用。

2. 书信体的格式特点

证明信是一种专用书信，尽管证明信有好几种形式，但它的写法同书信的写法基本一致，大部分采用书信体的格式。

三、证明信的写法

（一）标题

证明信的标题通常有以下两种方式构成：

单独以文种名作标题，一般是在第一行中间冠以“证明信”、“证明”字样；

由文种名和事由共同构成，一般是写在第一行中间。如“关于 ××× 同志 ×× 情况（或问题）的证明”。

（二）称呼

要在第二行顶格写上受文单位名称或受文个人的姓名称呼，然后加冒号。有些供有关人员外出活动证明身份的证明信因没有固定的受文者，开头可不写受文者称呼，但要在正文前用公文引导词“兹”引起正文内容。

（三）正文

正文要在称呼写完后另起一行，空两格书写。要针对对方所要求的要点写，要你证明什么问题就证明什么问题，其他无关的不写。如证明的是某人的历史问题，则应写清人名、何时、何地及所经历的事情；若要证明某一事件，则要写清参与者的姓名、身份，及其在此事件的地位、作用和事件本身的前因后果。也就是要写清人物、事件的本来面目。

正文写完后，要另起一行，顶格写上“特此证明”四个字。也可直接在正文结尾处写出。

（四）落款

落款即署名和写明成文日期。要在正文的右下方写上证明单位或个人的姓名称呼，成文日期写在署名下另起一行，然后由证明单位或证明人加盖公章或签名、盖私章，否则证明信将是无效的。

四、证明书写作注意事项

（1）以个人名义所发的证明信要写明写证明信者本人的政治面貌、工作情况等，以便使审阅证明信的人了解证明人的情况，让当地的相关部门给与相应的证实，例如签字或是部门的公章，从而鉴别证明材料的真伪与可信程度，因为证明信有时是作为结论性证据的，所以要实事求是，严肃认真，要尽量言之有据。要是个人所写的证明信的内容，但本人却不太熟悉，应写“仅供参考”的提示性语言，让审阅者能够做出明确的评判。

（2）对于随身携带的证明信，一般要求在证明信的结尾注明有效时间、过期无效。

（3）证明信的语言要十分准确，不可含糊其辞。证明信不能用铅笔、红色笔书写，若有涂改，必须在涂改处加盖公章。

五、证明信写作模板与范文

[证明信写作模板]

证明信 ××单位： ××× 系 ×××××××××，××××××××××。 特此证明。 此致 敬礼！ ×××××（单位） ××××年×月×日	标题：居中写 称呼：顶格写 主体：说明证明的内容 结束语 致敬语 落款：单位名称（个人落款最好持有其所在单位的证明信）、日期

[证明信范文 1]

证　明

××公司：

你公司 ×× 同志 ×××× 年至 ×××× 年曾在我校学习。特此证明。

此致

敬礼！

××中学（公章）

××年×月×日

[证明信范文 2]

户籍证明

我市__区__路__号居民，男，汉族，年月日出生，身份证号_______。

特此证明。

__________市公安局__________派出所

____年____月____日

[证明信范文 3]

未婚证明

（　）××字第××号

兹证明×××（男或女，××××年××月××日出生，现住泰国××市××街××号）至××××年××月××日离境之日，在中国居住期间未曾登记结婚。××的父亲是××，母亲是××。

中华人民共和国××省××市公证处

公证员（签名）

××××年××月××日

[证明信范文 4]

证明信

××局负责同志：

王××原为我校新闻系××级学生，曾担任前学生会主席职务。在校期间，该生遵守学校各项规章制度，没有参与任何不利于安定团结的活动。

特此证明。

证明人：龚××

××××年××月××日

[证明信范文 5]

证明信

王××，男，吉林大学法学院2010级学生，学生证号：××××，该同学于2013年10月29日已被批准为中共预备党员。

特此证明。

中共吉林大学法学院委员会

2013年12月12日

[证明信范文 6]

证明信

兹有我乡（镇）（居委会等）×××（父母亲姓名）之子（女）×××（学生姓名），于××××年××月考入贵校学习。由于×××原因（每个家庭的具体原因），导致家庭经济困难，希望学校、银行能为其提供国家助学贷款，帮助其顺利完成学业。

×××乡（镇）人民政府（公章）或×××居委会等（公章）

××××年××月××日

[证明信范文 7]

证明信

兹证明____________是我单位员工，身份证号____________________，在我单位工作__年，岗位为，年收入万元（人民币）。

工资收入证明样本：

本证明仅限于该职工办理信用卡使用，我公司不对该职工使用信用卡可能造成的一切后果承担任何责任。

特此证明。

单位名称（盖章）：__________

日 期：______年____月____日

[证明信范文 8]

证明信

××公司：

兹有我单位职工李某（身份证号：110121××××××××1445）前去贵公司领取某某地发来的货物，请见信将货物交给该同志带回。

此致

敬礼

公司名称（盖章）

××××年××月××日

第四节　申请书

一、申请书简介

申请书是个人或部门向上级组织、机关、企事业单位或社会团体表述愿望、提出请求时使用的一种文书。申请书的使用范围广泛，种类也很多。按作者分类，可分为个人申请书和单位、集体公务申请书。

申请书是一种专用书信，它同一般书信一样，也是表情达意的工具。对于个人与组织、下级与上级或有关部门的沟通、理解以及合作有着十分重要的作用，具有请求性、单一性、程序性的特点。申请书要求一事一议，内容要单纯。不同的对象有不同的申请书，常见的有入团申请书、入党申请书等。

二、申请书的构成与写法

申请书同一般书信相似，申请书通常由标题、称谓、正文、结语、落款等5部分构成。

（一）标题

申请书的标题一般有两种写法：一种是直接写“申请书”；另一种是在“申请书”前加上内容，由申请事项和文种组成，如“关于调换工作的申请书”等，一般采用第二种。

（二）称谓

称谓是在顶格写明接受申请书的单位、组织或有关领导。

（三）正文

正文部分是申请书的主体。首先要明确提出申请要求；其次说明申请理由，理由要写得客观、充分；申请事项内容要写得清楚、简洁。

（四）结语

结尾一般使用特定用语，如“特此申请”、“恳请领导帮助解决”、“希望领导研究批准”等。也可用“此致、敬礼”等礼貌用语。

（五）落款

关于落款，个人申请者要写清申请者姓名，单位申请写明单位名称并加盖公章，同时注明日期。

三、申请书的写作注意事项

（1）申请书要求一事一议，内容要单纯。切忌同时申请多个事项。申请的事项要写清楚、具体，涉及的数据要准确无误。

（2）申请理由要充分、合理，实事求是，不能虚夸和杜撰，否则难以得到上级领导的批准。

（3）语言要准确、简洁，态度要诚恳。

四、申请书写作模板与范文

[申请书写作模板]

模板	说明
××××申请书	标题居中写
尊敬的××：	称呼顶格
我是×××，郑重地向××提出××××这一申请。	连接语：先作自我介绍，表达意愿
×××××××××（根据实情详细说明原因）××××××××××××××××××××××。 我（希望／愿意／一定……）（申请成功后我会怎样） 希望××××能够（批准／考验／接受）我。 此致 敬礼！	主体：根据实情详细说明原因，申请成功后会怎样。最后表示愿望
申请人：××× ××××年××月××日	致敬语的右下方写上申请人的姓名、日期

[申请书范文 1]

入党申请书

敬爱的党组织：

我志愿加入中国共产党，愿意为共产主义事业奋斗终生。我衷心地热爱党，中国共产党是中国工人阶级的先锋队，是中国人民和中华民族的先锋队，是中国社会主义事业的领导核心。中国共产党代表着中国先进生产力的发展要求，代表中国先进文化的前进方向，代表中国最广大人民的根本利益。党的最高理想和最终目标是实现共产主义。

我之所以要加入中国共产党，是因为我深信共产主义事业的必然成功，深信只有社会主义才能救中国，只有社会主义才能发展中国。实践也充分证明，建设中国特色社会主义现代化道路，是实现中国经济繁荣和社会进步的康庄大道。我深信共产党员是彻底的唯物主义者，我将努力向这个方向发展。

自 1921 年建党至今，我们党已经走过了 90 年多年的光辉道路。这几十年，中国共产党从小到大、从弱到强、从幼稚到成熟，不断发展壮大。从建党之初的 50 多名党员，逐步发展到今天这一个拥有 8700 多万党员的执政党。在经过长期的反帝、反封建、反官僚资本主义的革命斗争，中国共产党取得了新民主主义革命的胜利，结束了中国半封建、半殖民地的历史，消灭了剥削制度和剥削阶级，建立了中华人民共和国，确立了社会主义制度，开辟了建设有中国特色的社会主义道路，逐步实现社会主义现代化。

没有追求与理想，人便会碌碌无为；没有信念，就缺少了人生航线上的航标，人便会迷失方向甚至迷失自我，难以到达理想的彼岸，更不会完全发出自我的光和热，激发出人生的意义和生命的价值。要成为跨世纪的优秀年轻人，就要向中国共产党这个光荣而伟大的组织去靠拢，我清醒地认识到：只有在党组织的激励和指导下，我才会有新的进步，才能使自己成为一个优秀的人，才能充分地去发挥自己的潜能，为国家、为人民、为集体作出更多的贡献。

参加工作后，在组织和领导的关心和教育下，我对党有了进一步的认识。党是由工人阶级中的先进分子组成的，是工人阶级及广大劳动群众利益的忠实代表。党自成立以来，始终把代表各族人民的利益作为自己的重要责任，坚持人民利益高于一切，个人利益服从人民利益。

党是中国社会主义事业的领导核心。中国的革命实践证明没有中国共产党的就没有新中国。中国的建设实践证明，中国只有在中国共产党的领导下，才能走向繁荣富强。尽管在前进的道路上遇到过曲折，但党用她自身的力量纠正了失误，使我国进入了一个更加伟大的历史时期。党的十一届三中全会以来，在邓小平理论的指导下，在中国共产党的领导下，我国取得了举世瞩目的发展，生产力迅速发展，综合国力大大增强，人民生活水平大幅提高。

中国共产党党员是中国工人阶级中有共产主义觉悟的先锋战士，必须全心全意为人民服务，不惜牺牲个人的一切，为实现共产主义奋斗终生。中国共产党党员永远是劳动人民的普通一员，不得谋求任何私利和特权。在新的历史条件下，共产党员要体现时代的要求，要胸怀共产主义远大理想，带头执行党和国家现阶段的各项政策，勇于开拓，积极进取，不怕困难，不怕挫折；要诚心诚意为人民谋利益，吃苦在前，享受在后，克己奉公，多作贡献；要刻苦学习马列主义理论，增强辨别是非的能力，掌握做好本职工作的知识和本领，努力创造一流成绩；要在危急时刻挺身而出，维护国家和人民的利益，坚决同危害人民、危害社会、危害国家的行为作斗争。

我决心用自己的实际行动接受党对我的考验，我郑重地向党提出申请：我志愿加入中国共产党，拥护党的纲领，遵守党的章程，履行党员义务，执行党的决定，严守党的纪律，保守党的秘密，对党忠诚，积极工作，为共产主义奋斗终生，随时准备为党和人民牺牲一切，永不叛党。

今后我会更加努力地工作，认真学习马克思列宁主义、毛泽东思想、邓小平理论，学习党的路线、方针、政策及决议，学习党的基本知识，学习科学、文化和业务知识，努力提高为人民服务的本领。坚持党和人民的利益高于一切，个人利益服从党和人民的利益，吃苦在前，享受在后，克己奉公，多做贡献。自觉遵守党的纪律和国家法律，严格保守党和国家的秘密，执行党的决定，服从组织分配，积极完成党的任务。只要党和人民需要，我会奉献我的一切！

我深知按党的要求，自己的差距还很大，还有许多缺点和不足，如处理问题不够成熟、政治理论水平不够高等。希望党组织从严要求，以使我更快进步。我将用党员的标准严格要求自己，自觉地接受党员和群众的帮助与监督，努力克服自己的缺点，弥补不足，争取早日在思想上，进而在组织上加入伟大的中国共产党。

请党组织在实践中考验我！

此致

敬礼！

申请人：×××

2014年2月1日

[申请书范文2]

国家助学金申请

尊敬的领导：

我是××师范大学××学院系××级的贫困学生。我出生在一个偏僻农村，现在家有6口人，爷爷、奶奶、爸爸、妈妈、弟弟和我。爷爷、奶奶年老在家，且妈妈体弱多病，弟弟现在就读于县城的学校，全家的收入都来自于父亲在田地里的辛勤劳作，但农作收入本就不高，还加上又遭遇自然灾害，农作物歉收，全家的收入更是微薄。

我是一名喜爱读书、热爱集体并且性格温和的女孩。从很小的时候起，父母就对我说：学习的目的是将来可以对国家和社会贡献出自己的一份力量，所以我平时不仅注意丰富知识，学习成绩为全班上游，更努力提高良好的社会责任感和个人道德修养。我一直很刻苦，一有时间就去图书馆学习，看自己喜欢的专业知识，我认为这是对家人也是对自己最大的回报，让自己的生活丰富多彩。我也继承了父亲勤俭节约的习惯，就像爸爸说的一样："钱一定要换来一些有意义的东西，就像我把所有可以省下来的钱供你和你弟弟上学一样，我们全家这样省吃俭用，谁都不后悔。"正是由于父亲的这句话，我每当走进超市时，从不买一件不是非用不可的东西。上大学一年以来，我深知上学的机会来之不易。我省吃简用，化压力为动力，化爱为能量，无刻不在努力着，各门功课均达到优良水平，在班里名列前茅，积极参加学校的各项活动，热情帮助同学，是入党积极分子。我希望通过我的努力，能让我的家人宽慰，用良好的成绩来回报帮助过我的亲人和朋友，来回报国家和社会。

大二的学习生活如期而至，而父亲也和每年一样，又在挨家挨户地为我的学费奔走。每次回到家里都是愁眉不解地闷头抽着烟。这样的情景让我的心里很难受。因为我知道，别的朋友也许不理解，为什么我的父亲非要女孩子去上学呢。我也知道，父亲一定又是为了我遭受了许多冷嘲热讽、白眼、闭门羹。我还知道，有很多给我家借过钱的亲戚、朋友也再不愿意借钱给我们家了。这些让我的父亲十分发愁。好在，在开学的时候，学费终于凑齐了，按时缴上了。我又可以见到尊敬的老师和可爱的同学了，这是我的幸运，我会好好珍惜这得来不易的机会。

现如今，党和国家的政策是大力发展教育事业，这让我这样的学生看到了生活的希望。我满怀热血感谢党和国家对贫困学生的关心。真诚希望领导给我一次机会，一解我求学之路的燃眉之急。我会以200%的努力好好学习，争取上进！只要自己一有能力，就马上回馈社会，帮助所有有需要的人。特别是我一定要成为一个能对国家和社会做出巨大贡献的人。

申请人：×××

××××年××月××日

[申请书范文3]

应届毕业生试用员工转正申请书

尊敬的领导：

作为一个刚毕业的大学生，本人有幸成为贵公司的试用员工，贵公司的和谐融洽的工作氛围和的奋发向上的企业文化，让我很好从学生的角色过渡到一个企业职员的角色，让我学会了很多在学校学不到的东西，各部门领导和同事给予我足够理解、无私帮助和耐心指导，让我能把我所学的东西转化为实践，使我在较短的时间内迅速适应了公司的业务。

自从进入公司以来，我一直严格要求自己，认真及时地做好每一件领导布置的任务，与部门同事沟通交流，让我不断成熟，做事情的时候考虑得更全面。在此，我要特别感谢部门领导与同事对我的指导和帮助。

经过领导的指导，我已经对自己的工作有了一个详细的了解。现在，试用期已满，在此期间个人表现良好，符合公司人事管理制度转正要求，现申请转为公司正式员工。

基于以下几个原因申请转正，望领导批准。

1. 经过三个月的努力，我对自己的工作有了一定的处理能力，希望能够得到大家的认可。

2. 在工作中非常注意团结合作，多思考，多学习，以较快的速度熟悉了公司情况，能较好地融入到我们这个团队中。

3. 由于自己刚刚毕业踏入社会，生活来源就是现在的工资，恳请领导给我继续锻炼自己、实现理想的机会。

申请人：×××

××××年××月××日

［申请书范文 4］

辞职申请书

尊敬的领导：

您好！

我很遗憾在这个时候向单位提出辞职申请。

来到单位的 6 个月时间里，自己没有为单位作出太大的贡献，反而让各位为我操了不少心。单位的同事领导都对我很好，特别是我的部门领导 ×× 主任，不管是生活上工作上都给了我极大的帮助和支持，在此我向你们表示深深的感谢。

在这半年的时间里，对于一个刚刚大学毕业的学生来说，单位不但给了我一份难得的工作，更像给了我一个温暖的家。我很愉快地度过了这 6 个月的时间，同时这 6 个月的时间也让我学到了很多以前没学过的知识，无论是理论上还是实践上，都让我有了很大的提高，因此我要在这里再一次衷心地感谢各位领导同事对我的照顾和关怀。单位给我提供的锻炼平台，让我深受感动，也让我的人生增色不少，这来之不易的第一份工作将是我人生中一笔宝贵的财富。今后有机会，我仍愿意回单位效力。

离开单位，有太多的不舍和留恋。不能和大家看着现在公司项目的成功完成，不能分享大家的甘苦和甜蜜，不能和大家一起努力和创新，不能聆听各位领导的深深教诲，不能和大家一起经历公司未来的发展和辉煌，我深表遗憾。

我因为诸多原因要去别的城市学习和锻炼，故需要辞去现在的工作，请上级领导予以批准。真诚祝愿单位明天会更好。祝愿各位领导、各位同事身体健康，幸福平安，工作顺利！

此致

敬礼！

申请人：×××

××××年××月×日

第五节　谋职信

一、谋职信的概念

谋职信又称“求职信”“自荐信”或“自荐书”，是求职者主动向用人单位或单位主管领导介绍自己的个人资历和实际才能，表达自己就业愿望，以求对方了解自己、相信自己、录用自己的一种书信式专用性文书。它是一种私人对公并有求于公的信函。简单来说，谋职信就是用文字语言在推销自己。目前，谋职信作为新的日常应用类文体，使用频率极高，其重要作用愈加明显。

二、谋职信的类型

从成文的角度上看，分为自写的求职信，他人推荐而写的求职信等。

从内容或行业上看，分为技术性求职信，销售性求职信，生产性求职信，演艺性求职信，医疗性求职信等。

从求职的时间上看，分为短期性求职信，中期性求职信，长期性求职信等。

从求职的要求上看，分为基本要求的求职信，有具体要求的求职信等。

三、谋职信的功能与目的

（一）功能

1. 沟通交往，意在公关

谋职信是沟通求职者和用人单位之间的桥梁。通过一定的沟通，在相互认识、交流的基础上，实现相互的交往，是求职信的基本功能。实现交往，求职者才可能展示才干、能力、资格，突出其实绩、专长、技能等优势，从而得以录用。因此，谋职信的自我表现力非常明显，带有相当的公关要素与公关特色。

2. 表现自我，求得录用

实现自己的求职目的，就要求自己必须充分扬长避短，突出自我优势，在众多的求职者中崭露头角，以自己的某些特长、优势、技能等吸引用人单位。表现自我，意在录用，是求职信的基本功能。

（二）目的

谋职信起到毛遂自荐的作用，好的谋职信可以拉近求职者与人事主管（负责人）之间的距离，获得面试机会多一些。

四、谋职信的构成与写法

谋职信主要由标题、称谓、正文、结尾、落款、附件等六部分构成。

（一）标题

谋职信的标题通常只有文种名称，即在第一行中间写上“求职信”三个字。

（二）称谓

称谓即对受信者的称呼，要顶格写在第一行，可以是受信者单位名称或个人姓名。单位名称后可加“负责同志”“主管领导”等；个人姓名后可加“先生”“女士”“同志”等称呼。在称谓后写冒号。

谋职信不同于一般私人书信，受信人未曾见过面，所以称谓要恰当，郑重其事。

（三）正文

正文要另起一行，空两格开始写谋职信的内容。如果正文内容较多，就要分段写，主要包括以下几方面的内容。

（1）简要介绍自己的自然情况，如姓名、年龄、性别、民族、毕业院校、专业特长等。

（2）写出求职的原因和愿望。首先可以直截了当地说明从何渠道得到有关招聘信息，然后对应招聘条件简要说明自己求职的动机和原因，明确应聘职位或职务。行文郑重简明，重点突出，文字应具吸引力，切勿流于套话或现抄袭之嫌。这段是正文的开端，也是求职的开始，介绍有关情况要简明扼要，对所求的职务，态度要明朗，而且要吸引受信者有兴趣将你的信读下去，因此开头要有吸引力。

（3）写出对所谋求职位的基本认识，以及对自己的能力与学识作出客观公允的评价，这也是求职信的关键内容。要着重介绍自己应聘的有利条件，要特别突出自己的优势和“闪光点”，以使对方信服。这段内容的语言要中肯，要有说服力，恰到好处；既要态度谦虚诚恳，又要表现出充分的自信，要给受信者留下深刻印象。总之，这段文字要有目标、有重点，有说服力。

（4）明确提出自己的希望和要求。这段属于信的内容的收尾阶段，向受信者提出希望和要求，要明确清晰，要适可而止，不要啰唆，不要苛求对方。

（四）结尾

结语要另起一行，空两格，写表示敬祝的话，如“此致”、“敬礼”，或“祝工作顺利”、“祝事业发达”等较正式、通用的祝颂词语。不必过多寒暄，以免画蛇添足。

（五）落款

落款是将写信人的姓名和成文日期写在信的右下方。姓名写在上面，成文日期写在姓名下面。姓名前面不必加任何谦称的限定语。以免有阿谀之感，或让对方轻看你的能力。成文日期要年月日齐全、规范。

（六）附件

有说服力的附件是对求职者应聘资格鉴定的凭证。所以求职信的附件是重要的却经常被忽视的部分。但如无恰当附件材料也不必勉强凑集。附件可在信的结尾处注明，如附件1，××××××；附件2，××××××；附件3，××××××。最后将附件的复印件按顺序装订在一起随信寄出。附件不需太多，但必须有分量，应足以证明你的经验和专业能力。

五、谋职信的写作要求与注意事项

（一）谋职信的写作要求

（1）语气自然：语言和句子要简单明了。写信就像说话一样，语气不能僵硬。语言直截了当，不要依靠词典。

（2）通俗易懂：写作要考虑读者对象的知识背景，不要使用生僻词语、专业术语。

（3）言简意赅：在重点突出、内容完整的前提下，尽可能简明扼要，切忌面面俱到。

（4）具体明确：不要使用模糊、笼统的字眼；多使用实例、数字等具体的说明。

（二）谋职信的写作注意事项

（1）行文篇幅一定要简短，内容精练，切忌拖沓冗长，套话连篇。

（2）遣词用句通俗易懂，切忌在信中使用生僻词语、专业术语等。

（3）尽量使用实例、数字等来说明问题。

（4）谋职信要有内涵。不要千篇一律，求职信要有内在美，内在美就是能突出属于你的优势和特点，字眼不可浮夸，但也要谦虚有度。

（5）写完之后要校对。写好之后不要急着发送给招聘人员，要做好检查，看有没有不满意的地方和错别字，检查该有的资料是否齐全，情况允许时最好是让你的朋友帮忙检查一下。

六、谋职信写作模板与范文

[谋职信写作模板]

求职信 ××公司领导： 　　您好！ 　　我从××××获悉贵公司×××的招聘，真心希望××××××××。 　　我叫×××，毕业于××××××××××××××××××××××××××××××。 　　在校期间××××××××××××××××××。 　　在社会实践方面×××××××××××××××××××××××××××××××××××。 　　××××××××××××××，企盼佳音。 　　谨祝 顺达 ××× ××××年××月××日 　　联系地址：×××××× 　　邮编：×××××× 　　电话：×××××××	标题：居中写上“求职信” 　　称呼顶格，问候语另起一行空两格且独占一行 　　连接语：说明写信的缘由并表达意愿 　　主体：先作自我介绍，借着重点介绍最能代表自己水平的招聘单位对口或接近的专业成绩，以及个人的特长、爱好。最后表示愿望 　　致敬语的右下方写上求职人的姓名、日期，然后另起一行顶格依次写上联系地址、邮编、电话

[谋职信范文 1]

谋职信

尊敬的领导：

您好！

和广大的求职者一样，我是来求职的，希望您能给我一个展现自我的机会。初次见面，您可能对我还不太了解，请允许我先作个自我介绍。

我叫××，是一个从农村出来的孩子。同所有的农村孩子一样，平日里经常帮父母做做农活，虽然不能说自己身体是最棒的，但绝对可以说自己的身体非常健康。我是2009年到××学院来读书的，至今已经三年多了，原本想继续深造学习，只可惜生在农村，家庭难以承受这继续深造的费用，因此不得不忍痛割爱，放弃学业走入社会开始打拼了。

在校的时间虽然比较短暂，但我相信凭借着我自己的努力，收获了很多知识，这一切皆是天道酬勤吧！

我的专业是新闻学，在我们专业课老师的印象之中，我是一个有上进心的学生。脚踏实地、勤奋热学、友善大方是老师对我的评价。我曾经在班级里担任过宣传委员及纪检委员，工作期间很认真，无论是与同学交谈工作还是向老师汇报工作，都非常融洽。因此，鉴于这些平常优良表现，老师对我也极其信任，经常派我去参加一些文艺活动，有时班会也由我来记录。在专业课的学习中，图像处理、文字设计、广告设计我都处理过。

我明白学历是就业的第一通行证，高学历的优势是不容忽视的，但同时我也知道，学历只能证明昨天，今天却是全新的，只有有决心有意志的人才能成就今天、主宰今天，今天才是受更多人加倍关注的！

总而言之，所有的机会我都会好好珍惜。这一次，如果我可以成功的话，我一定会更加努力，因为求职的压力就像是压在我胸口的一块巨石，时常使我感觉难以呼吸，我决心要把它击得粉碎，并且我也会兢业工作，认真听从领导的教导，全面要求自己，积极向上。在工作中如果有疑问的地方，一定会去向同事请教，利用业余时间细心学习，通过各种途径不断完善与提高自己，做一个合格的公司职员。

心动不如行动，在此就简单地介绍到这里，再次期望领导能够给予我表现的机会。

此致

敬礼

自荐人：×××

2013年10月9日

[谋职信范文 2]

求职信

尊敬的领导：

您好！

我叫 ×××，我是 ×× 学院广告传媒专业应届毕业生。在此临近毕业之际，我希望能得到贵公司的赏识与栽培。为了发挥自己的才能，特向贵单位自荐。

大学四年里，有收获也有遗憾，但欣慰的是这些经历使我学会了冷静，执着使我变得愈加独立，坚韧教我学会在人生的坐标上寻找适合自己的位置，并不断调整和完善自我，更让我意识到要勇于在人生的不同阶段迎接新的挑战。在即将毕业之际，我诚挚地希望能加入你们这群充满生命力、竞争力和挑战力的精英队伍中，在各方领导帮助下，为公司的再度发展和腾飞推波助澜！

我愿意并且能够全身心地投入我所喜爱的事业，同时我也相信我的加入定能为贵公司增添一份成功的力量！

此致

敬礼

×××

2014年1月9日

[谋职信范文 3]

求职信

尊敬的领导：

你好！

我毕业于 ×× 学院传播主持专业，我的名字叫 ×××。

大学的四年，为我的专业理论奠定了基础，并使我培养了良好的学习能力，团队协作精神，务实的作风。通过认真学习专业知识理论，大量阅读相关书籍和交流，我目前已经取得了英语四级证书和计算机等级证书。

我注重理论与实践相结合，在寒暑假期间多次参加社会实践，在电视台实践时，参加一些新闻采编工作，使我能够在新闻理论知识灵活运用的具体工作中，熟悉基本的新闻编辑过程，基本掌握了编辑机的操作方法，得到领导和同事的一致肯定。我平时也自学 Flash、EDIUS 等软件的基本操作，熟悉 Office，WPS 办公自动化软件。

我的专长就是现学就能现用，上手快，适应性强，对于我所没有尝试过的东西敢于尝试。希望公司能给我这个机会，让我发挥所学之长，为贵公司增加效益！

此致

敬礼

×××

2014年1月4日

联系地址：××××××

邮编：××××××

电话：×××××××

第三章
信电类文书写作模板与范本（下）

chapter 3

第一节　请柬

一、请柬简介

请柬是我国一种传统的礼仪文书，古往今来，为表事之重、主之诚，在很多仪式中，都会应用请柬，请柬形式也由最初的竹简、木牍逐渐发展为后来的信札。国人重礼的传统由来已久，古时人们即使交通不便，也会亲送请柬上门，以示对客人的尊敬，也表明邀请者的郑重态度。在日常的各种社交活动极其丰富的今天，凡召开各种会议，举行各种典礼、仪式和活动，均会使用请柬。请柬又称为请帖、柬帖，是为了邀请客人参加某项活动而发出的礼仪性书信，所以请柬不仅在内容上要讲究行文应达、雅兼备，在款式上也要具有制作精美的特点，使被邀请者体会到主人的热情与诚意，感受到喜悦和亲切。

二、请柬的格式与内容

请柬的内容一般比较简短，但行文要求达、雅兼备。达，即准确；雅，就是讲究文字美。在遣词造句方面，有的使用文言语句，显得古朴典雅；有的选用较平易通俗的语句，则显得亲切热情。不管使用哪种风格的语言，都要庄重、明白，使人一看就懂，切忌语言的乏味和浮华。

就形式来说，现在通行的请柬形式有单柬帖与双柬帖两种：

所谓单柬帖，即单帖，形式简单，单面纸书写，直接由标题、称谓、正文、敬语、落款构成。

所谓双柬帖，即双帖，形式多种多样，也会制作得更加美观，一般是折叠式，封面写“请柬”二字，封里写称谓、正文、敬语、落款等。如今请柬的设计花样繁多，日益精美，也会出现三折甚至多折帖，内容会包含照片、图片等。

无论双帖、单帖，帖文的书写或排版款式均有横排、竖排两种。

在撰写方法上，无论哪种样式的请柬，都应有标题、称谓、正文、结语、落款等基本内容。

（一）标题

请柬一般都会以“请柬”作为标题，有些单柬帖，“请柬”二字写在顶端第一行，字体较正文大。双柬帖则会在封面印上或写明“请柬”二字，一般来说，标题应做些艺术加工，即采用名家书法、艺术字体、字面烫金或加以图案装饰等，显得美观、大方、精致。

（二）称谓

称谓需单起一行顶格写，要请被邀请单位名称或个人姓名，其后加冒号。个人姓名后要注明职务或职称，如“××× 总裁先生”“×× 女士”。但也有的请柬省略受邀请者的称谓，将邀请者或主办方作为开头，如“×× 公司 ×× 产品上市发布会兹定于 ×× 日于 ×× 处举行，恭候您的光临”。这种请柬非常简单，但不适宜在重大活动或邀请重要人士参加的时候使用。

（三）正文

正文应另起一行，前空两格。请柬的正文中有三个基本要素不可缺少：事由，时间，地点。

在书写正文时，首先，要写明邀请对方参加自己举办什么活动的缘由，活动的名称、主要内容，这部分必须书写清楚，给被邀者决定是否参加提供依据。其次，举办活动的准确时间，不但要书写年、月、日、时，甚至要注明上下午。第三，举办活动的准确地点，不仅要精确到街道、门牌号，如果是大型酒店或会所，则要注明楼层或房间号。如果活动地点比较偏僻，或者对于部分人来讲不熟悉，就要在请柬上注明行走路线、乘车班次等。

另外，若有其他要求也需注明，如“请准备发言”“请准备祝词”等。有些舞会、音乐会、大型招待会的请柬还写有各种附启语，如“每柬一人”“凭柬入场”“请着正装”等，通常写于请柬正文的左下方处。

（四）结语

结尾一般以“敬请光临”“恭候光临”“此致敬礼”等祝颂语作最后致意，作为结语。

（五）落款

落款即是在文面的右下角签署邀请人的姓名。如果是单位发出的请柬，要签署主要负责人的职务和姓名，以主邀请人的身份告知对方。发文日期最好用汉字大写，以示庄重正式。

三、请柬的写作要求与注意事项

（1）请柬的语言要精练、准确，凡涉及时间、地点、人名等一些关键性词语，一定要核准、查实。

（2）请柬不同于一般书信，一般书信都是因双方不便或不宜直接交谈而采用的交际方式。请柬却不同，即使被请者近在咫尺，也须送请柬，这主要是表示对客人的尊敬，也表明邀请者对此事的郑重态度。因而请柬语言要得体、庄重，使人充分重视。用词要谦恭，要充分表现出邀请者的热忱与诚意。

请柬中应避免出现“准时”两字，在一些请柬上我们时常可以看到“请届时光临”的字样，“届时”是到时候的意思，表示出邀请者的诚意。但是有些请柬把“届”改成了“准”字，这样就成了命令式，体现了邀请者的高高在上，对被邀请者的不尊敬，在请柬中我们应该避免出现这样的结语。

（3）请柬在文字书写、纸质、款式和装帧设计上，要注意艺术性，做到美观、大方。

（4）请柬的递送方式很有讲究。在古代，无论远近都要登门递送，表示真诚邀请的心意；现当代亦可邮寄，但一定注意不能托人转递，转递是很不礼貌的。

（5）随请柬可以附上回帖，以便确认对方是否能够参与。从社交礼仪的角度来说，收到请柬后能否赴约都应以书面形式告知邀请方。即用应邀信或谢绝信回复对方。应邀信是被邀人接到主人的邀请信后，同意赴约而给主人的复函。古时也称“谢帖”。应邀信的发出，体现了被邀人对活动的重视和对主人的尊重。应邀信一般由称谓、正文、祝颂语、署名落款四部分组成，表明接受邀请的态度。最后以“我将准时出席”做结语。最后的祝颂语可用“祝活动圆满成功”等词语。谢绝信是被邀请人收到邀请信后，因为某种原因不能应邀赴约而写给邀请人婉言谢绝的礼仪文书。从礼仪上讲，不管何种原因不能应邀赴约，一定要以书面形式及时告知邀请人，以体现尊重他人。从请柬中文字讲，更要字字讲究，句句谨慎，避免产生误会。

四、请柬写作模版与范文

[请柬写作模板 1]

请柬 尊敬的×××先生（女士）： 兹定于××月××日在×××××××的×××××，举行×××××××。恭候您的光临。 此致 敬礼 ××× ××××年×月×日	标题：居中 称谓：另起一行顶格写 正文：写明邀请收受请柬的一方所参加活动的名称（形式或性质）及时间、地点 结语：在正文的末尾。致敬语后不加标点符号 落款：署名与日期

[请柬写作模板 2]

××××××庆典 请柬 尊敬的×××先生（女士）： 兹定于××月××日在×××××××的×××××，举行×××××××庆典。 届时恭请您致词，不胜荣幸。 此致 敬礼 ××× ××××年×月×日	标题：也可双行，居中，直接写清要参加的活动 称谓：另起一行顶格写 正文：写明时间、地点 附启语：提示要求，语气要恭敬 结语：致敬语后不加标点符号 落款：署名与日期

[请柬写作模板 3]

××××××庆典请柬 兹定于××月××日在×××××××的×××××，举行×××××××。欢迎您届时光临。 此致 敬礼 ××× ××××年×月×日	标题：居中，直接写清要参加的活动 称谓：省略称谓，用于大型活动的一般参与者，比如观众 正文：写明邀请收受请柬的一方所参加活动的名称（形式或性质）及时间、地点 结语："届时"不要写成"准时"。致敬语后不加标点符号 落款：署名与日期

[请柬写作模板 4]

××××××庆典请柬 兹定于××月××日在×××××××的×××××，举行×××××××庆典。欢迎您届时光临。 特别提示您：本请柬每柬一人，请正装出席 ××× ××××年×月×日	此种请柬用于大型活动的一般参与者，比如观众在正文中交代清楚活动的时间、地点之后，还可以用附启语提示具体要求

[请柬范文 1]

请　柬

×××先生：

兹定于十月一日上午八时在本厂会议室召开新产品鉴定会，敬请光临指导。

此致

敬礼

××市××厂

××××年×月×日

[请柬范文 2]

请　柬

×××贤伉俪：

谨定于二〇××年三月三日（农历正月二十八，星期六）上午十时在鸿运大饭店聚贤厅为儿×××、媳×××举行结婚典礼，敬备喜酌，恭候光临！

×××、×××诚邀

××××年×月××日

[请柬范文 3]

庆祝×××学院建校五十周年
请　柬

×××老师：

兹定于十月十八日上午九时，在学院礼堂召开建校五十周年庆祝大会。敬请届时光临。

×××学院

××××年××月××日

[请柬范文 4]

请　柬

尊敬的×××先生：

衷心感谢您一直以来对我公司的大力支持，值此辞旧迎新之际，我公司谨定于××××年××月××日下午十八时在×××店宴会厅举行新年庆祝晚宴，诚邀您届时参加，并恭请您在宴会上致词，不胜荣幸！

恭候您的光临，恭祝新年万事如意！

此致

敬礼

××公司董事长×××诚邀

××××年××月××日

[请柬范文 5]

×××电视台元宵晚会

请　柬

万家元宵夜，一街太平歌。元宵佳节之际，特此诚邀您到场参加我台元宵晚会的录制，恭候您的光临！

时间：×××× 年 ×× 月 ×× 日下午 ×× 时 ×× 分

地点：××× 电视台一号演播厅

提示：本请柬每柬一人，请正装出席

接待电话：××××××

行车线路：××××××××××××

×××电视台

××××年××月××日

第二节　聘书

一、聘书的概念

在我们的日常生活中，常会遇到这样一些情况：一些社会团体为了提高自身的知名度、扩大影响力，常常聘请一些名人作顾问，作指导；某些重要的活动或比赛，总会聘请一些有名望的人加盟、参与或作为评委，以期获得更好的宣传效果和关注度；还有如学校、工矿企业等用人单位承担了某项工作，靠自己本单位或现有的人才资源无法顺利完成任务，或者由于企业的发展，事业的扩大，需重新聘用一些某方面有特长或有专业技能的人才时，等等。在这种情况下，我们会经常用到一种凭证性文书——聘书。

聘书在现代汉语词典中的解释是指用来请某些有特种专长的人才来完成某项工作的书信。在日常工作中，聘书又称聘请书，它是指单位或个人用来聘请某些有特长、名望或具有业界权威地位的人员担任某一职务或承担某项工作任务时使用的一种专门文书。

聘用制度作为现今用人制度的主要形式为聘请书的使用提供了广阔的市场。聘书在今天人们的生活中起到了重要的作用。首先，聘书是以书面形式表示郑重其事、信任和守约，对于聘请方和受聘方而言，都具有约束作用。其次，因为聘书是出于对受聘人极大的信任和尊重才发出的，这无形中就加强了受聘人的责任感、荣誉感。受聘人往往是在某方面确有专长或能作出特殊贡献的人，所以聘书的授予也激励了受聘人聪明才智的发挥。另外，聘书不仅使个人同用人单位联系了起来，同时还加强了不同单位之间的合作，聘书就这样起了不可替代的纽带作用。

二、聘书的格式

一般来说，日常工作中常见的聘书形式比较固定，一般是印制好的，完整的聘书的格式，一般由以下五部分构成：

（一）标题

常见的印制好的聘书，常用烫金较大字号的“聘书”或“聘请书”字样作为标题。这也是聘书标题的基本格式，即居中写上“聘书”或“聘请书”字样，有些的聘书也可以根据聘请方和受聘方的情况不写标题。

（二）称谓

称谓即受聘者的姓名称呼，聘请书上被聘者的姓名称呼可以在开头顶格写，然后再加冒号。另外一种常见的形式是在正文中写明受聘人的姓名称呼。某些印制好的聘书则大都在第一行空两格写“兹聘请 ×××……”。

（三）正文

聘书的正文一般来说包括以下几方面内容：

首先，明确受聘者所要去担任的职务，或所要做的具体工作，有时内容详细的聘书还需交代聘请的原因，这些可以由聘请方和受聘方双方约定后确定。

其次，要写明聘任期限。如“自聘书签发之日起，聘期两年”“聘期自××××年××月××日至××××年××月××日”。聘任期限用于界定聘请方和受聘方聘用关系存在时间的重要条件，时间必须具体明确，不能出现诸如“一段时间内”“近期”等模棱两可的词语。

第三，应写明聘任期内受聘方可享受的待遇。如果条款较多，聘任待遇也可另附详尽的聘约或公函具体写明，这要视情况而定。也可以由聘请方和受聘方双方约定后确定。

另外，正文还可以写上对被聘者的希望、要求及其职责等。但也可以不写，而通过其他途径使受聘人切实明白自己的职责。

（四）结语

聘书的结语要求必须正式，一般写上表示敬意的结束用语，如“特此聘任”“特颁此证”“此聘”等。

（五）落款

落款要署上发文单位名称或单位领导的姓名、职务，并署上发文日期，同时要加盖发文单位公章。

三、聘书写作的注意事项

（1）聘书语言应使用规范书面语言，要准确严谨、简洁明了，切忌堆砌文字、拖沓冗长。聘书语气应该郑重严肃，态度应该诚恳谦虚。在聘书中不必出现对受聘者的溢美之词，也不必渲染对受聘人才的渴求或聘请方的优势，只需交代清楚重要内容，行文准确流畅即可。

（2）聘书虽要求短小精悍，但主要内容要明确、全面，对有关聘任的内容要交代清楚。对聘请谁、聘请原因一定要明确，特别是对于受聘者所要担任的职务一定要有所交代，否则被聘请者就无法应聘，或虽接受了聘书，也只能盲目应聘。

（3）因聘书是以单位名义发出的，具有一定的行政效力，所以在落款处加盖公章后方能生效。

（4）聘书的书写要整洁、大方、美观。如果需要手写，最好邀请具有较高书法水准的人员书写，字迹要工整，聘书不得污损，不得涂改，公章必须清晰可辨认。

四、聘书写作模板与范文

[聘书写作模板 1]

聘书 聘×××同志（女士/先生）： 担任××××××职务，负责×××××××××，以提高×××××××××××××，聘期自××××年××月××日至××××年××月××日，聘任期间享受××××××××××××××待遇。 此聘 ××××××××（公章） ××××年××月××日	标题：在正中写上“聘书”或“聘请书”字样 称谓：顶格写，通常加“聘”字在被聘者的姓名称呼前 正文：写清聘请目的、被聘请人姓名、所干的工作或担任的职务。聘任期限。聘任待遇 结尾：用“此聘”表示郑重 落款：署上发文单位名称或单位领导的姓名、职务，并署上发文日期，同时要加盖公章

[聘书写作模板 2]

聘书 ×××同志（女士/先生）： 经考核，兹聘请你担任××××××职务，负责×××××××××，聘期自××××年××月××日至××××年××月××日，聘任期间享受××××××××××××××待遇。 此聘 ××××××××（公章） ××××年××月××日	标题：在正中写上“聘书”或“聘请书”字样 称谓：顶格写，通常加“聘”字在被聘者的姓名称呼前 正文：写清聘请缘由、被聘请人姓名、所干的工作或担任的职务、聘任期限、聘任待遇 结尾：用“此聘”表示郑重 落款：署上发文单位名称或单位领导的姓名、职务，并署上发文日期，同时要加盖公章

[聘书写作模板 3]

聘书 兹聘请 ××× 同志（女士 / 先生）为 ××××× 项目总负责人，全权负责监督该项目进程，确保该项目高质量地如期完成。聘期自 ×××× 年 ×× 月 ×× 日至 ×××× 年 ×× 月 ×× 日，聘任期间享受 ××××××××××××× 待遇。 此聘 ××××××××（公章） ×××× 年 ×× 月 ×× 日	标题。聘书往往在正中写上“聘书”或“聘请书”字样 称谓写在正文中不再另起一行 正文：写清聘请目的、被聘请人姓名、所干的工作或担任的职务、聘任期限、聘任待遇 结尾：用“此聘”表示郑重 落款：署上发文单位名称或单位领导的姓名、职务，并署上发文日期，同时要加盖公章

[聘书写作模板 4]

聘书 鉴于 ××× 同志（女士 / 先生）在本专业领域的造诣和杰出成就，特聘请 ××× 同志（女士 / 先生）担任 ××××× 一职。 聘期自 ×××× 年 ×× 月 ×× 日至 ×××× 年 ×× 月 ×× 日，聘任期间享受 ××××××××××××× 待遇。 此聘 ××××××××（公章） ×××× 年 ×× 月 ×× 日	标题。聘书往往在正中写上“聘书”或“聘请书”字样 称谓写在正文中不再另起一行 正文：写清聘请目的、被聘请人姓名、所干的工作或担任的职务、聘任期限、聘任待遇 结尾：用“此聘”表示郑重 落款：署上发文单位名称或单位领导的姓名、职务，并署上发文日期，同时要加盖公章

[聘书写作模板 5]

模板	说明
×××××××××	标题：也可以将聘请方的名称作为眉题，字体一般小于下一行“聘书”或“聘请书”字样
聘书	
兹聘请 ××× 同志（女士/先生）任 ×××××。聘期自 ×××× 年 ×× 月 ×× 日至 ×××× 年 ×× 月 ×× 日。望在任期内恪尽职守，全心全意服务大众。	正文：也可写上对受聘者的期望
聘书编号：××××××××	有些重要聘书会有特定编号
特颁此证	
×××××（公章） ×××× 年 ×× 月 ×× 日	落款：署上发文单位名称或单位领导的姓名、职务，并署上发文日期，同时要加盖公章

[聘书范文 1]

聘 书

为提高我院科研水平，增强科研实力，特聘请 ×× 大学刘明教授为我院兼职教授，负责指导我院科研工作，并定期为青年教师进行培训，聘期自 ×××× 年 ×× 月 ×× 日至 ×××× 年 ×× 月 ×× 日，聘任期间各项待遇比照我院二级教授执行。

此聘

××大学××学院（盖章）

××××年××月××日

[聘书范文 2]

聘 书

兹聘请赵 ××× 同志为 ×× 家电集团维修部总工程师、主任，带领团队完成 ×××× 技术革新，聘期自 ×××× 年 ×× 月 ×× 日至 ×××× 年 ×× 月 ×× 日，聘任期间享受集团高级工程师待遇。

此聘

××家电集团（章）

××××年××月××日

[聘书范文 3]

聘 书

经 ×××× 学院学术委员会研究决定，兹聘请李萍为我院兼职教授，聘期自 ×××× 年 ×× 月 ×× 日至 ×××× 年 ×× 月 ×× 日，聘任期间各项待遇比照我院二级教授执行。

特颁此证

院长：×××

聘用单位：××大学××学院（公章）

××××年××月××日

[聘书范文 4]

聘 书

聘刘玲女士：

为提升“××× 大赛”音响效果，特聘请国际流行音乐大奖获得者刘玲女士担任本次大赛的音乐总监，聘期自聘书下发之日起至本次大赛结束，聘任期间待遇依聘约所定。

此聘

×××大赛组委会（章）

××××年×月×日

[聘书范文 5]

聘　书

李明同志：

兹聘请您为滨河社区社区安全监督员，聘期一年。

此聘

滨河社区居委会（章）

××××年×月×日

[聘书范文 6]

聘　书

王敏同学：

经考核，兹聘请你为××大学××届学生会宣传部干事，聘期自××××年××月××日至××××年××月××日。望你认真做好本职工作，全心全意为广大师生服务

此聘

××大学（章）

××××年××月××日

[聘书范文 7]

聘　书

李丽女士：

鉴于您在本专业领域的造诣和杰出成就，特聘请您担任××生物科技公司技术顾问一职。聘期自××××年××月××日至××××年××月××日，聘任期间享受公司高级工程师待遇。

特此聘任

××生物科技公司（公章）

××××年××月××日

[聘书范文 8]

××省律师协会
专家聘书

兹聘请 ××× 先生任 ×× 省律师协会主席一职。聘期自 ×××× 年 ×× 月 ×× 日至 ×××× 年 ×× 月 ×× 日。望在任期内恪尽职守，全心全意服务大众。

聘书编号：×× 聘字第 ×××××× 号

特颁此证

××省律师协会（公章）
××××年××月××日

第三节　倡议书

一、倡议书简介

倡议书是由某一组织或社团拟定、就某事向社会提出建议或提议社会成员共同去做某事的书面文章；倡议书是党政机关、企事业单位、机构组织或有影响力的个人公开提出建议，希望有关单位、社会群体或公众共同来完成某项任务或开展某项活动的一种告知性文书；倡议书是为倡议、发起某项活动而写的号召性的公开提议性的专用书信。倡议书作为日常应用写作中的一种常用文体，在现实社会中被广泛使用。

二、倡议书的构成与写法

倡议书一般由标题、称呼、正文、结尾、落款五部分组成。

（一）标题

倡议书标题一般由文种名单独组成，即在第一行正中用较大的字体写“倡议书”三个字。另外，标题还可以由倡议内容和文种名共同组成。如“把遗体交给医学界利用的倡议书”。

（二）称谓

称谓是在标题下隔行顶格书写倡议对象。如果倡议指向对象不特定或在正文中将有交代，称谓一般可以省略不写。

称谓一般顶格写在第二行开头。

倡议书的称呼可依据倡议的对象而选用适当的称呼。如“广大的青少年朋友们”“广大的妇女同胞们”等。有的倡议书也可不用称呼，而在正文中指出。

（三）正文

倡议书一般在第三行空两格写正文。倡议书的正文比较简单，一般包括以下几个方面的内容。

（1）发起倡议的原因和背景。

（2）倡议的依据、目的。

（3）倡议的具体内容，可分条陈述。

（4）表示决心、倡导行动或提出希望。

写倡议书的背景原因和目的：倡议书的发出贵在引起广泛的响应，只有交代清楚倡议活动的原因，以及当时的各种背景事实，并申明发布倡议的目的，人们才会理解和信服，才会自觉地行动。这些因素交代不清就会使人觉得莫名其妙，难以响应。

写明倡议的具体内容和要求：具体内容是正文的重点。倡议的内容一定要具体化。开展怎样的活动，都做哪些事情，具体要求是什么，它的价值和意义都有哪些均需一一写明。

倡议的具体内容一般是分条开列的，这样写往往清晰明确，一目了然。

（四）结尾

结尾要表示倡议者的决心和希望或者写出某种建议。倡议书一般不在结尾写表示敬意或祝愿的话。

（五）落款

落款是在正文结束的右下方书写倡议单位名称或个人姓名及日期。如果倡议者为多个，则按主次分列逐一书写。张贴宣传的倡议书落款处还应加盖公章。

三、倡议书写作的注意事项

在拟写和使用倡议书的过程中，应该注意以下几点。

（1）分析该倡议是否符合倡议者身份，倡议者是否具有话语权和必要的影响力。

（2）倡议书要条理清楚，内容切实可行。

（3）倡议内容是提倡与号召，不具强制力，一定要避免行政色彩语言。

（4）正文部分要写清发倡议的根据，原因和目的，否则响应者无所适从，会造成盲目的行动。在结尾要写上倡议者的希望和建议，最后是署名和日期。

（5）内容应当符合时代精神，与党和国家的路线方针政策相一致；措辞贴切，情感真挚，富有鼓动性；篇幅不宜过长。

四、倡议书写作模板与范文

[倡议书写作模板]

<table>
<tr>
<td>倡议书
亲爱的××：
××××××××××××××××××××××
××××××××××××××××××××××××
××××××××××××××××××××××××
×××××的倡议：
一、××××××××××××××××××××
××××××××××××××××××。
二、×××××××××××××。
三、×××××××××××××。
×××××××××××××××××××××。（决心和希望、建议）
××××××
××××年××月××日</td>
<td>标题：在第一行正中“倡议书”三字
称呼：一般顶格写在第二行开头
正文：一般在第三行空两格写正文。内容包括背景原因和目的倡议的具体内容和要求
结尾：结尾要表示倡议者的决心和希望或者写出某种建议
落款：右下方写明倡议者单位、集体或个人的名称或姓名，署上发倡议的日期</td>
</tr>
</table>

[倡议书范文 1]

给白血病大学生捐款的倡议书

尊敬的各位老师，亲爱的同学们：

大家好！

拥有快乐的生活和健康的身体，是你的愿望，是我的愿望，也是我们每一个人共同的愿望。众所周知，在大多数人眼中，大学生是最最青春洋溢的一群人，是充满朝气的一个群体。大学生活是多姿多彩、令人向往的，然而，就在我们快乐的生活、愉快的学习、享受美好生活的时候，就在我们的身边，我们的同龄人，一个正值花季的女孩，正在承受着病痛带来的苦难与折磨。虽然病痛无情，蚕食着她的生命，可她却用顽强的意志与病魔斗争，用她柔弱的力量与命运抗争，毫不放弃自己的生命。

她就是孙 ××，×× 师范大学物理科学与技术学院电子信息工程专业 11 级 4 班的团支书，一个一直坚信自己能战胜病魔，并用自己双手改变自己命运的坚强女孩。

在大一刚入学的时候，她就积极参加学校的各项活动，成为了校国旗班的一名成员，大学期间，先后获得了“古生物博物馆首批大学生优秀志愿者”、“×× 师范大学 60 周年校庆优秀志愿者”、“国旗下讲话比赛一等奖”、“×× 级 ×× 师范大学军训标兵”、“××—2012 学年度文体奖学金”、“思想品德奖学金”等多项荣誉，是同学们心目中认真、努力、开朗的优等生。

2013 年 4 月末，孙 ×× 由于身体不适，先后到多家医院进行检查，一直未能确诊，直至 5 月 7 日，×× 医院才对她的病情进行了确诊：L2 型急性淋巴性白血病。这犹如晴天霹雳，让这个花季少女备受打击。

经过专家会诊，医生们得出结论：该病需要经过长期的化疗及骨髓移植方可治愈，这也是挽救她生命的唯一途径、唯一希望。在得知这一消息后，她周围所有的亲人、老师、朋友和同学都异常震惊和难过。但是，当孙 ×× 在得知自己的病情后，并没有因为害怕而放弃自己的生命，反而积极地去安慰家人和朋友们，叫他们不必担心，她面带微笑，用她坚强的意志承受着每一次化疗中那令人难以忍受的痛苦。孙 ×× 的父母已年近六旬，母亲早已下岗在家，父亲也只是在工厂里从事简单工作的工人，以此来维持家中的经济开支，因此，孙 ×× 的家庭生活一直比较拮据。生命诚可贵，生命只有一次，可眼下巨额的医疗费却成为了她与病魔斗争的最大阻碍。

孙××，就是这样一个对生命充满热情、对生活充满希望的女孩，就是这样一个坚强乐观的女孩，就是这样一个为了梦想而奋斗的女孩，就是一个普通的在我们身边的女孩。也许你与她还素不相识，也许你也曾与她擦肩而过。涓涓细流，汇成江海。点滴之情，汇成爱的海洋。希望您能伸出援助之手，虽然个人的力量微不足道，可是众人拾柴火焰高，只要还有希望，只有能有希望，我们就不能放弃！只要人人都献出一份爱，纵使星星之火，亦可呈现燎原之势！

用我们的爱，我们的心，点亮一盏盏希望的灯，为她撑起一片蔚蓝的天空，让她继续在这个世界发光发热……

××大学化学与生命科学学院

2013年6月4日

[倡议书范文2]

关于开展“邻里守望”志愿服务活动的倡议书

全国志愿服务组织，志愿者朋友们：

为了传承中华民族的传统美德，大力弘扬我们志愿者的精神，积极培养中华民族的志愿服务文化，在此，中国志愿服务联合会发起“邻里守望”志愿服务活动，我们倡议：

一、邻里守望从关爱做起。

志愿服务要立足社区。我们工作的重点、工作的核心是去关爱空巢老人、留守儿童、农民工和残障人士，让我们用邻里之间的守望来编织社区的爱心之网，让志愿服务走进每一个需要帮助人士的内心，使每一个遇到困难、渴望帮助的人得到及时的关爱，让他们感受到志愿服务的关怀，也让他们体会到这个社会的温暖。

二、邻里守望从身边做起。

志愿服务时时可为，是贯穿社会生活每时每刻的行为，我们通过综合包户、结对帮扶、亲情陪伴等多种形式，尽最大的努力把社会的关爱传递到每一个需要帮助的人身边，我们要让空巢老人的身边有亲如儿女般的关怀，要让农民工的身边有贵如朋友般的关照，要让留守儿童的身边有父母般的关心，要让残疾人的身边有亲人般的体贴，要将我们的爱通过志愿服务传递给这些需要关怀的人们身边。

三、邻里守望从你我做起。

志愿服务人人可为，在此，我们志愿服务要发挥共产党员、共青团员在志愿服务中的示范带头作用，要动员一切可动员的力量，要积极动员公务人员、公众人物主动参与志愿服务活动，团结社会各界志愿服务组织和广大志愿者，汇集一切志愿力量，让人们感到社会的温暖，把爱传递到各个需要关怀的角落。

四、邻里守望从日常做起。

志愿服务事事可为，让我们从小事做起，从日常做起。当别人遇到困难时，请主动搭上一把手；当社会需要帮助时，请积极献出自己的一份力。所谓小善大爱，点滴之力，将汇聚成爱的海洋，邻里守望从日常小事做起，让志愿服务融入我们的生活，融入到我们生活的每一天。广大的志愿者朋友们，请和我们一起来努力，让我们自己的用实际行动，积极参与志愿服务，传递社会正能量；让我们携手并肩，汇聚志愿力量，同心共筑中国梦！

中国志愿服务联合会

2013年12月19日

[倡议书范文3]

工会倡议书

公司全体员工：

海日生残夜，江春入旧年。2013年的四季蓦然逝去，2014年春的气息也已悄然来临。新的一年，我们将面临新的任务和挑战，新的机遇和契机。为了使我公司的广大员工在新的一年里能实现个人的鸿鹄之志，恪守工作之责，善谋经营之道，并以敬业和创新的精神，勤奋和务实的作风打好2014年这一攻坚战，胜利实现公司拟定的奋斗目标，工会特特向公司全体员工发出如下倡议：

一、荣辱与共，和衷共济。

公司与员工是唇齿相依、休戚与共的关系。员工用自己的努力推动公司的发展，公司则有义务去关心关怀职工的生活。公司不遗余力地为员工创造了良好的工作环境和公平公正公开的竞争平台，广大员工则应以积极的心态，充分发挥主人翁的精神，始终以公司的发展为主旋律，不断地发扬艰苦创业、勇于拼搏、无私奉献、敢于创新的光荣传统，立足本业，拓展新业，扎实工作，不断进取，同舟同心可共济，一心一意谋发展。真正树立和实现“公司发展我发展，公司光荣我光荣”的企业理念。

二、勤奋学习、志存高远。

人才是生产力，人才是竞争之本，人才是公司发展前进的核心。公司要不断地发展，员工自身要飞得更高走得更远，这种种需求，要求我们必须学习和掌握现代化的科技知识和管理知识，必须提高每个人自身的科学文化素质和实际技术业务能力。只有具备这些能力的员工，才能成为公司的技术骨干和岗位能手。

优胜劣汰，适者生存，是社会发展之必然，与时俱进，竞争上岗，是公司发展之需要。时不我待，欲担大任，唯有学习。岁月不居，天道酬勤，以此，则必须立足当下，放眼长远、顾全大局，埋头苦干，满怀豪情地在公司的发展中建功立业，以实现公司目标为前提来实现自己的奋斗目标，与公司一起成长。

三、勇挑重担、争创佳绩。

公司的每一位员工都要有勇于承当任务和实现指标的雄心，做到在其岗，务其事、尽其责、求其效，坚持不懈、积极努力来提升自己的工作业绩。在业务实践中，要做到吃苦在前，勇挑重担，不怕难、不怕累，不攀不比，不等不靠，以竞争的心态来完成每一项工作任务，争取在工作中勇创辉煌。坚持目标、矢志不渝，每一位员工还要经受住诱惑、经受住考验，经受住锻炼，在各种竞争之中，获得优异的工作成果。工作中，每一位员工还要努力做到扎扎实实做事，实实在在做人。施展聪明才智，潜心奋斗，持之以恒。每一位员工都要以百倍的信心，坚定的信念，高昂的斗志、务实的作风，做到不辱时代使命，不负公司所托，不负家人希望，不负自身之理想，为公司创造辉煌的事业，为自己创造一个无悔的人生。

四、遵章守纪、团结协作。

公司的每位员工都要严格遵守公司的各项制度，做到公司利益第一、责任第一、安全第一，一切以公司利益为重。正确对待把握各种利益关系，把集体的利益当做自己的利益，做到相互尊重、相互理解、相互支持、密切配合，在各自不同的岗位上做到目标同向、行动同步，形成强大的合力，打造一支勇往直前、敢于战斗的优秀团队。这样就可以确立正确的奋斗目标，实现以宏伟目标鼓舞人，以规章制度培养人，以先进人物引导人，以公司精神塑造人，我们就可以在忘我的工作中体会进步的喜悦，在无悔的奉献中砥砺完美的品格，在艰苦的奋斗中实现自身的价值，在成就事业的创造中铸就壮丽人生。

员工同志们，2014 年是崭新的一年，是充满希望、充满信心的一年，也一定是奋发有为的一年。

新的一年，机遇与挑战并存，困难与成功同在，只要我们同心同德，凝心聚力共迎挑战，就一定能再创佳绩。

2014 年公司确定的新目标、新任务给了我们无限的鼓舞与力量。战鼓催征，坚冰已破，航道已开，士气正浓。值此，工会倡议，公司的全体员工要精诚团结，众志成城，为了公司美好的明天，让我们携起手来，挥洒辛勤的汗水，发挥我们的聪明才智，为实现公司和员工共赢而努力奋斗。

××公司工会

2014年1月19日

第四节　建议书

一、建议书简介

（一）建议书概念

建议书是指个人、单位或集体向有关单位或上级机关和领导，就某项工作提出某种建议时使用的一种常用书信。是个人或者单位有关方面为了开展某项工作，完成某项任务或进行某种活动，而倡议大家一起做什么事情，或提出合理化意见、建议时使用的一种文体，也叫意见书。

我国古代有许多提建议之类的文章，如李斯的《谏逐客书》、贾谊的《论积贮疏》等等。

（二）建议书的特点

建议书有其自身的特点：

第一，建议书是面对有关部门或上级领导提建议时使用的一种书信。它没有公开倡导具体实施的特点，而只是作为一种想法被提出来，具有较强的文本性特点，作为一种假想的条条而存在。

第二，建议书是必须被有关部门、领导批准认可后才能被实施的。所以建议书具有较强的可塑性，它不是最终的定文形式，它可以被修改，被增删，甚至被弃之不用，这要由具体的情况来定。

二、建议书的作用

首先，建议书是人民群众发表意见、提供建议的一种工具。在社会主义制度下，人人平等，又都是国家的主人，每个人都有责任和义务对一些关系到国家、集体或个人的某些利益的事情发表自己的看法。所以写建议书是党的群众路线的一种很好的体现，它必然增强人民群众建设中国特色社会主义祖国的热情和责任感，密切党和群众的联系。

其次，建议书可以充分调动各方面的积极因素，集中广大群众的智慧，更好地推进工作的顺利开展。畅通建议这条渠道，可以扩大建议的范围，扩大建议的来源途径，切实调动广大群众的积极性，使许多合理化建议和建设性的意见可以反馈给有关方面和政府机关，帮助他们更好地开展工作。

三、建议书的构成与写法

建议书是应用文的一种形式。其内容很广泛，像弘扬雷锋精神，开展精神文明活动，援助贫困山区孩子读书，开展拥军优属活动等，都可以写建议书。

建议书是面对群体时，虽然也带有建议，但主要是宣传、鼓动对方去做，具有一定的号召性。建议书是面对领导和有关部门时，一般是中肯地提出自己对对方工作的意见和自己的建议，没有要求对方去做的意思，不具有号召性。

建议书的格式和一般书信大体相同。

（一）标题

标题通常只写“建议书”三个字，有时为了突出建议的具体内容，可以写“关于 ××× 的建议书”。题目要写在第一行的中间，字体要大些。

（二）称呼

建议书提出的建议希望得到哪些人的响应，称呼就写哪些人。要写在第二行顶格，后面加冒号。

（三）正文

正文就是建议的内容，从第三行空两格开始写。先写这个问题是什么，再写提出建议的理由，最后写建议的具体内容。如果内容较多，可以分条写。

（四）署名

在右下角写出建议人的姓名，即提出建议的团体的名称或个人的名字。

（五）日期

日期写在建议人姓名的下方。

四、建议书写作的注意事项

建议书的写作要注意以下几点：

（1）建议书要具体明确，有针对性。

（2）建议书要将自己建议的具体内容，采取的措施、方法、步骤一一列出，少说大话。同时要针对某一具体问题来谈。

（3）建议书要把握好分寸，实事求是，不提过高要求，所提的建议要切实可行。

（4）建议书的语言要精炼、准确，篇幅一般不宜太长，少分析和论证。

五、建议书参考范例与范文

[建议书写作模板]

建议书 ××××： 目前×××××××，为了××××××××××××××××××××，根据××××××××××××××，结合×××××××，提出如下建议： 一、×××××××××××××××××××× 二、×××××××××××××××××××× 三、×××××××××××××××××××××××××× ××××年××月××日	标题：在首行居中“建议书”三字 称呼：一般顶格书写 正文：先写提出建议的理由，再写建议的具体内容。如果内容较多，可以分条写 落款：右下方写明建议人的姓名和写作时间

[建议书范文1]

给人类的一封建议书

尊敬的人类：

你们好！

地球——作为我们共同栖身的这个家园，承载了太多人类的需求、人类的梦想。毫不夸张地说，地球是我们人类生命的摇篮，亦是我们人类共同的母亲。所谓滴水之恩当涌泉相报，浅显易懂的道理在人类这里似乎只是随口一说，人类对这位地球妈妈毫无节制地索取，却没有一丝回报。如今的地球，已经受到了人类的侵蚀与破坏，早已失去了往昔的美丽壮观，早已失去了往日的光彩，剩下的只是一片斑驳。所以，从现在开始，我们要学会珍惜资源、保护环境、爱护地球母亲。

水是生命之源，饮用水的短缺将威胁人类的生存与发展。书上写道："目前，世界的年耗水量以达到 7 万亿立方米，加上工业废水的排放，化学肥料滥用，垃圾随意倒如江河，使河流变成阴沟，湖泊变成污水池。"把水变得如此糟糕的凶手正是乱排污的工厂。现如今，大量的工厂会把生产过程中产生的污水排放到江河之中，且用水毫不节制，造成了大量的水资源浪费。保护水资源的健康是多么重要啊！水荒，已向人类敲响了生命的警钟！人类啊，不要让你们悔恨的泪水成为世界上的最后一滴水啊！

保护水资源，除了要尽可能地解决诸多工厂浪费水资源、随意排放污水等问题外，我们还需要做到：珍惜水源，一水多用。生活中有很多这样的场景：很多人在公共场所洗完手后不关水龙头、花园里浇花的水管一流就是一天，以上种种这些微小的、不留心的动作，往往就会使得水资源一点一滴地浪费掉。我们希望，从今以后，大家都对浪费水资源的行为说不，更应该学会珍惜水资源。在珍惜水资源的前提下，我们也应该养成一水多用的好习惯，如：用拖完地板的水去冲厕所，用洗完菜的水去浇花。这样就可以实现水资源的循环再利用，是一种珍惜水资源、保护水资源的做法！

我们是地球的主人，但同时也是地球上最大的破坏分子，久而久之，我们将成为地球机体破坏后最大的受害者。要知道，善待地球就是善待自己，就是善待地球的子孙后代！作为 21 世纪的主人，作为地球的主人，我们一定要学会时时刻刻地去保护我们可爱的地球！

××　××

2013年12月17日

[建议书范文 2]

给公司的建议书

尊敬的董事长：

您好！很荣幸能服务于 ×× 建设集团有限公司！

时间飞快，我加入公司已经十年多时间，很高兴看到公司不断地壮大，每年业绩斐然，已经解决了企业的生存问题，可能也令同行望尘莫及，这也是一个企业的生存之本。在这种令人欣喜的情况下，我们公司的管理层仍然能居安思危，在公司的管理上提出了更高的要求，这也是我坚持服务于公司的原因之一。因此，基于对公司了解，在此提出以下建议。以下建议出于本人对本职工作的充分重视，真诚希望能够对公司的发展有所裨益，希望公司走得更稳健，走得更远，因此若有言辞不妥之处，请领导多多谅解。

在工作中，我感觉公司的各项管理制度的执行收效甚微，远远不能达到公司预期效果。公司经过几年的联营，回过头看还得回到起点：公司组织构架的完善，必须从公司的各项管理制度做起。有规矩才成方圆，我想所有的企业管理人员都能够认识到制度对企业管理的重要性。当然我们公司的组织架构还是实际存在，企业管理制度也是实际存在的，然而，在这段时间的工作中，经常出现遇到问题时找不到相关制度或处理问题的依据，需要公司不得不补充、修订或制定新的管理制度，比如项目责任制管理、项目宿舍管理、项目门卫管理、公司辞工管理等等，但这种头痛医头、脚痛医脚的方式毕竟不是长久之计。我们 ×× 集团公司的组织架构在以前联营时可能适用，大家都靠自身的自觉性或对企业的忠诚来约束自己的行为，依据自身素养来为企业尽职尽责地做事。但企业发展了，新鲜的血液被注进了，不同地域、不同价值观、不同素养的人组合到一起。公司规模扩大了，组织构架就要随之变化，我们必须调整以往的组织架构，重新明确新的岗位职责。以往“人管人”的方式无法适用我们公司的管理，取而代之的应该是用“制度管人”。

首先从组织构架的设计来说起，按我们企业的特点和规模，应该实行的是总经理向董事会负责制，然后实行岗位责任制，编制的组织机构图，作为股东或董事会成员，可以在企业任职，但其权限不能超越自己的岗位职责，更不能凌驾于总经理之上，除非在股东会议才能行使自己作为股东的权利。如果每个股东都同总经理拥有同样的权限直接参与企业的日常管理，那势必会给公司的管理造成一定上的混乱，也让公司的管理人员无所适从，不知道该向哪位负责，该向哪位汇报工作，该接受哪位的工作指示……而往往股东们并不一定能做到决策或意见一致。

有了适宜的组织架构，就应按照每个岗位的特点要求进行因岗定人，而不能像封建帝王一样，给参与创业的员工或亲友封侯加爵，排座次，安排到一些管理岗位。中国有句古话：兵熊熊一个，将熊熊一窝。不称职的一个管理人员，不仅影响自己的团队，甚至会直接影响公司的整体经营绩效。管理界著名的“木桶效应”就说明了这一问题。

有了完善的组织构架，就需要建立适宜的管理制度。在制定制度的过程中，公正（含有公平与正义之意）的精神，从制度建设角度来说应该是一切制度的本质特征。制度的公正性不仅要在制定时表现出来，更要在执行中表现出来，在同一个管理制度下，如果在处理问题时不能一视同仁，甚至出现一些特权阶层，那么制度存在的必要性，或者执行力度就会面临严重的考验，会出现员工对制度置若罔闻，甚至对抗制度的执行。

在企业管理制度建设的指导思想中，如果员工的一切活动都是与金钱直接挂钩的，人格、成长、心理、精神、信仰完全被置于一边，企业精神，自然就在多劳多得的效率口号下被抛弃了。适宜的管理制度不仅会成为管理人员日常管理的得力工具，也会成为独特企业文化的表现，而企业文化的灵魂就是企业精神。如果用更普通的词语来概括，那么所有有关企业文化的问题归根到底还是回到四个字上：“价值观念”，它应包含最基本和绝对的管理哲学思想：人道和公平。观念决定一切，没有观念上的完整性、系统性，管理制度就是随意的，企业管理不可能有生命力和持久性、连续性，而在观念上具有决定作用的往往是企业的决策层。我们都知道花无百日红、企业无永远盛，如果一个企业仅仅是靠金钱作为公司与员工的唯一纽带，企业不能保证自己的工资水平永远高于别人，永远没有低谷，这种纯粹的金钱关系也会被更强大的金钱所打败；高素质核心员工逐利而走，在工资水平差不多的情况下大多数员工会选择较好人文环境的企业，其结果就是很高的员工流动率！企业花大量时间、金钱培养的员工离职，会使得企业经常处于不稳定中，维持现状就是一个无可奈何的选择。

现在我们××公司的员工的工资并不是很低，但为何员工的流动性很大？目前我们的企业管理随意性比较强，在一些事件的处理中，缺乏客观、公正性，这不仅带来相互的对立性，也带来负面效应。在员工的工资与职务升迁方面，缺乏一个公平、严格、透明的制度，没有让员工看到自己的发展方向，也无从给他树立一个奋斗的崇高目标，更没有一个统一员工思想与价值观的信仰来凝聚所有人的理想，导致了部分管理人员的思想混乱，以自我为中心，在这样的企业管理状态中，我们××公司如何能够建设一支一流的员工队伍而立于不败之地呢？

本人向公司提出以上建议，并非是对企业有什么成见或不好的看法，我们××公司能做到今天的规模，还是有很多很多值得我们自豪和继续发扬的地方。我上面说到的方方面面，也许是在建筑企业中存在的，可能更是一些民营企业普遍存在的现象。但是在产品严重同质化、利润严重下滑、同行业竞争加剧的今天，我们只有加强管理，提升自己企业的管理水平，才能切实提升自己的经营绩效，使自己的企业永立不败之地。

×××

2013年12月17日

[建议书范文3]

法律建议书

李＿＿＿＿＿＿：

北京市＿＿＿＿＿＿＿＿律师事务所依法接受＿＿＿＿＿＿＿＿经济发展公司委托，指派＿＿＿＿＿＿、＿＿＿＿＿＿律师为其担任常年法律顾问。在此期间，经我们了解，你于去年＿＿＿＿＿＿月份自愿离开＿＿＿＿＿＿经济发展公司后，始终未办理财产交还手续。至今，你仍占有该公司所有的文件、资料以及汽车和房屋等财产，合计人民币80余万元。为此，我们多次与你协商，要求你尽早归还该公司财产，该公司也于今年＿＿＿＿＿＿月份正式通知你们在＿＿＿＿＿＿日内来公司办理财产移交手续，但你一直以种种借口拖延时间。作为＿＿＿＿＿＿经济发展公司的法律顾问，为使其公司财产免受非法侵害，现就你归还公司财产问题提出如下法律建议：

一、我国《民法通则》和《公司法》都明确规定，公司企业的财产及其合法权益受国家法律保护，不受侵犯。

你离开＿＿＿＿＿＿经济发展公司至今不归还该公司财产的行为，不但严重影响了该公司业务的继续开展，而且违反了我国法律关于公司财产保护的规定，侵占____________经济发展公司所有的财产，属违法行为。

二、你在____________经济发展公司受聘期间，该公司在职工住房极其紧张困难的情况之下，为你解决了住房困难，将其新近购置的一批住房中条件最好的一套由你暂住，但你离开公司后，既不办理退房手续，又不缴纳房租，甚至将公司公务用车一辆也擅自开走，至今不还，你的行为已违反了____________年____________月____________日与该公司签订的《聘用合同书》第4条第2款“不论解聘或辞聘，受聘人离开本公司时，交回属于本公司的动产和不动产，及相关文件、资料，才能办理手续”的规定。作为一个中小规模公司，____________经济发展公司在资金并不宽裕的情况下拿出部分资金购买商品房，其目的就是提高公司职员的福利待遇，更多地吸纳人才，促使该公司在激烈的市场竞争中发展壮大，解决在职职工后顾之忧，使其安心本职工作。可是，目前你离开公司后却不考虑公司的利益，长期占用公司所属财产，妨害公司经营、发展。于情于理，你都应该按聘用合同的规定，迅速腾退出该公司房屋，返还公司所有财产。

三、在与你多次协商中，得知你与该公司领导在工作上存在分歧，这也是你离开公司的主要原因。但无论如何，都不应以此为借口，非法侵占公司财产，这违反了国家有关法律，由此所引发的一切法律后果只有由你个人承担。

根据以上情况，你占用____________经济发展公司资产数额较大，严重违反了我国法律之规定，侵犯了该公司的合法财产权益。为维护该公司的合法权益，保障公司对产不受侵害，作为该公司的法律顾问，特提醒你在收到本律师建议的____________日内，前往____________经济发展公司办理清缴财产手续，返还所侵占的所有财产及文件资料。此外，本公司保留以法律手段解决此事的权利。

×××

××××年××月××日

第四章
告启类文书写作模板与范本

chapter 4

第一节　告启类文书概述

一、告启类文书的含义

所谓告启，即指陈述、告知的意思。告启类文书是指机关、单位、团体就某一具体事项向群众公开陈述、报道、解说，说明事物，以使大众周知的一种简短社交文书，通常包括启事、声明、公示、公告、海报、商业广告、通知、通报、产品说明书等。告启类文书因为面向公众，有很强的信息传播性，因此是一种公共社交类的文书。这类文书的重点，在于告知的内容、陈述的具体事项上，写法上语言有一定的广泛性、号召性和协商性，态度上明确、开放，同时执行上还要有一定的时间限制。告启文书由于具有公共社交的特点，因而会给机关、企事业单位或者个人带来很多的合作机会，同时也能以最短的时间快速解决问题，满足公众的需求。

二、告启类文书的类别

由于告启的范围、内容、对象和使用权限不同，告启文书的种类也多种多样，具体如下。

（一）启事

启事是指机关、单位、团体需要公开向大家说明某件具体事情，或希望公众协助办理某项具体事务而使用的应用文。启事可以处理公事、私事，不便以通告、公告等文种行文时，就采用启事。如招领、寻人、寻物、征订、征文、征房、招工、招聘、迁址、更名、改期、更正、开业、停业等事项。启事具有较强的约束力和强制性，多具祈求性、商洽性和周知性。启事是一种公开文告，机关、单位或个人需要向公众说明，或希望公众协助办理的事情，往往把它简明扼要地写出来，张贴在公共场所，或刊登在报刊上，这类短文就是启事。它的传播方式十分灵活，张贴、信函、电视、电台、报刊都可以作为传播媒介。

（二）声明

声明本来是国家、政府、政党、团体为了公开说明某个问题的真象，或表明自己的立场、观点、态度或主张而发表的文书，后来延伸为一般单位和个人在遇到重大问题，或者需要说明某一事项，或表明自己的立场，态度和观点时，以发表“声明”的形式向公众传递信息。常见的声明一种是政府外交专用的声明，如《外交部声明》，也有两国联合声明；另一种是机关、企事业单位均可使用的通用声明，如宣布重要证件、支票、公章作废的声明。

（三）公示

所谓公示是指机关、单位、团体领导机构，需要作出涉及某项决策、人事任免、组织处理或安排等要事项的决定，在事前征求一定范围公众意见的一种周知性公文。如干部任前公示。

（四）海报

海报是机关、单位、团体向公众公布有关文化、艺术、体育、科技、学术和展览等方面活动消息的文书。该文书重在鼓动公众合作与参与。它最初属于行业性应用文体，只限于职业性戏剧表演团体使用，由于其特殊的宣传效果而被社会各界广泛采用，从而成为广告的一个分支，两者之间没有严格的界限。只不过海报更有鼓动性与夸张性，多张贴在公共场所。

三、告启类文书的特点

（一）受众广泛性

告启类文书的受众对象是广大公众，不具体面向个人，因此具有很强的群体广泛性，通过文书的公开性与公众发生社交关系。

（二）传播性

由于告启类文书的受众群体的庞大性，因此文书的信息内容在公众具有很强的传播流通性，信息传播速度快而且面积广。

（三）时效性

告启类文书具有一定的时效性。由于近期出现的变化和情况，才具有快速而公开告知的价值，受众才能在最短时间内知道所发生的事情。如果时间过期，则不具有告启的意义。另外，现代生活节奏的日益加快，人们工作效率的不断提高，也促使社交文书更加迅速高效。

（四）发布平台多样性

告启类文书的发布途径多样，既可以张贴在公共场所，也可以投放在报刊、电视、电台、网络等媒体平台上，能够循环并连续播放。

（五）正规性

由于告启类文书的发文主体一般是企事业单位或个人经过深思熟虑公开发布的文字内容，所以语言和行文都具有一定的正式性和执行性，具有公信力。

（六）公众社交

告启类文书的社交对象是广大公众群体，是点对面的社交模式，能够快速发生社交效应，对公众能够起到一定的引导、劝诱和协商、公共合作的作用。

四、告启类文书的作用

（一）信息传播

告启类文书一经成文发布，就是一种信息。生活、工作中利用这种信息，就能把上下左右联系在一起，使之形成一个有机统一的整体，从而推动各项工作有序、顺利地进行。在工作中，下级的希望要求、工作情况，以及所属部门、单位的各种动态，特别是新情况、新问题、新经验，需要及时向公众公布；机关、企事业单位制定的方针、政策和指示、意见等，需要尽快公开传达；合作单位相互之间的商洽工作、情况交流、协作共事等，都需要告启类文书来承担。

（二）宣传引导

告启类文书一般具有一定程度的宣传引导作用，通过向大众发布文书，传达有关单位或个人的政策、规定、意见，并推动各项合作和事业的快速开展，形成一致的高度认知和思想。由于公开性，宣传引导的范围就更广，影响更大。例如海报、启事就是为了宣传而写的，就是要将有关的信息刊登出来，让尽可能多的人了解，从而满足其业务或企业团体的其他需要，实质也是为了起到广告宣传的作用。

（三）凭证依据

告启类文书是联系工作和开展公务活动的书面凭证，也是有关人员处理工作和解决问题的重要依据。合作单位根据发布告启类文书内容的各项事项，比如有关决定、决议、条例、办法等，不仅成了他们办事的重要依据，而且成为他们解决矛盾、判断是非的凭证，单位之间的横向联系，也常以告启文书的内容作为纽带和凭证。

（四）规范和准绳

告启类文书具有规范和准绳的作用，特别是告启类文书公布的事项具体内容，都有明确的具体规定，比如事项内容中通常会指明时间、范围、问题、注意、反映以及如何执行或联系等内容。它们一经通过、签发、公布，对所涉及的机关、企事业单位或者个人，都具有规范和准绳作用。

第二节　公示

一、公示基础知识概说

（一）公示的含义

所谓公示，就是党政机关、企事业单位、社会团体等事先预告群众周知，用以征询意见、改进工作的一种社交文书。例如机关、企事业单位、团体领导机构，需要作出涉及某项决策、人事任免、组织处理或安排等事项的决定，在事前征求一定范围公众意见的一种周知性公文。如干部任前公示。公示的内容一般属于业务方面的问题，而且多为局部的、具体的问题，如交通、能源、邮电、金融、教科文卫等，因此使用频率较高。公示面向社会并具有一定的约束力，可采用张贴或媒体刊播的形式公布，无主送、抄送对象。

公示作为一种常用的社交文书，内容具体单一，具有公开性、周知性和法规性的特点。公示所公布的事项通常是行政机关发布有关政策、法规，告知群众遵守或执行，或者企事业单位宣告某种事项，需要公众周知或者遵守、希望群众知晓并给予必要的协助。公示适用于公布社会各有关方面，因此，无论其使用主体还是其内容都具有相当的广泛性。

（二）公示的种类

公示的种类很多，具体如下。

1. 法规性公示

用于公布社会各有关方面应遵守的事项，常用来颁布地方性法规，它应该是国家法律、法规和方针政策在某些事项上的具体体现，具有强制执行的特点。例如，党政机关公文处理工作条例公示。

2. 知照性公示

用于公布社会各有关方面应“周知”的事项，常用来公布某种情况或消息让人知晓，如停电、停水、换发证件、业务检查等。知照性公示大都具有专业性和单一性，不含强制性措施，有时提出一点希望或有关要求，或者告知一些应当知道或需要遵守的简单事项，如“中华人民共和国公安部关于在全国实施居民身份证使用和查验制度的公示”。

3. 意见性公示

用于公布社会各有关方面应周知并给予意见的事项，常用来公布某些非常规性的工作或活动消息及相关规定，如建设征地、房屋拆迁、村镇建筑改造、宅基地调整、土地清量、大型商贸会议或文体活动等，需要公众给予建议或协助性的公示。其相关规定虽是临时性与应急性的，并不属于地方性法规范畴，却同样具有强制执行的特点。

4. 办理性公示

办理性公示是指办理一些例行事项的公示，如注册、登记、年检等，需要公众协助办理。

5. 制止性公示

制止性公示是指公布一些令行禁止类事项的公示，告知公众并禁止其行为。

（三）公示的特点

1. 对象的公开性

公示的对象是社会公众或有关单位和人员。但公示发布更为灵活，可以用报纸、广播、电视等新闻媒体发布，也可以用张贴的形式发布，还可以用文件形式下达。所谓公开性，就是指它所写作的内容、承载的信息，都是要向一定范围内或特定范围内的人员公开出来的，是要让大家知道和了解的，具有较强的透明度，不存在任何秘密和暗箱操作。

2. 时间的合理性

所谓合理性，就是指公示的时间要科学合理，不但要反映公示的过程，更要反映出公示的结果，反映出群众的意愿。公示是事先的公示，不是事后的公示。公示的内容是初步的决定而非最终的决定；如果是最终的决定，必须在公示前言中加以说明。

3. 过程的民主性

所谓民主性，就是指它的写作目的是让关注此内容与信息的人们都了解是怎么回事，从而参与其事。公示的过程与结果都是公开、公平、公正的，都是有群众参与和监督，并为他们所认可的。

4. 使用的广泛性

这里的广泛性包含三个层面：公示的使用单位广泛，中央国家机关可以使用，地方各级人民政府乃至基层单位都可以在自己的职权范围内使用；公示不仅在一定范围内公布重大事项，还可用来公布社会生活中的具体事务，如节日交通管制等；公示不只是对本组织或成员发出，也对本组织以外的社会人员发出，因而对象范围较广。

5. 内容的强制性

公示中所提出的规定、要求带有法规性质，有关单位和个人都必须认真遵照执行，如有违反，将受到严肃查处。内容具体，业务性强。公示的内容一般属于业务方面的问题，而且多为局部的、具体的问题。

6. 发布的特别性

公示发布方式特殊。既可用新闻手段向外告知群众，也可内部行文，但用文件形式发布较少，张贴和媒体公布为多。

公示发布范围有限。公示只适用于一定范围公布，让一定范围的相关人员周知。

（四）公示写作的基本格式

公示作为一种新兴的文体，有着自己较为固定的格式。一个完整的公示应由标题、正文和落款三个部分组成。有时，也可有附录或附表、附图。

公示的基本书写格式及内容如下：

1. 标题

可以是全项的，即发文单位、事由和文种，如“公安部关于清理收缴枪支的公示”；也可以省去事由，由发文单位和文种组成，如“中华人民共和国公安部公示”。公示的标题拟法较为灵活，大致有以下几种情况。

（1）只写文种“公示”，如遇特别紧急情况，可在通告前加上“紧急”二字。

（2）关于 ××× 的公示，直接写“关于 ××× 的公示”。

（3）发文机关 + 事由 + 文种，“××× 关于 ××× 的公示”。如“国务院关于保障民用航空安全的公示”。

（4）发文机关 + 文种，“××× 的公示”。如“上海铁路新客站工程指挥部公示”。

（5）事由 + 文种，如“关于打击小额走私成品油活动的公示”。

2. 正文

正文一般包括 4 个层次，即常见的“构文程式”：缘由—事项—公示要求—结语。

（1）“缘由”：开头先简明扼要地交代发布公示的背景、原因、根据、目的、意义等，可写一项、两项，也可三项俱全，应根据具体情况酌定。公示常用的特定承启句式“为……特公示如下”，或者“根据……决定……特此公示”引出公示的事项。最后常以过渡语“现将……公示如下”“特发布此公示”引入“事项”部分。若用此类过渡语，则尾语的“特此公示”就不必重复出现。

（2）事项：公示事项是全文的核心部分，包括周知事项和执行要求。其写作内容与结构形式的安排也因文而异。撰写这部分内容，首先要做到条理分明，层次清晰，事项如果较简单，可以与第一部分写成“篇段合一”式；如果内容较多，可采用分条列项的方法，条文要简洁明确，表达准确，条理清楚；如果内容比较单一，也可采用贯通式方法。其次要做到明确具体，需清楚说明受文对象应执行的事项，以便于理解和执行。通常知照性公示的“事项”最为单纯，只需将社会各有关方面需要周知的事项交代清楚即可，常取“贯通式”结构形式，一气呵成；法规性公示的“事项”稍显复杂，因其“强制措施”中往往包含“令行”“禁止”“惩处”几个要素，而且每个要素又各有其相当丰富的内涵，结构上常取“分条列项”形式；晓谕性公示的“事项”最为复杂，因为它是“知照事项”与“强制措施”的叠加，其结构也应取“分条列项”形式。

（3）公示要求：便于群众反馈。也可以写明公示的起始及截止日期（以工作日计），公示时间一般是 7 ～ 15 天。

（4）结语：结尾可用“特此公示”或“本公示自发布之日起实施”或“此告”等惯用语收束，也可省略。

3. 落款

写明发布公示的单位名称（加盖公章）及发布时间、意见反馈单位地址及联系方式。也可以把发文日期加括号写在标题之下。

（五）公示写作要求

1. 把握程式

这里主要针对“结语”。“结语”部分比较简单，常以公示的生效时间或专用语“特此公示”作结。不过，要注意两个问题：其一，结语形式因文而异。法规性公示、晓谕性公示多用生效时间作结；而知照性公示常以“特此公示”作结。其二，结语形式可灵活变通：省略式，“特此公示”可略去不写，倘无必要表明生效时间，也可略去；附加式，有时也可在生效时间后再加上专业语“特此公示”或“此布”。

2. 有理有据

公示具有很强的政策性，是国家法令、法规、政策在某些事项上的具体体现，因此一定要依法发布、依据充分，除了符合有关规定，维护国家和群众的利益，合法合情，还必须注意其发布权，不能越权发告。“缘由”要有理有据，这样才能保证公示的必要性与可行性，显示制定、发布公示的权威性。

3. 简明扼要

公示是告知性公文，其发布形式以张贴、刊载、播报为主，因此要注意语句简明、通俗易懂，篇幅短小，以便家喻户晓。“事项”要明确具体，“表达”要简洁流畅，是公示写作的基本要求。只有明确具体，才能保证公示事项的可知性（就知照性公示而言）与可操作性（就法规性、晓谕性公示而言），否则受众会不得要领、无所适从；只有简明流畅，不枝不蔓，才能让人一读便知，否则，拉杂拖沓将会让人望而生厌。

4. 措辞合意

告知性公示和制约性公示性质不同。后者的约束力远远大于前者，必须强制执行，这在言辞上体现明显，常用“严禁”“不准”“不得”“必须”诸词，语气坚定庄严。

二、公示写作模板与范文

[公示写作模板]

模板	说明
关于□□□□□□□□□□公示 现经□□□□□□□讨论，□□□□□□□□□□□□，将对□□□□□□□□□□□□□□□□□□□批准，□□□□□□□□□□□□□□□□□□□□□□□□□□□□□□□□□□□□如有问题，可通过□□□□□□□□□□□□□□等形式反映□□□□□□□□□，具体公示如下： 1.□□□□□□□□，□□□□以上，□□□□□□□□□□□□□□□□□□□□□□□□□□□□□□。 2.□□□□□，□□□□□□□□□，有一□□□□□□□□□□□□□□□□□□□□□□□□□□□□□□□□□□。 3.□□□□□□□□□□□□□□□□□□□□□□□□□□□□□□□□□，□□□□□□。 4.□□□□□□□□□□□□□□□□□□□□□，□□□□□□□□□。 公示时间从□□□□年□□月□□日至□□□□年□□月□□日 单位（公章）：□□□□□□□□□□□□□ □□□□年□□月□□日	公示一般由标题、正文、落款三部分构成。 （1）标题。可以是全项的，即发文单位、事由和文种，也可以省去事由，由发文单位和文种组 （2）正文。第三行空两格起，写公示的主要内容包括几个方面 ①公示缘由：阐述发布公示的背景、原因、根据、目的、意义等，可写一项、两项，也可三项俱全，应根据具体情况酌定 ②公示具体事项：具体写明应当遵守或周知的事项，内容较多的一般分条款来写 ③公示要求，便于群众反馈。也可以写明公示的起始及截止日期（以工作日计） ④公示结语，写执行公示事项的要求或发出号召。有的公示没有结尾，用“特公示通告”结束全文 （3）落款。发布公示的单位名称（加盖公章）及发布时间、意见反馈单位地址及联系方式

[公示范文 1]

关于×××同志（或×××等同志）的任前公示

接市委组织部通知，现将经市委组织部研究拟任职的×××同志（或×××等同志）的有关情况予以公示，接受广大干部群众监督。如发现廉洁自律等方面有影响任职的问题，可通过电话、来信、面谈等形式反映。如不存在影响任职的问题，将按有关规定履行任职手续。

一、公示对象简要情况

×××，男，汉族，××年×月出生，甘肃金昌人，大学学历，理学学士，中共党员。现任××××××，拟任××××××。

……

二、公示时间

从××××年××月××日至××××年××月××日，共7天。上午：8:30～12:00，下午：14:30～18:00。

三、受理反映情况部门及联系方法

受理部门：×××市委组织部干部监督科

联系电话：12380、8237608

通讯地址：×××市委组织部干部监督科

邮政编码：××××××

中共×××市×××局委员会

××××年××月××日

[公示范文 2]

先进工作者候选人公示

经×××县政府研究，我单位×××同志被确定为全县人事系统先进工作者候选人员。为进一步扩大表彰奖励工作中的民主，认真贯彻群众公认和公正公开原则，加强对表彰奖励工作的监督和管理，根据表彰奖励工作的有关规定及县人事局要求，现将 ××× 同志有关情况公示如下：

一、简要情况。

二、拟受表彰奖奖项：全县人事系统先进工作者。

三、公示期限：×××× 年 ×× 月 ×× 日至 ×××× 年 ×× 月 ×× 日。

四、表彰条件：

1. 认真学习邓小平理论和“三个代表”重要思想，坚持正确的政治方向，模范执行党的各项路线、方针、政策和规章制度，政治过硬，立场坚定；

2. 全心全意为人民服务，坚持原则，团结同志，办事公道，乐于奉献，具有良好的职业道德，在群众中有较高的威信；

3. 热爱本职工作，勤于学习，勇于开拓，善于钻研人事政策，业务能力强，办事效率高，群众公认；

4. 严于律己，廉洁奉公，严格执行党风廉政建设的各项规定和组织人事纪律，敢于向各种腐败现象作斗争；

5. 2001 ~ 2004 年中两次年度考核为优秀等次。

五、受理意见方式：

公示期间，所有干部职工如有认为公示对象不符合表彰条件和要求的，可通过书面或口头形式反映公示对象的问题。书面意见可直接投入我单位设置的意见箱内或投寄（传真）到县人事局公务员管理科。口头意见可直接找领导反映或向县人事局公务员管理科电话反映。县人事局受理地址：×× 县 ×× 镇 ×× 街 3 7 号人事局办公室　邮编：408300　联系人：×××　×××　联系电话：×××××××××

六、反映情况的基本要求：

1. 反映内容要实事求是、真实具体，不允许借机故意捏造事实，泄愤报复或有意诬陷。反映情况如有诬陷等行为，一经查实，将严肃处理。书面反映意见必须署真实姓名。

2. 受理人员对反映人和反映的情况严格保密。对公示期间反映出可能影响表彰的问题，县人事局将认真调查核实，视情况进行处理。

×××（盖章）

××××年××月××日

[公示范文 3]

中华人民共和国×××海事局
辖区通航环境公示

各有关单位：

为规范水上交通秩序，保障船舶航行安全，现将××××年二季度长江南京段的通航环境情况公示如下：

一、航路情况介绍

××××海事局辖区×××年二季度航路、航法均按照《长江江苏段船舶定线制规定（2005）》规定的航路和航法执行。通航水域的航路有深水航路、推荐航路和专用航道，具体情况如下：

（一）深水航路。××××燕子矶以下通航水域，深水航道以500米航道宽度（不足500米的以实际航宽，但最窄处不低于200米）、10.5米水深为标准；燕子矶以上通航水域：深水航道以500米航道宽度（不足500米的以实际航宽，但最窄处不低于200米）、5月1日至9月30日以7.5米（10月1日至次年4月30日以6.5米）水深为标准。

（二）推荐航路。×××××宝塔水道下口以下在上行航路的外侧设计小型船舶的上行推荐航路，航路宽度为200米，水深5.0米。

（三）专用航道。××××宝塔水道按各自靠右航行的原则实行分道通航，上界为八卦洲洲头西方角三角测点270度端线处，下界为天河口三角测点090度端线处。宝塔水道内扬子石化专用航道实行单向航行控制。乌江水道全航段为上行船舶单向航道，供上行小型船舶（队）上行通过，航道设标宽度为200米，设标水深为4.5米，禁止下行船舶通过。大胜关水道为南京市政府公布的集中式供水水源地保护区，上、下口设置警示牌和禁航标志，除海事、公安、航道等排放达标的公务船外，禁止其他一切船舶进入大胜关水道。

（四）航标变动情况：无。

二、重点水域情况

根据我局现场巡航执法反馈情况，下列水域为重点水域，请过往船舶经过时加强瞭望，谨慎航行：

（一）渡运水域。××××有板桥汽渡、中山轮渡、燕子矶渡口、沙洲桥渡口等多道渡口，客汽渡船横越频繁，请过往船舶加强瞭望，谨慎驾驶。

（二）南京长江大桥、长江二桥、长江三桥和南京大胜关长江大桥桥区水域。经过桥区水域的船舶要加强瞭望，谨慎驾驶，严禁船舶淌航。

（三）南京长江第四大桥施工水域。南京长江第四大桥施工建设对航行船舶影响较大，请过往船舶加强瞭望，谨慎驾驶。

（四）龙潭水道和仪征水道。龙潭水道栖霞山以下航道弯曲，主航道偏右岸一侧，船舶航经各该水域时，容易造成落弯，过往船舶应加强检查，保证船舶处于适航状态，防止船舶触碰沿岸设施；仪征水道航路较为复杂，船舶流量大，事故多发，请过往船舶谨慎驾驶。

三、水上水下施工作业动态

（一）××× 长江第四大桥施工作业工程。施工时间：长期；施工水域：南桥墩位置为长江龙潭水道南岸南京化肥厂港池下游约 200 米处，北桥墩位置为长江龙潭水道北岸龙袍洲划子口上游约 1200 米处。

（二）×××× 滨江污水处理厂入江排污口工程施工作业。施工时间:2010 年 6 月 9 日至 7 月 8 日；施工水域：在长江凡家矶水道下段潜洲右汊，右岸江宁河口上游约 1100 米处，长 100 米（排放管中心点上下游各 50 米），自江边水沫线起向江心方向宽 30 米的水域范围内。

（三）×××× 长江油运公司摄山基地浮船坞定位工程施工作业。施工时间: 2010 年 5 月 25 日至 7 月 8 日；施工水域：在长江龙潭水道右岸，×××× 油运公司摄山基地“长轮 68012”上端线上 30 米向下游 240 米长，“长轮 68012”“长轮 68013”前沿线至江心方向 80 米宽的水域范围内。

（四）扬巴二期改造项目码头工程施工作业。施工时间: 2010 年 3 月 9 日至 2010 年 7 月 8 日；施工水域：在长江宝塔水道左岸，自扬巴 1# 码头向上游 150 米，自江边水沫线向江心方向 50 米起，宽 150 米的水域范围内建 0# 码头；自扬巴 3# 码头向下游 150 米起，向下至 210 米止，自江边水沫线向江心方向 50 米起，宽 150 米的水域范围内建 4# 码头。

（五）××××608、609 码头改造工程施工作业。施工时间:2010 年 3 月 5 日至 2010 年 9 月 5 日。施工水域：在长江仪征水道北岸，123# 黑浮上游 320 米起，向上至 350 米止，自江边水沫线向江心方向 50 米止的水域范围内。

（六）×××× 电有限公司煤码头技改工程施工作业。施工时间:2010 年 1 月 22 日至 2010 年 9 月 22 日；施工水域：×××× 水道南岸，板桥河口上游，梅山公司成品码头下游，自梅钢成品码头下边缘向下 2 米起，向下游方向 169.8 米止，自江边水沫线向江心方向 40 米起，再向江心方向 21 米止的水域范围。

四、采砂及捕鱼碍航情况

目前 ××××× 主航道附近水域作业渔船时有出现，航行船舶应加强瞭望，注意避让；根据 ×××× 政府相关规定，南京长江水域全线禁采江砂，但在长江 120# ~ 122# 浮、七坝、丽山示位标及桥区附近水域仍有小型吸砂船出没，且夜间较为突出，航经上述水域的船舶应加强瞭望，注意避让采、运砂作业船舶，并及时向南京海事局指挥中心举报。

五、锚地、停泊区安全管理情况

由于每天到港船舶较多，而可供船舶锚泊的锚地较少，仪征联检锚地、仪征油轮锚地、乌鱼洲锚地、栖霞油轮锚地、上元门锚地压力较大，请各相关船舶合理安排船期，过境船舶尽量避免在 ×××× 水域锚泊，小型船舶选择合适停泊区锚泊。

×××海事局

××××年××月××日

三、公示与通知、通报之间的区别

（一）告知范围不同

通报和通知属于发文机关内部公文，面对发文单位管理范围内，一般都有受文机关，有些还需保密；公示则属周知性公文，面向发文单位内外社会公众，可以张贴，甚至广播、登报。

（二）告知内容不同

通报可用来表彰先进，批评错误；而公示、通知不具备这一功能。公示一般是传达重要情况；通知既可以是带指导意义的事项，也可以是日常事务。

（三）写法不同

公示和通知叙述、说明即可；通报则叙议结合，以叙为主，陈述先进事迹或错误事实，传达有关情况，并辅以简要分析议论。

第三节　启事

一、启事基础知识概说

（一）启事的概念

启事是一种陈述说明、知情请求性的文书，“启”含有叙说、陈述的意思，“事”即事情，“启事”的本意是公开陈述某件事情。这里所说的启事，一般是指政府机关、企事业单位或个人向公众说明事实，提请公众注意，或呼吁公众协力、予以帮助、办理事情或传达礼仪信息的社交文书。启事具有公开性、广泛性、鼓动性及社交求助结合的特点，而不具约束力。启事的应用面广，简便易行。因为启事具有传播性，所以可以通过传媒公开告知，可以在报纸上刊登，在广播、电视、网络等媒体上播放，也可在公共场所张贴，得到社会的广泛回应，以解决相关事项的作用。启事内容具有告启性、祈使性和随意性的特征。

（二）启事的类别

1. 按照内容分为五大类

（1）征招类启事：是为了求得公众的配合与协作，如招生、招聘、招工、招领、征文、征婚、换房启事等。

（2）知照性（声明类）、周知类启事：是为了开展工作和业务，把某些事项公之于众，以便让公众知晓，如迁移、更名、开业、停业、竞赛、讲座、解聘等启事。

（3）祈请性（寻找类）启事：是企事业单位或个人向社会申明寻找丢失物品，或查询有关人员，求得公众的响应和协助的启事。如寻人启事、寻物启事等。

（4）礼仪类启事：如志庆、志喜、鸣谢、致歉等启事。

（5）声明类启事：是为了完成法律程序，启事事项经声明公开、登报后，对其引起的事端不再承担法律责任，如遗失启事、更正启事和其他声明启事等。

2. 按照公布形式分为四大类

（1）报刊启事：即把启事刊登在平面印刷媒体之中，有利于公众阅读之余浏览并注意到启事的信息，方便携带，容易保存。

（2）广播启事：借助广播空间传播的广泛性、时效性投放的启事。广播的受众人群非常广泛，信息告知性极强，而且具有多次循环播放的特性。

（3）电视启事：投放在电视平台的启事。电视具有动态效果，声画合一，通常插播于节目的空挡中，受众面具有全国性，传播效果更强。

（4）网络启事：投放在网络媒体平台的启事。网络媒体具有一定的交互性，而且由于网络的搜索功能非常强，可以发动民众进行信息的追踪和搜索，具有即时性和快捷性的特点。

（5）街头启事：也就是把启事张贴在公共场所或者广告栏中，以告知公众。

（三）启事的特点

1. 吁请性

启事语言特别注重吁请性。它不是强制公众关注某种事情或者参与某项活动，而是提醒公众关注，呼吁公众参与，因此在语言风格上追求平实性，做到态度诚恳、行文朴素、表达准确、语言晓畅，不需要煽情性的文字。但有些启事类似海报的写法。

2. 制作、发布方式多样

启事一般不配图画，寻人启事可附照片。启事的发布方式以张贴为主，也可向公众散发，或者在报刊登载、通过广播电视播出，甚至通过网络传播。启事既可诉诸视觉也可诉诸听觉，发布方法比较灵活。

3. 公开性

启事通过传媒向社会发布，期望得到人们的了解、支持和协助，没有强制读者承担责任和义务。

（四）启事写作基本格式

由于启事的适用范围很广，各种启事的写作目的也不尽相同，所以写法也各有区别。

启事一般由标题、正文、落款三部分组成。

1. 标题

启事的标题要醒目，而且标题应十分简短。通常有以下几种写法：

（1）单独用文种名作标题，即在第一行正中位置写“启事”两字，字体要比正文稍大一些。有比较重要或紧急的启事，可以写“重要启事”“紧急启事”。

（2）单独用内容或只写事由作标题，如“招生”“失物招领”“创中国名校招优秀教师”“寻物”“招聘”等，这样的标题简单明了。

（3）用“内容＋文种”或者事由和文种构成标题，如“招聘启事”“迁址启事”“施工启事”“开业启事”“征婚启事”“招商启事”“寻人启事”“致歉启事”，这样的标题使读者一眼就能看出启事的事由。

（4）用“启事者＋内容”做标题，如“某某公司招聘电工”。

（5）发文者＋文种的标题。这是指在“启事”前表明本启事的发文者（单位或个人），与“启事”一起构成标题。比如，“某某文化公司启事”，这种形式的标题把发布启事的单位或者个人标示于启事标题中，使受众一看就明白这是由何者发出来的启事。

（6）用单位名称（或个人）、事由和文种构成或者“启事者＋内容＋文种”，即完整式标题，如“上海港汇房地产开发有限公司招聘教授启事”“当代作家文库征稿启事”“××公司招聘启事”，这样的标题既醒目又郑重。

（7）“发文者＋时间＋事由＋文种”的标题，这种启事的标题由四部分内容组成，一是发布启事的单位或个人，二是启事的适用时间，三是启事的事由，四是文种。如某某大学公布的“××大学2015年招生启事”“××公司2015年人事变动启事”。

（8）新闻式标题。即构成类似新闻的两行标题或三行标题的形式，有引题、正题、副题之分，在招聘启事、征文启事中比较常见。

2. 正文

正文的内容不同，写法不一。启事的正文是启事的主体部分，总的要求是条理清楚，语言简洁，内容明晰。常见的写法有以下两种。

（1）直陈式。就是直接陈述有关的事情和要求，或写成一段文字，或分段写出。

（2）总分式。用明晰、简练的语言说清楚启事的目的、原因、具体事项、要求、通联方式和联系人等。内容较多时，可分条列项写启事正文，具有陈述性的特点。这部分文字较多的，可使用序号表示顺序，内容的详略则视具体情况而定。启事正文的内容具有单一性。通常应一“事”一“启”，如果有两件或两件以上的事，可写成两份或两份以上的启事。

①开头简明扼要地写清楚发启事的缘由、目的和启事的内容。

②主体部分分条列项地写明启事的具体事项，交代清楚。

③最后提出要求或交代有关事宜。

④正文的最后可以写上“此启”或“特此启事”的结束语。

不同内容的启事，详略和重点都应不同。如“招生启事”，正文要交代招生目的、类别、名额、报名条件、时间及地点，以及联系人姓名、地址、联系方法等。书写征文启事，则必须在正文中写明征文的原因、征文的内容和要求、征文的对象、截止的时间、投稿的方式等，以便让受众明白该如何参与本次征文。写“征订启事”，就要把征订书刊、辅导材料的主要内容、征订时间、价格、开户银行等写清楚。写“招领启事”，一般只写拾物的名称，不罗列细目。招聘启事应重点写招收的原因、地点，应聘条件、待遇、应带证件以及招聘方法（面试、笔试）等。寻人寻物启事，主要写明要寻找的人或物的基本特征、丢失的时间与地点、联系地点与电话号码、对协助寻找者的酬谢等。更名权利启事，主要说明更改名称的原因、更改名的全称、更改名称后的服务宗旨及业务范围等。若是经济实体，还要写明更改名称的单位对债权和债务的权利与义务等。

3. 落款

要注明启事单位及日期。重要的启事要加盖公章，并注明联络地址、联络人。

（1）署名：即写作启事的单位名称或个人姓名，写在正文的右下方，如果标题或上文中已写明单位名称，此处可以省略。有的启事还需要写明单位地址、时间、电话、电子邮箱、联系人等。凡以机关、团体、单位的名义张贴的启事，应加盖公章，以示负责。

（2）日期：日期的年、月、日写法要统一。在报刊和电台播发的启事，以刊登或播放日期为准。

（五）启事的写作要求

1. 标题简短醒目

启事的标题要力求简短、醒目，高度概括，能够吸引公众的眼睛。

2. 内容严密、完整、明确

启事正文要求内容单一，一事一启；语言表述应严密完整、清楚明确，切忌叙事枝蔓、文字冗赘。

3. 措辞郑重严谨

启事陈述的都是郑重严肃的事情，所以启事的行文应该以平实严谨为宜，不能别出心裁、标新立异。涉及专业术语时，更要求绝对准确，以免产生歧义，使公众误解。

4. 注意运用礼貌语言

由于启事没有强制性和约束力，所以就要特别注意运用礼貌语言，以诚恳的态度打动公众，使公众产生信任感，达到预期的效果。

二、启事写作模板与范文

[启事写作模板]

□□□□启事

□□□□□□□公司，随着业务的不断扩大，经□□□□□□□批准，将于□□□□年□□月□□日至□□日，在□□□□市举办□□□□届□□□洽谈会，具体条件如下：

1. 具有□□□□学历，年龄在□□以上，专业方向为□□□□□□□□□□□□□□□□□□□□□□□□。

2. 工作经验□年以上优先，□□□□□□□□，有一定团队合作精神□□□□□□□□□□□□□□□□。

3. □□□□□□□□□□□□□□□□□□□□□□□□□□□□□□□□□□□试用期□□月，正式聘任后工资待遇从优。

4. 应聘人员持□□□□□□□等相关材料与证件到□□□□□□□□□□□□□□报名，□□□□□□□□。

欢迎国内外有志者□□□□□□□□□□□□□□□□□□□□□□□□□□□□□等到□□□□□□□□□□□□□□□□□□□□□□□□□□□□□□应聘、择业。

联系电话：□□□□□□□□□□□

邮编：□□□□□□

联系人：□□□□□□□□□□□□

□□□□□□□□□

□□□□年□□月□□日

启事一般由标题、正文、落款三部分构成

（1）标题。第一行正中写“启事”或“内容+文种”或“启事者+内容+文种”“发文者+文种”等字样

（2）正文。第三行空两格起，写启事的主要内容包括几个方面

①启事事由。说明启事的事由及发文人或单位的身份，向公众陈述启事的原因、目的等

②叙述相关具体条件和事项。说明启事中的各项要求、性质、类型条件、资格、时间和具体的联系方式

（3）落款。表示欢迎、请求或感谢的话语作结。写明联系人单位地址、时间、电话、电子邮箱

[启事范文 1]

××××××钢铁有限责任公司招聘启事

××××××钢铁有限责任公司位于××××××复兴工业区，属私营有限责任公司，主营各种钢材。因公司发展需要，现招聘普通工作员工数名、管理人员数名、销售人员数名等。现将有关事项公示如下。

一、聘用条件

1. 爱岗敬业，有较强的服务意识和奉献精神；遵纪守法，吃苦耐劳，具有全局观念和团结合作精神；

2. 有相关工作经验者优先；

3. 年龄要求：年龄 18 周岁以上；

4. 无违法违纪记录；

5. 身体健康。

二、聘任要求

应聘者个人提供个人简历及身份证、学历证书、医院体检证明、住所证明、照片×张等有关材料的原件、复印件，应聘人员在××报名，公司招聘人员对应聘者进行资格审查。报名截止日期为 201×年××月××日。

联系人：×老师

联系电话：××××××

三、聘任期间的待遇

1. 合同工月薪（基本工资）为人民币××××元；

2. 根据工作表现和绩效在年终给予适当奖励；

3. 受聘期间的社会保险（养老、工伤和失业保险等）按公司劳动制度执行。

四、聘任程序和时间安排

1. 个人申请：应聘者填写《个人申请表》，并提交相关材料的原件、复印件；

2. 面试考核：20××年××月××～××日对审核合格的应聘人员进行面试。并对初选人员的政治素质和表现进行全面考察。根据面试的结果拟定初选人员名单；

3. 确定拟聘方案：20×× 年 ×× 月 ×× 日～ ×× 日综合上述程序的结果，经人力资源部会议讨论后，确定拟聘方案报送公司审批；

4. 聘任：公司与受聘人员签订聘任协议，新聘任人员实行试用制，试用期限为 × 个月；

5. 本文由公司人力资源部负责解释。本文内容与公司相关规定如有不符，以公司规定为准。

联系方式：略

××××××钢铁有限责任公司
20××年××月××日

[启事范文 2]

××××××有限公司招聘启事

×××××× 有限公司是 ×××× 红酒销售平台商，主要经营长城桑干系列高端红酒。公司除提供较好的薪酬待遇，同时也为公司员工提供持续的学习机会。本公司为了业务发展需要，特招聘以下职位：

1. 销售主管

（1）主要岗位职责：

区域市场开拓、了解市场动态、制定并执行销售策略。

做好销售人员指导和管理工作。

区域市场客户的维护和服务。

执行被批准的或上级下达的开发计划，定期做出开发报告。

（2）岗位要求：

专科以上学历，有酒水行业相关知识和 2 年从业经验，愿意在此行业长期发展。

具有较强的市场开拓能力，较强的谈判能力。

吃苦耐劳、责任心强，有较强的学习能力和团队合作精神。

具有一定的管理领导能力。公司提供良好的发展平台，有相关工作经验者优先。

（3）待遇：基本工资 + 提成 + 奖金 + 保险（转正后）。

2. 销售专员

（1）主要岗位职责：

根据部门总体市场策略编制自己的销售计划及目标。

负责公司的产品销售工作和完成各项指标。

管理开发好自己的客户，拓展与老客户的业务。

与客户保持良好沟通，实时把握客户需求，提高客户满意度。

（2）岗位要求：

热爱销售工作，有市场开拓精神，具有独立的分析和解决问题的能力。

工作认真、积极、有高度的责任心，具有敏锐的市场眼光和良好的职业操守，有明确的个人职业规划。

有成熟的沟通技巧及良好的团队合作精神。

（3）待遇：基本工资 + 提成 + 奖金 + 保险（转正后）。

3. 推广主管

（1）主要岗位职责：

利用各种有效地推广策划方案，提高产品的知名度。

有一定的文案策划能力，更好地引导客户了解公司产品。

协助团队规划产品推广策略，制订推广计划并推进实施。

对各项产品数据进行分析，评估推广效果并提出更有效的方案。

（2）岗位要求：

有 2 年以上实际推广经验，对各种类型推广有一定的经验。

熟悉产品运营推广，精通低成本营销推广方式并有成功经验，并有一定客户资源。

熟悉商超、餐饮、团购等各种推广渠道，了解最新动态。

善于沟通，具备很强执行能力。

具备良好的团队协作精神，责任感强。

有较强的写作能力、口头表达能力及交际能力。

（3）待遇：基本工资 + 奖金 + 保险（转正后）。

4. 推广专员

（1）主要岗位职责：

负责所辖区域内市场推广工作的落实、执行和跟踪，并对后期工作进行分析和汇报。

完成所负责产品的推广计划，完善和拓展市场推广网络。

保持良好的渠道联系，维护与合作伙伴的关系。

（2）岗位要求：

专科以上学历，一年以上相关工作经验者优先。

具有出色的沟通谈判能力，较强的组织、策划、协调能力，有敏锐的市场洞察力和优秀的预测、决策能力。

具有良好的职业道德、积极进取的工作热情与较强的承压能力，善于独立分析问题解决问题，具备吃苦精神，责任心强。

市场执行力强，能协助主管进行市场推广方案的策划、组织和实施。

（3）待遇：基本工资＋奖金＋保险（转正后）。

工作时间：××××××××××××

联系人：××× ××× 电话：××××××

公司地址：×××××××××××

电子邮箱：×××××××××××××××

[启事范文 3]

“中国宏观经济分析和预测”学术讨论会
征文启事

目前，我国经济发展进入“新常态”，改革进入“深水区”。宏观经济形势错综复杂，迫切需要运用科学的方法对宏观经济的运行进行分析与预测。中国金融学会与上海交大上海高级金融学院宏观金融中心定于20××年3月6～7日在北京（具体地点待定）联合主办“中国宏观经济分析与预测”学术讨论会。现面向广大学者征文，研讨会计划主要（但不限于）讨论下列议题：经济转型过程中的货币政策分析，货币政策框架，经济增长潜力、产出缺口、全要素生产率，杠杆率与金融危机，劳动力市场与经济增长，房地产市场与经济周期、宏观经济预测新方法与技巧、影子银行等。

投稿论文应为作者原创、未公开发表、无知识产权争议并应符合学术规范。论文应包括中英文标题、300字左右的中英文摘要、3～5个关键词、3个JEL

（Journal of Economic Literature）分类号、正文、参考文献和作者信息。投稿截止日期为 2015 年 1 月 16 日。请将论文 Word 和 PDF 两种格式文件同时以电子邮件形式发送至 wp1948@foxmail.com，邮件主题格式为“中国金融学会学术讨论会—作者姓名—论文标题”。

会务专家组将在应征论文中选出部分优秀论文，邀请作者在讨论会上发言（讨论会不收取任何费用，往返交通及住宿费用自理），对入选的论文要求有比较规范的理论和实证分析支持。论文入选通知将于 2015 年 1 月 30 日前发出。

联系人：××× 010-××××××××

××× 010-××××××××

××××学会

20××年11月27日

[启事范文 4]

×××××大学
（××××～××××）百年校庆启事

××××年××月××日，将是中国近代第一所大学即×××××大学的百年诞生日，届时将举办盛大的校庆活动。

为迎接百年校庆，学校已成立了“百年校庆筹备委员会”，恭请世界各地校友（凡在×××××大学学习和工作过的师生员工），届时，返回母校参加校庆活动。同时学校拟编《校史资料集》、《优秀论文集》，请各界校友踊跃提供有关史料及省级以上获奖论文、著作。拟参加校庆或提供资料者，请函告、电告姓名、单位、职务、毕业届次，或径与校庆筹备办公室联系。热烈欢迎海内外校友为母校的发展做出贡献。

学校地址：××市××路×号

邮政编码：××××××

联系电话：××××××××

传真：×××××××××

×××××大学
百年校庆筹备委员会
××××年××月××日

[启事范文 5]

××资产评估公司成立启事

×× 资产评估公司经 ×× 省财政厅、×× 省国有资产管理局审查批准，×× 省工商行政管理局注册登记，是具有法人资格的专业机构。

×× 资产评估公司汇集资产评估、财务会计、审计、建筑安装工程、机械工程、计算机软、硬件、专业数学等方面的专家、学者以及工程技术人才，竭诚为省内外社会各界提供资产评估、验证资本、企业清算、财务公证、培训会计和经济管理人才等项服务。

本公司执行中华人民共和国各项法规，遵循国际会计惯例，独立公正，信守合同，实事求是，严格保密，为各单位提供优质快速服务。

公司总经理：王××　副总经理：李××
公司地址：××市××路×号
电话：×××××××××
传真：×××××××××
邮编：××××××
××××年××月××日

[启事范文6]

×××××××有限公司六周年庆典
晚会节目征集启事

2012年7月1日为×××××××有限公司成立六周年，为答谢各位同事为公司成长做出的的贡献，营造温馨祥和的大家庭氛围，公司计划2012年7月1日举办一台载歌载舞的文艺晚会！晚会节目由员工自己编排，行政部统筹组织，恭请全体同事积极参与共襄盛举！

主题：×××××××有限公司六周年庆典文艺晚会。

目的：丰富员工业余文化生活，加强各部门同事之间的沟通，提升公司凝聚力，增强员工的团队观念及归属感。

晚会时间：2012年7月1日19：00～22：00（预计）。

晚会地点：公司门口空地（视天气情况予以调整）。

节目要求：晚会将反映×××××××有限公司六年来所取得的骄人成绩，展现员工积极向上的精神面貌，鼓舞全员士气，继往开来，再创辉煌，携手打造工作热情、生活和谐、有凝聚力的公司形象。围绕晚会主题，营造出喜庆、祥和的气氛，节目要新颖，有创意，紧凑、连贯。

1. 歌曲类：充满活力，表现团队精神的歌曲，各种演唱形式以及器乐伴唱；青春、阳光、健康、向上，能够反映员工们热爱生活的歌曲；与以上主题相关的原创歌曲。

2. 舞蹈类：积极向上、娱乐性舞蹈；具有公司气息的创意性舞蹈，喜闻乐见的街舞、现代舞、健美操、武术等；相关歌曲的伴舞。

3. 曲艺（语言）类：喜庆、热闹的有员工个性特色的相声、小品；经典的传统曲艺类节目。

4. 其他形式新颖、独具特色的创新类节目。

节目来源：全体员工应积极报名参与节目的演出，各部门必须保证有一个集体节目，特殊原因可跨部门组合。

提报时间：即日起至6月15日止。

提报地点：办公室行政部。

联系人：××××（电话：内线816）。

奖项设置：晚会现场将由评委评分，对优秀节目公司将分为团体、个人两大类予以奖励，一等奖、二等奖各一名，颁发奖金及证书，凡参与者皆颁发奖金（数额待定）。

晚会中将穿插优秀员工表彰授奖及互动节目。期待您的参与！机会和舞台是属于你们的，欢迎大家踊跃报名参加！

顺祝全体同事身体健康！工作顺利！

××××××××有限公司办公室

2012年6月4日

[启事范文7]

××省××市举办人才智力市场启事

××市定于××××年××月××日至××日（即农历××月初×、初×日）在××市××镇二小学（即××市政府大院门口东侧）举办集市型人才智力市场暨××××年大、中专毕业生就业洽谈会，欢迎国内外有志于××市建设的各类专业技术人才和大、中专毕业及科研成果拥有者等到人才市场应聘、择业。

联系电话：××××—××××××

联系人：马×× 王×× 董××

××市人才交流服务中心

××××年××月××日

[启事范文 8]

迁移启事

来我公司联系工作的同志：

由于我公司需要扩大经营规模，增加人员，从 ×××× 年 ×× 月 ×× 日起公司迁移到 ×××。现将新地址、电话通知如下：

地址：×××××

电话：×××××××

×××敬启（盖章）

××××年××月××日

[启事范文 9]

招领启事

本商场拾到手提包一个，内装人民币若干元，手机、信用卡等物，望失主前来认领。

地点：本市 ×× 商场三楼办公室

电话：×××××××××

××商场办公室

××××年××月××日

[启事范文 10]

×××研究所启事

××× 生物制剂是生产 ×× 药品的重要材料，我国一直有赖于进口。现我单位新近研究出生产该材料的新型生物技术，弥补了国内空白，并在国家专利局注册了专利。现有意转让该项科研成果，或与愿意合作的厂家共同生产。为此，我所决定 ×××× 年 ×× 月 ×× 日上午 9：00 时在本市 ×× 区 ×× 路 ×× 号 ×× 宾馆迎春厅举行该项技术转让合作洽谈会。

凡有意参加洽谈会者，请打联系电话或来函，以便于我们安排。欢迎业内人士前来参加。

联系电话：××××××

联系人：×××

地址：×××××

邮政编码：×××××

×××研究所（公章）

×××× 年 ×× 月 ×× 日

[启事范文 11]

道歉启事

有人利用本网站《阳光信息城》栏目在 ×××× 年 ×× 月 ×× 日发布了标题为“××××××××”和“××××××××”两则信息，由于网站工作人员疏忽，导致这两则不良信息出现，给信息中所提到的当事人带来了困扰和伤害，对此我们深感遗憾，特此向当事人表示道歉，并恳请当事人谅解。同时也敦促这两则消息的发布者尽早投案自首，本网站保留追究该发布者法律责任的权利。

×××信息港

××××年××月××日

[启事范文 12]

鸣谢启事

×× 月 ×× 日我局财务处出纳不慎遗失人民币现金一万元，蒙 ×× 局的胡 ×× 先生发现并当即按包内地址送还我局。感激之余，谨登报致谢，以扬仁风。

××局谨启

××××年××月××日

[启事范文 13]

寻物启事

五月十一日上午九时左右，我学院财务室出纳在 ×× 路 ×× 储蓄所不慎遗失白色手包一个，内有银行支票三张、汽车驾驶证一本及有关数据报表等。有拾到者烦请与 ×× 学院办公室张 ×× 联系，有重谢。

联系电话：×××××××

手机：×××××××××××

××××学院

××××年××月××日

[注意事项]

（1）“启事”陈述的事情无论大小轻重，告白的对象无论是个人、团体还是社会公众，只要采用公开陈述告白的形式，便可称作发表启事。

（2）启事的公开告白作用体现在两个方面：一是在告白对象无法确定具体人，或已确定具体人但不知此人在什么地方的情况下，可以通过公开陈述告白的形式使告白对象闻讯自己出现；二是有些事情的陈述告白虽有具体对象，但也有意面向社会公众。启事的作用不是单一的。一方面，启事的陈述告白对象是特定的；另一方面，启事还要向社会公众陈述告白，尽管陈述告白的目的不尽相同，或求于公众的帮助，或旨在宣传大众。这种通过陈述告白公众而征寻具体对象，或既向特定对象陈述告白又兼告白大众的双重功用，是启事与书信、柬贴、通知等实用文体的主要区别之一。

（3）不能将“启事”写成“启示”。这两个词的读音相同，但意思完全不同。“启事”是陈述事情的意思，现在成了应用文体中的专有名词。“启示”是启发，指示，使别人有所领悟的意思。

[相关链接]

启事和启示

“启事”和“启示”，是人们日常生活中用得较频繁但又容易混淆的两个词。遗失了东西，写一张“寻物启事”；某单位要招工，贴一份“招聘启事”。但是，上述“启事”却常被人写成“启示”，这类错误甚至见诸报刊上的广告用词，可见对这两个词的构成和它们各自的含义大有辨析的必要。我们从词的内涵的角度来辨析这两个词的差别。

本义：“启”的甲骨文字形像用手去开门，所以它的本义是打开。例如《左传·襄公二十五年》“门启而入”，“启”指打开。

引申义：

第一，后来“启”由打开的意义引申为开启、启发、让人得以领悟等意思。如“启发”“启迪”“启蒙”均用此义。开导蒙昧叫“启蒙”。例如宋朝朱熹著的《易学启蒙》，其书名就表明该书乃是示人学习易学的门径。教导初学者也叫“启蒙”，现在称幼儿教育为启蒙教育即用此义。“启示”的“启”义为开导启发，“示”又有指示、开导、让人明白某种道理的意思。如：“老师，这个问题怎样解答，请您给我一些启示！”因此，在合成词“启示”中，“启”与“示”是同义并用。“启示”的意思是启发指示、使人有所领悟的意思。

第二，“启”还有陈述、表白的意思。古诗《孔雀东南飞》中有“堂上启阿母”，此处“启”的意思就是告诉、表白。旧式书信在正文开头称“某启”或“敬启者”，“启”均表写信的人向对方表白启告。“启”的这个意义构成的双音词有“启白”“启告”“启报”等。在合成词“启事”和“启示”中，“启”表示的意义并不相同。“启事”的“启”，则为陈述表白的意思。“启事”即为公开声明某事而刊登在报刊上或张贴在墙壁上的文字。因此，为寻找失物、招聘职工或其他事情写个文告，都应当称“启事”才对，如果自称“启示”，那不仅于文意有悖，而且似乎摆出一副居高临下、自以为给别人启发的架势，这就闹出了笑话。

第四节　海报

一、海报基础知识概说

（一）海报的含义

海报是向公众报道文化娱乐、体育赛事，例如介绍有关电影、戏曲、杂技、体育、学术报告会、球讯、晚会、电影、演出、展览等等与群众生活密切相关消息时所使用的宣传性应用文。从过去到现在，不论是商业性的演出还是体育赛事、学术报告等，都需要以某种方式告知公众，海报就是这样一种常用的告白方式。

海报这一名称起源于上海。旧时，上海人通常把职业性的戏剧演出称为“海”，而把从事职业性戏剧的表演称为“下海”。作为剧目演出信息的具有宣传性的招徕顾客的张贴物，人们便把它叫做“海报”。“海报”一词演变到现在，它的范围已不仅仅是职业性戏剧演出的专用张贴物了。随着社会生活的发展，海报的使用日益广泛。它能及时、直观地向公众报导与群众生活密切相关的文化娱乐和体育消息。海报通常发布方式是张贴在公共场所较为醒目的地方，或登载在报刊上或网络上，以吸引公众的注意，鼓动公众积极参与。另外，加以美术设计的海报又名“招贴”，属于户外广告，分布在各街道、影剧院、展览会、商业闹区、车站、码头、公园等公共场所。国外也称之为“瞬间”的街头艺术。招贴相比其他广告具有画面大、内容广泛、艺术表现力丰富、远视效果强烈的特点。随着社会生活的发展，海报的使用日益广泛。它能及时、直观地向公众报道与群众生活密切相关的文化娱乐和体育消息。

海报除具有广告的宣传性、生动性的特点外，还具有鼓动性、群众性、灵活性的特点，更注重艺术性和思想性。

（二）海报的类型

海报的使用范围相对狭窄，一般用来预报有关文体或商务方面比较大型的活动，具体包括如关于电影、电视的播映预报，戏剧、歌舞的演出预报，比赛、联欢以及展览、展销举办预报等。具体类型如下：

1. 文艺类海报

主要是指告知电影电视的播映预报、戏剧、歌舞文艺演出，和比赛、联欢大型公众综艺活动的信息海报。这类海报有的还会配上简单的宣传画，以图为主，文图并茂，配以导演、主要演员、制片人姓名等基本文字信息，极富视觉冲击力。此类海报设计精美，以扩大宣传的力度，同时也可以成为人们收藏的艺术品。

2. 学术性海报

是关于文学、艺术、教育、科研等方面的讲座的预报。这是一种为一些学术性的活动而发布的海报。一般张贴在学校或相关单位。学术类海报具有较强的针对性。

3. 体育类海报

主要是指介绍体育赛事和活动的海报。海报的设计往往新颖别致，引人入胜。

4. 报告类海报

报告类海报主要是指告知英模报告，政治形势、国际形势报告等内容的海报。

5. 商务型海报

商务型海报是指告知各种展览活动的海报，如商品展销、科普展览、促销、筹宾等活动的预报。

6. 个性海报

自己设计并制作，具有明显 DIY 特点的海报。

（三）海报的特点

（1）海报具有内容真实、传递信息快、吸引力强和制作方便等特点。

（2）海报语言特别注重鼓动性。它虽然不是强制公众关注某件事情或者参与某项活动，但它极力吸引公众关注，诱导公众参与，因此在语言风格上追求艺术性，要求既能呈现活动本身的亮点，又能够切中公众的心理欲求。海报语言在表现形式上多采用分行式，每行文字可以是一句话，也可以是一组或数组词、词组、短语，干脆利落，尤其是诱导语的设计更是如此。

（3）广告宣传性。海报是广告的一种，它希望社会各界参与，希望人们了解最新消息，所以大部分都是张贴在人们易于见到的地方；有的海报还可以加以美术设计，以吸引更多的人加入活动，其广告性色彩极其浓厚。

（4）商业性。海报是为某项活动做的前期广告和宣传，其目的是让人们参与其中，所以商业性色彩较浓厚。当然，学术报告类的海报一般是不具商业性的。一般来说，演出类海报占有海报中的很大比例，而演出类海报又往往着眼于商业目的。

（5）海报的制作无论是手写式还是印刷式，一般都注意对公众视觉的冲击力，文字以富于表现力和宣传性为基本追求，特别讲求形式上的参差错落、跳跃活泼，字体上非常注重艺术化处理。绝大多数海报都配以图案，图画等，图文并茂，相得益彰。

（6）海报以张贴为主，亦可见诸报刊、网络平台。由于海报无法诉诸口头表达，故不适于广播电视等媒介发布，相比之下发布方法有限。

（四）海报的结构与写法

海报的结构基本包括标题、正文、结尾三部分，以及整体创意和美术设计。海报的美术设计，形式灵活多样，讲究新颖独特。可以配图，巧妙设计，新颖活泼，字体、颜色都可变化；可用修辞，但不能乱吹。海报一般由三部分组成，一是标题，二是实质性说明部分，三是诱导性鼓动宣传部分。三部分的先后次序、所处位置都随整体布局不同而各异，这正是海报结构的独自特点所在，也是撰制者的匠心独运之处。

1. 标题

海报的标题非常关键，这是海报的主题和内容的焦点。海报标题的写法较多，大体有以下一些形式：

（1）单独由文种名构成。即在第一行中间写上“海报”字样；有时也可以“好消息”“喜讯”“电视节目”等做标题。

（2）直接由活动的内容承担。如“舞讯”“影讯”“球讯”等。如适当使用修辞手法，可以突出海报的效果。标题必须醒目、简洁、新颖。设计时要在字体的大小、颜色和形式上下工夫。

（3）可以是一些描述性的文字。如“×××再显风采”“历史上耗资最多的电视连续剧《×××》”。

2. 正文

海报的正文要求包括以下内容：活动目的和意义，活动内容、时间、地点，主办单位、参加人员、参加方式和注意事项。

（1）活动的目的和意义。

（2）活动的内容、主要项目、时间、地点等，例如晚会内容（节目）、表演团体、时间、票价、地点等，报告会可写明报告题目、报告人、地点、时间等。

（3）参加的具体方法及一些必要的注意事项等。

正文部分的文字可根据版面的大小设计格式、字体和文字位置，以清晰、美观为标准。正文中诱导语是海报中吸引公众注意和促使公众参与的富于鼓动性的词组或者语句，一则优秀的海报一定特别注重诱导语的设计，因为精彩独到的诱导语在吸引和鼓动公众的同时，更能够起到传播公共信息、展示组织形象的潜在作用，如“精品回馈——大众杂技走进生活”（沈阳杂技团大型情景杂技晚会）。诱导语要做到标新立异而不哗众取宠，鼓动宣传而不言过其实，并且与标题相呼应，如预报反腐倡廉力作影片《生死抉择》海报的诱导语：“从公仆到贪官，只一步之遥；从功臣到罪人，仅一念之差。”有的海报内容简单则可省去诱导语。

3. 结尾

结尾要求署上主办单位的名称及海报的发文日期。

海报附启写明需要向公众交代清楚的各项要素，如活动时间、地点、内容、要求、主办单位、承办单位、协办单位、鸣谢单位等。写明主办单位或演出单位，还可注明时间、询问电话、联系人等。

以上的格式是就海报的一般写作要求而言的，在实际应用时，有些内容可以略写或省略。

（五）海报写作的注意事项

（1）海报一定要具体真实地写明活动的地点、时间及主要内容。文中可以用些鼓动性的词语，但不可以夸大事实。

（2）文字要求简洁明了，篇幅要短小精悍。

（3）海报的版式可以做些艺术性的处理，以吸引观众。

（4）海报的设计贵在创新，要有创意。

二、海报的写作模板与范文

[海报写作模板]

□□□□□□□□□艺术文化节海报

□□□为了活跃□□□□□□□□□□□□□，同时响应□□□□□□□□□□□的倡议，近期将开展□□□□□□□□□□□□□。为此特邀□□□□□□□□□□□□□□□，□□□□于□□□□年□□月□□日□□□□，拟在□□□□举办□□□□□□□□□□□□□□□□□□□□□□□□□□□□□□□□□□□□□□。截至目前，该活动得到了各有关□□□□□□□□□□□□□支持与赞助，□□□□□□□□。

此次活动预计□□□，□□□□□□□□□□□□□□□□□□□□□□□□□□□□□□，凡参加者将有机会□□□□□□□□□□□□□□□□□□□□□□□□□。

艺术节活动安排如下：

1. 表演内容□□□□□□□□□，□□。

2. 活动流程□□□□□□□□□□□□□□□□□□□□□□□□□□□□□□□□□□□□□□□，□□□□□□□□□□□□。

3. 特邀嘉宾有□□□、□□□、□□□、□□、□□□□、□□□、□□□、□□□、□□□□。

4. 演出地点□□□□□□□□□□□□□□□□□□□□□□□□□□□□□□□□□□。

5. 演出时间从□□□□年□□月□□日至□□□□年□□月□□日止。

6. 相关报道媒体有□□□□□、□□□□□、□□□、□□□□。

感谢赞助商□□□□□□□、□□□□□、□□□□□□□的加盟与支持。

欢迎莅临！

□□□□□□□□□□

□□□□年□□月□□日

海报一般由标题、正文、尾部三部分构成

（1）标题。第一行正中写“海报”或以内容构成题目，或是一些描述的文字作标题等字样

（2）正文。诱导语是正文的主要部分，在第三行空两格起，诱导语的主要内容包括几个方面

①写明活动的目的和意义

②活动的内容、主要项目、时间、地点等

③参加的具体方法及一些必要的注意事项以及方式等

（3）结尾。写明主办单位或演出单位，还可注明时间、询问电话、联系人等电话、电传号码以及邮编

[海报范文 1]

报名海报文案

主题：自信飞扬，你就是SUPER STAR！

一场仲夏最夺目的时尚斗艳即将开幕，
一群最富有激情的身影正在起舞，
无论你张扬伊始，
还是含蓄依旧，
也无论你历经风沙，
还是初出茅庐，
只要你够自信，
冠军之路将为你而筑，
一个成功的机会已来到你面前！

2011 国际游艇模特大赛火热招募中……

报名咨询热线：0571-87203025 QQ：545138451（KAT）

登录 www.yt-model.com.cn 大赛官网直接报名，或进入大赛博客 ××××× 下载报名表，并将填好的报名表及个人写真照（5 张以上）发送至 yt_model@164.com 报名。

[海报范文 2]

×××××商业地产项目海报

正面：

名门静巷 · 国际名流社交圈
帝豪天下 · 新简约现代名宅
能让花样年华的亲密爱人陶醉在 SPA 观景浴房之午夜星辰，
更让自己在工作之余能纵情于台州湾畔国际级 OPEN-SHOP！

开发区核心地段，尊贵典藏世家，

与生俱来的高贵气质无法复制。

专为富而不骄的中国层峰设计，台州仅此一席。

如果您不是天生的贵族，就来这里当贵族。

完全与国际同步，传递国际生活文化！

选择帝豪天下，就是选择国际品质的经典级名宅生活！

台州顶级名流社交圈即将在此呈现！

“站在世界的高度与全球对话”

——超高居住创造领袖高度！

规则笔挺的建筑气质如同无限伸展空中的手臂，共塑椒江城市中央居住的形象标高！

360度无遮挡观景台，透明点式玻璃墙，垂直私家电梯，

视线从平街层繁华街景延伸至椒江市区全景，城市尽在脚下。

整栋大楼集使馆名宅、商业、休闲娱乐、养生等为一体。

多功能业态组合的高档物业，演绎现代生活国际潮流风范！

尽享纽约中央公园般精彩生活，风情绿地广场就是您的窗景。

浓荫叠翠的私享入口广场，四季怡情的园林小品……

集结人文、艺术、娱乐、休闲的表演舞台，就在您的窗下激情上演。

帝豪天下无以匹敌的城市绿肺，养生养心，

在自然中享受健康，是您功成名就的最美收获！

背面：

一座可居住、可度假、可收藏的顶级豪宅，让台州骄傲、让新贵心动！

天地造化，朗阔乾坤，自有一隅集天地之精华、聚万物之灵气，钟灵毓秀，曼妙天成，为世人所钦慕向往。

房产有价，地段无价，付出因为值得。

一向是运筹帷幄、养精蓄锐的生活版图，富豪名流怡情养性不容错过的选择。

帝豪天下犹如贵族沙龙俱乐部，眼界不凡之辈方能出入这里，千金难寻的左

邻右舍，更能彰显您雄厚的财富和尊荣身份。

■ 在家度假/媲美星级度假酒店经典规划的入户空间、屋顶观景呼吸式花园。

■ 完美规划/品牌电梯直达家门口，无尚尊荣享受/空中立体景观绿化，户户享受绿意盎然。

■ 漂亮格局/板式结构，南北通透，方正实用，穿堂风过，生活更自由惬意/户户低台度大面窗、超大观景阳台，收纳大山大水，四面视野够宽够绿。

■ 超值VIP/不必花钱上城市俱乐部，在家就是享受的贵族/门口绿景休闲广场/观景健身中心/休闲商业配套LOUNGE CLUB（爵士乐咖啡吧）/浪漫茶座……

媲美巴黎香榭大道的华丽气质，商业服务面面俱到。

◆ 社区访客服务：全天候亲切服务，让来访者享受最佳品质的接待，让闲杂人等非请勿入严格把关。

◆ 咨询服务：代客订票、冲印送花、代订异地酒店、影印传真、邮件处理、快递服务、订报……酒店式的服务标准在家轻松实现。

◆ 行政服务：房屋代租售、代缴水电费等繁杂事项，让忙碌的住户能够拥有最佳帮手，悠闲计划每一天度假生活。

◆ 家庭服务：钟点服务、送洗衣物、垃圾处理、水电维修、临时托婴、孩子接送，以及社区才艺教室的课程安排，都委由经过严格训练、深具专业素质的人员服务，切实做到HomeService（家庭服务）的高水准。

未来城市中心，最具气质的房子，珍藏机会倒计时中。

优质地段无法复制，经典建筑无法量产，

绝版典藏需要智慧和眼光，更要当机立断，否则机会稍纵即逝，

开发区中心的帝豪天下与世界并驾齐驱的空前规划，席位有限，不容错过！

本资料只作要约邀请，不作为合同依据。所有图文细节均以政府最后批复为准。

开发商：台州万里置业开发公司

项目地址：台州椒江区金一路与东海大道向东200米

全案策划：东方鸿润

销售热线：×××××××

[海报范文 3]

“大风歌杯”迎新春职工文艺活动海报

2013 年是党的十八大开局之年，为继承和发扬党的优良传统和作风，激发广大职工的爱党爱国热情，自觉肩负起时代重任，展现基层职工时代风采，拓展“送温暖”活动内涵，营造喜庆、祥和、健康的节日氛围。××××× 县直机关工委、××××× 县总工会决定联合举办“大风歌杯”迎新春职工文艺活动，有关活动具体事项如下：

一、活动主题

以党的十八大精神为指导，以发展和传播先进文化为己任，以繁荣基层职工文化生活为重点，以满足职工精神文化需求为目的，举办“大风歌杯”迎新春职工文艺活动，增强主人翁意识，充分激发广大职工的工作热情，激励职工以愉悦的身心和更加饱满的精神状态投身到工作中去，为加快推进“争先进位、全面建成小康社会，快速崛起、奋力撑起江苏西北角”做出更大的贡献。

二、主办单位

×× 县直机关工委、×× 县总工会。

三、活动时间与地点

2 月 15 ~ 17 日，在 ×××× 文化广场举办。

四、节目形式

形式力求灵活多样、内容新颖、健康向上、有独创性。具体包括声乐类（合唱、表演唱、重唱、独唱等），器乐类（合奏、独奏、重奏等），舞蹈类（独舞、歌伴舞、现代舞等），戏剧、小品类（情景剧、戏剧、相声、小品、评书、快板等）。

五、奖项设置

一等奖 1 名、二等奖 3 名、三等奖 5 名，优秀奖若干名；优秀组织奖若干名。

附：“大风歌杯”迎新春职工文艺活动节目推荐表（略）

中共×××××县直属机关工作委员会
×××××总工会
2013年1月8日

[海报范文 4]

话剧海报
孟京辉经典戏剧作品《恋爱的犀牛》

演出时间：2015-05-12 ～ 2015-06-14

演出场馆：蜂巢剧场

演出票价：150 元、200 元、380 元、250 元

套票价格：

还有 23 天演出开始

你是我温暖的手套，冰冷的啤酒，带着阳光气息的衬衫，日复一日的梦想

【阵容】

编剧：廖一梅

导演：孟京辉

舞台美术：张武

灯光设计：王琦

演出简介：

【剧情】

性感神秘的女孩明明在年轻人马路面前出现的一瞬间，马路的生活彻底改变了。明明有着不可思议的铁石心肠，无论是鲜花、誓言、还是肉体的亲昵都不能改变，马路做了能做的一切，一次意外的巨奖看来能够使他获得明明，结果只是让他陷入更深的绝望。四处乱窜的推销员“牙刷”为马路找来妙龄女郎红红和莉莉，又导演了一场荒唐闹剧。马路的疯狂使恋爱指导员的理论彻底崩溃。在一个犀牛嚎叫的夜晚，马路以爱情的名义将明明绑架……

【好评】

如果你相信爱，执著于爱，勇敢去爱，那么赶紧去“犀牛”里陶冶一番，千万别让你的信念、执著与勇敢被时光磨灭。——《新京报》

在剧中，编剧与导演的才情都是蓬勃易见的，但信仰、理想和坚持似乎更让人感动，因为这是我们改变庸常生命、脱离凡俗的唯一办法，人类因为有精神而脱胎换骨。——《北京青年报》

【恋爱的犀牛】不是一个写实的你爱他他不爱你的故事，没有人在这个戏里

想明明和马路的结果究竟如何，这不是一个起承转合的故事。它是一种非生活状态的戏，更多是表达精神状态的东西。——《北京青年周刊》

在线订票

演出场馆	演出时间	套票（订票请点票价）	票价（订票请点票价）
蜂巢剧场	2015-06～14 19：30		150元、200元、250元、380元

[海报范文 5]

“哈里波特”中国电影乐团交响音乐会海报

时间：2015.04.19

场馆：国家大剧院音乐厅

价格：80 元、160 元、300 元、350 元、400 元、500 元

[演出详细介绍]

彭家鹏

彭家鹏为国家一级指挥，享受国务院政府津贴，中国音乐家协会、中国民族管弦乐学会常务理事。现任中国广播民族乐团艺术总监兼首席指挥、中国歌剧舞剧院艺术总监兼首席指挥、澳门中乐团音乐总监兼首席指挥、中国东方交响乐团、东方中乐团艺术总监兼首席指挥。

彭家鹏以“优秀毕业生”身份毕业于中央音乐学院作曲指挥系。1996 年，以亚洲唯一的青年指挥家身份获邀参加在荷兰举办的第三十五届国际康德拉申指挥大师班学习，获“康德拉申大师班奖”。1997 年获选参加在乌克兰首都基辅举办的国际指挥大师班，荣获大师班第一名，同时受聘担任乌克兰国家交响乐团常任客席指挥。

1998 年，彭家鹏接任中国广播民族乐团艺术总监兼首席指挥，2002 年，率团在瑞士日内瓦联合国大会堂成功指挥中国民族音乐会；同年 4 月为中德建交 30 周年在柏林、波茨坦、德累斯坦、汉诺威、布鲁塞尔等地进行巡回演出，受到热烈欢迎。

2003年起，彭家鹏担任澳门中乐团音乐总监兼首席指挥，同年荣获第四届中国金唱片指挥特别奖。2005年，彭家鹏推出中国广播民族乐团的音乐季制度，开创中国内地民族音乐“音乐季”制度的先河。从2007年开始，他更把中国广播民族乐团音乐季的演出，成功扩展到世界多个著名音乐活动，包括：捷克布拉格之春音乐节、俄罗斯中国文化年系列活动，又前往欧洲多个国家巡演。

彭家鹏自2000年率中国广播民族乐团首次在维也纳金色大厅成功指挥了“中国——维也纳新春音乐会”后，2003年再度应邀于金色大厅指挥奥地利国家民族歌剧院交响乐团，展示中国音乐的独特魅力。之后，彭家鹏连续十二年在维也纳金色大厅指挥世界各大乐团，引起轰动。当代奥地利权威音乐评论家辛科·卫奇评论他“生机盎然、热情洋溢、手部动作快而线条优美，具有独特的风格”；奥地利《信使报》称他“兼有日本小泽征尔和意大利指挥大师穆蒂的指挥风范”。由于彭家鹏在音乐领域的杰出贡献，他曾被评为“中国十大杰出青年”。

2011年，受中国文化部指派，率吉林省交响乐团参加第二十七届朝鲜“四月之春”友谊艺术节，在开幕式上指挥朝鲜国立交响乐团，并被授予指挥表演艺术金奖。2013年3月，维也纳音乐表演艺术大学正式录取了彭家鹏，之后跟随享负盛名的歌剧指挥教授康阿德·莱茵特拿进一步深造欧洲歌剧。

中国电影乐团

中国电影乐团（又名：中国广播电影交响乐团）是新中国成立最早的国家级优秀乐团之一。伴随着中国影视音乐艺术事业的发展，该团先后为近两千部电影、电视及纪录片、专题片录制音乐，先后到过40多个国家和地区进行访问演出，并多次与国外著名指挥家、作曲家、演奏家、舞蹈家成功合作演出交响音乐会及歌剧、芭蕾舞剧等，为弘扬民族音乐、促进国际文化交流作出了积极贡献。

中国电影乐团前身为成立于1949年4月20日的新影乐团。创建初始，它是一支仅有40多人的管弦乐队，隶属于北京电影制片厂。乐队成立之初，即为新中国两部重要纪录史片（1949年7月）配乐。

1951年，乐队在北京举办了“新片展览专场音乐会”、“电影音乐专场音乐会”，首次将电影音乐搬上了音乐会。著名指挥家张宁和担任创业阶段的首席指挥。1953年，乐队改属中央新闻纪录电影制片厂；1955年，与中国指挥家李德伦合作排演交响乐；1956年定名为中央新闻电影制片厂乐团（即新影乐团）；1956年，乐团参加“全国第一届音乐周”演出，演出后在中南海受到中央领导的接见。在此期间，乐团还与北京舞蹈学校（现北京舞蹈学院）合作，在首演芭蕾舞剧《无益谨慎》、《海峡》、《天鹅湖》中担当演奏任务，成为我国最早演奏舞剧音乐的乐团。50年代，乐团创作了民乐合奏曲《喜洋洋》、《紫竹调》、《马兰花开》，影响深远，至今流传海内外。

早在60年代，电影乐团就定期举办星期音乐会。1960年，中国指挥家韩中杰先生从圣彼得堡回到北京，指挥德沃夏克《“新世界”交响曲》等作品。1962年，从德国莱比锡音乐学院毕业的指挥姚关荣来到电影乐团，与乐团的另一位著名指挥家冯光涛一起，带领乐团在中国各大城市演出。

1985年，乐团更名为中国电影乐团。2003年11月，乐团与原中国广播交响乐团部分成员进行整合重组，成立中国电影乐团，每年演出上百场音乐会。60年来，乐团多次参加国内外重要节日、纪念会和艺术交流的演出，不仅为2000余部电影电视剧录制音乐，还录制了大量的唱片、磁带、CD等。

作为一直活跃在我国乐坛、具有广泛影响力的乐团，中国电影乐团曾先后与美国、德国、法国、日本、菲律宾、俄罗斯、意大利等国外著名指挥家、作曲家、演奏家、舞蹈家合作演奏交响音乐、世界著名歌剧、芭蕾舞剧等中外经典作品。近年来，更是创作完成了多台观众喜闻乐见的大屏幕视听电影音乐会以及轻音乐会等多种形式音乐会的演奏。

在中国影视音乐艺术事业的发展进程中，相继在乐团工作的著名音乐家有张宁和、曹鹏、吕其明、冯光涛、姚关荣、王立平、卞祖善、刘明源、汤良德、王范地、夏仁根、项斯华、范上娥、陈佐湟等，同时也培养和吸收了年轻的指挥家如范焘、张列、李凌等，这些新老音乐家们为弘扬中外交响乐经典作品作出了积极贡献。

从成立伊始，乐团曾为北影厂、新影厂、北京科技教育电影制片厂、八一电影制片厂、长春电影制片厂、西安电影制片厂等10多个制片厂和电视台、广播电台录制音乐，包括故事片、新闻纪录片、科教片、文献纪录片等近2000部，并在国内外荣获创作、指挥、演奏、演唱各类奖项40多项。

精选曲目：

《哈利波特》主题音乐

《美国队长》选曲

电影游戏串烧

《碟中谍》选曲

《烈火战车》选曲

订票热线：400-6655-501、66552100（24小时）

[海报范文 6]

学术会议海报

2014 中美大数据研讨会 | Big Data Innovation Summit
国际会议中心 2014 年 06 月 06 日 09：00 ~ 18：00

[会议介绍]

1. 峰会背景和主题：

本届峰会由中美创新协会和北京市科协联合举办，聚焦于当前信息产业发展最快、创新最集中的领域：大数据。众所周知，近年来云计算和移动互联网的高速发展催生了大批面向消费者的移动应用公司，它们利用庞大的数据量和先进的机器学习算法为用户提供精准周到的产品和服务；与此同时，越来越多的企业也开始运用互联网和移动平台进行市场营销，并通过内部的大数据平台进行业务优化和管理，这其中不乏传统的电信、金融、教育和医疗机构。企业如何驾驭爆发式增长的数据，从中提炼出有用信息用于提升产品和服务；政府和公共事业部门如何通过数据采集和分析制定更为切实高效的民生、城管和环保政策；创业者如何能够把握机遇，成为大数据时代的弄潮儿——这些均是峰会所关注的话题。

2. 参会人员：

本次峰会的演讲嘉宾既有来自跨国科技企业的高管，也有国企和民营企业的领袖，更不乏创业新星、学术带头人、风险投资商和政府机构代表。包括中国工程院院士邬贺铨在内的大批重量级嘉宾将就大数据在移动互联网、智能商务、金融支付、公共事业、可穿戴设备等五个领域的应用展开精彩讨论。

时间：06 月 06 日 09 时 00 分 ~ 18 时 00 分

地点：北京市朝阳区北辰东路 8 号，北京国际会议中心

联系人：×××

电话：×××××××××

邮箱：××××××

［海报范文 7］

喜讯……喜讯……喜讯

女同胞们注意啦！

夏天的脚步在逼近，而我的烦恼也在增加。每当走在 shopping 的大道上，首先吸引我的是那艳丽的衣服，展现迷人曲线的裤子。但我没有魔鬼的身姿，充其量是“天使”。为“衣”消得人憔悴……

但是今年夏天我的烦恼将彻底结束，只因为有了它——一种让你瞬间成为万人迷的茶。什么茶如此神奇？

你有兴趣吗？本周五晚 8：00，在 ×××× 茶楼，将举办一个品茶会，欢迎你参加，让我们一起享“瘦”！

饮茶专家协会

××××年××月××日

三、海报与启事的异同

海报与启事的相同点是都具有告启性，都不具有约束力，都可以在公共场所张贴。它们的不同点在于：

（1）使用范围不同。海报以报导文化、娱乐、体育消息为主；启事可以反映政治、经济和生活等多方面的内容。

（2）在制作形式上不同。启事可以文字说明为主；海报除文字说明外，还可以美术加工，配备图片、图画、图案，运用美术装饰材料及手段。

（3）公布方式不同。启事除张贴外，可登报刊，用广播、电视传播；海报可在公共场所张贴或悬挂，也可在报纸与期刊上或者网络媒体刊登，但不适合广播与电视传播。

第五节　声明

声明，原本是现代外事和外交活动中的一种常用应用文形式，是国家、政府、政党、政治团体或他们的领导人、新闻发言人就当前的重大国际问题和事件，或是直接涉及国家、民族利益的问题和事件，公开地、及时地表明自己的情绪、反应、态度和政策等的重要文书。然而，随着我国经济建设与文化建设的发展，“声明”这一文体已发生了重大变化，它的使用范围不再囿于外事和外交领域，而是扩展到经济、文化、教育、科技乃至人们的日常生活等领域。一些企事业单位或个人，为了维护自己的合法权益，免受侵权，如财产所有权、商品经营权、商标权、名誉权、肖像权、隐私权、著作权、专利权等，他们自己或者授权律师事务所律师，或者授权其利益代理人，充分运用“声明”这一形式，借助一定的媒体（如报刊、电视、网站等）来维权，并且确实起到了比较好的效果，有效地扼制了经济、文化等领域中的各种侵权违法行为，保护了自身的神圣权益，也在一定程度上促进了社会主义法制建设，稳定了社会秩序，推动了商品经济的健康发展。

一、声明基础知识概说

（一）声明的概念

声明是告启类文书的一种，它是指国家机关、社会团体、企事业单位以及个人就某一重要问题声明立场、态度、主张或维护自己权益所发表的公开性应用文书。声明的发布途径广泛，发布形式灵活，可以在报刊登载，可以通过广播、电台播发，也可以利用互联网发布，还可以进行张贴。声明的发布者可以是单位，可以是个人。政府也经常使用此类文种来公开表达自己的态度和立场。如果声明事项涉及比较复杂的法律问题，或自己没有足够的时间、精力亲自处理，声明人也可以委托律师发表声明，由律师代表声明人发布，还可以由声明人和律师共同发布。常见的有联合声明、郑重声明、遗失声明等。声明具有知照性、严肃性和例行性。因此必须是非分明、简明扼要、条理清晰、言出有据，尤其是政府授权发表的声明，既是重大新闻的发布，又是代表政府宣布主张，撰写时要与授权者的权威身份相称。

（二）声明的种类

声明由于具有广泛的公开社交性，既可作为政务文书，也可作为日用文书。大体可以分为以下几类：

1. 政务类声明

包括对外声明、政府声明、联合声明（多用于国与国之间）等。如：1984 年签署的《中英关于香港问题的联合声明》，2005 年签署的《中俄关于 21 世纪国际秩序的联合声明》。

2. 民事类声明

也可以称之为警告性声明。主要指当自己的某种合法权益受到侵害时，为维护自己的合法权益，引起公众舆论关注，要求侵权方停止侵害行为而发表的声明。包括维护自身权益（如著作权、专利权、产权等）的声明和挂失、作废之类的说明性声明等。其目的在于表明自己的立场、态度，对实施侵权者进行警示或警告，防止侵权行为的发生或制止已经发生的侵权行为。警告侵权方，如不立即停止侵权行为并消除侵权造成的影响，依法就要承担相应的法律责任。例如，单位的名义、注册商标、产品认证标志等被人冒用，所发的即这类声明。如搜狐网站的《严正声明》。

3. 告启类声明

是在遗失了支票、存单、提货单、证件、文件、印章、凭证等重要凭据或证明文件时的情况下，为了防止他人和不法分子冒领冒用等行为发生，提醒相关单位和个人注意而发布的声明。这类声明的作用是预防侵害行为的发生，以避免或减少声明发布者的损失。目的主要在于提醒公众及有关部门注意，不使公众上当受骗或者自己蒙受损失。由于遗失物件一般是自身的原因所致，并且这种声明所指的对象具有不特定性，因而发表声明只是被动地预防性地表态，不能像前类声明那样理直气壮地提出警告性要求。

（三）声明的特点

1. 公开性

声明就是要公开宣布，让公众知晓，通常还要在媒体发布，具有公开性。

2. 表态性

具有表明立场、观点、态度的作用。声明通常对相关事项或问题进行事实披露或澄清，为了澄清事实，消除公众对自己的误会，并表明自己的立场和态度。发布的声明以说明事实真相为主要内容，具有说明性的特点。

3. 庄重性

不论是表明自己的态度、对侵权行为提出警告，还是说明事件或问题的真相，还自己一个清白，都是一种严肃的行为。这就决定了声明这种文体在使用上的严肃性，即措辞要严谨，事实要确凿，态度要坚决，语言要恰如其分。

4. 警示性

声明具有警示或警告的作用。声明大多是为了防止侵权行为的发生或者制止侵权行为的继续而发表的，有保护自己合法权益的意图和作用。

5. 针对性

声明都是针对一定的行为或问题而发表的。在写作时要指明具体的侵权行为或问题，这样才能对侵权者起到警告作用，或者使公众弄清事实真相。

（四）声明的写法

声明一般由标题、正文、尾部三部分组成。

1. 标题

声明的标题形式多样，一般由单位名称＋事由＋文种构成；也有不写单位名称的，直接以“声明”作标题，或在前加单位、个人名称，也可以使用完整三项式标题。具体如下：

（1）以文种名“声明”为题。

（2）以“作者＋声明”为题，如“商务部商业改革司声明”。有的声明单位授权 ×× 律师，也在标题上标明，如“×× 集团授权 ×× 律师郑重声明”。

（3）以“态度＋声明”为题，如“郑重声明”“严正声明”。

（4）以“事由＋文种”为题，如“知识产权声明”“关于有人冒用本公司名义进行商业活动的声明”。民事类声明的标题通常是由文种构成的，如“遗失发票声明”，也有的只写文种。

（5）以“作者＋事由＋声明”为题，如“××××有限责任公司授权法律顾问××律师声明”。政治类声明的标题多用声明者、事由、文种三要素俱全的公文式标题，如“××起重机厂厂长×××授权厂法律顾问×××律师发表郑重声明”，也可省略声明者。

（6）以“发文机关名称＋授权事由＋文种”三项结构形式，如“×××集团关于反商业贿赂行为的声明”“××市人民政府关于<××时报>失实报道的郑重声明”。如“××造纸厂××牌纸巾被假冒的严正声明”。

2. 正文

一般为三分式结构。声明的正文一般由引言、主体、结语三个部分组成。简明扼要地写明发表声明的原因，表明对有关事件的立场、态度。可以用“特此声明”作为结束语。正文一是说明发出声明的原因、目的，二是说明声明的主要内容，要声明立场、态度、主张，语言精炼，用词恳切，切忌笼统、含糊。

（1）开头：说明发表声明的缘由或依据，包括作者对基本事实的认定。这是发布者表达自己立场和态度的基础，要写得准确而简洁。如果是授权律师发表声明，开头必须写清受谁的委托。

（2）主体：一般分条列项写出具体的声明事项。表明发布者的立场和态度，有时直接写明下一步将要采取的行动。声明的主体，视内容多少可选用条文式或贯通式写出声明的具体内容；包括对事件的态度、立场以及为制止事件继续发展而将采取的措施、办法。一般直接写清楚需要有关方面或有关人知道的事情。写作时，要视声明的重点而定。如果重在披露或澄清事实，可以采取概述的方式；如果重在说明问题，可以依照一定的顺序或以条文的方式逐一表达；如果重在主张某项权利，可以将该内容单列一段。声明如果需要公众协助的事项，还应在文中或正文左下方写明联系方式。

（3）结束语：最后以“特此声明”作为结语，以示再次强调；也可以不写。

3. 尾部

包括署名、时间和附项三项内容。写明声明单位和声明日期。标题已有单位的可不写单位，只签署法人代表职务、姓名，有的联署法律顾问姓名。有的声明正文内容中写有希望公众检举揭发侵权者的意思，还应在署名项目的右下方附注自己单位的地址、电话、电传号码以及邮政编码，以便联系。

（1）署名。正文之后署上发布者名称，可以是单位，也可以是个人。必须是真实名称。如果有重名的情况，要注意区别。署名和日期（可视情况省略）。在正文右下方写上发表声明的单位全称或个人姓名。

（2）日期。即发布声明的日期。在署名下一行写明日期，一般情况下需要精确到日。

（3）附件。是指那些用来作说明的材料，包括佐证的图表、统计数字、附录的规章条例等。

（五）声明的写作要求

（1）事实确凿，有据可查。声明中提到的事实要确凿清楚、有据可查。如是遗失声明，所遗失的证件、票据应写上号码、份数。表述必须准确，明晰。

（2）是非分明，有法可依。声明的内容要合乎有关法律的规定，是非界限要分明。行文必须严肃、庄重。

（3）观点鲜明，理直气壮。声明的观点要鲜明，不可含糊其辞，模棱两可。表述要合乎逻辑，态度要理直气壮。要善于抓住事件中的关键和要害表明态度，而且态度要明朗，语气要肯定。

（4）表述要简明扼要，措辞要得体，注意把握分寸，尽量避免用多义词和歧义短词。

（5）声明内容不能侵犯他人权利。声明大多是为了维护自己的合法权益，但在表达自己的态度、立场时，要注意不能侵犯他人合法权益，内容必须符合法律、法规和公认的事理准则的要求。

（6）遗失声明登报时另有格式。遗失声明在报纸上刊登时，报社通常会从广告处理和版式设计的角度对其格式进行处理。

续表

二、声明的写作模板与范文

[声明写作模板]

□□□□□声明	声明一般由标题、正文、尾部三部分构成
兹有□□□□□□□□□，于□□□□□年□□月□□日发布了有关□□□□□□□□□□□□□□□□经确认□□□□□□□□□□□□□□□□□□□□□□□，纯系假冒伪劣，作为其中涉及的当事人，我公司认为□□□□□□□□□□□□□□□□□□□□□□□□□□□□□□□□□□□□□□，违规操作，严重损害了□□□□□□□□□□□□□□□□□□□□□本公司的名誉与经济利益，误导□□□□□□□□□□□□□□□□□□□□□。 为此，特声明如下： 1. 冒用□□□□□□□□□是一种侵权行为，必须立即停止，□□□□□□□□□□□□□□□□□□□□□□□□□□□□□□□□□□□□本公司已派工作人员进行交涉，□□□□□□□□□□□□□□□□□□□□□□□□□□□。 2. □□□□□□□□□□赔偿我公司的名誉、经济损失，并向□□□□□□□公开致歉□□□□□□□□□□□□□□□□□□□□□。 3. □□□□□□□□□□□□未经本公司授权不得□□□□□□□□□□□□□□□□□□□□，其今后一切活动与我公司无关，□□□□□□□□□□□□□□□□□□□□并自负相关法律责任□□□□□□□□□□□□□□。 4. □□□□□□□□□□□□□□□□□□□□□□□□□□□□□□□□□□□□恳请广大消费者注意□□□。 特此声明。 附：□□□□□□□□□□□□□□□□□□□□□□□□□□□□□□□□□□□□□□□。 □□□□□□□□□□ □□□市律师事务所 □□□□年□□月□□日	（1）标题。第一行正中写“声明”或“作者+声明”或“态度+声明”“事由+文种”等字样 （2）正文。第三行空两格起，写声明的主要内容包括几个方面 ①开头：说明发表声明的缘由或依据声，同时发布者表达自己立场和态度的基础 ②主体：叙述相关具体条件和事项。包括当事人对事件的态度、立场以及为制止事件继续发展而将采取的各项措施、办法 ③结束语：最后以“特此声明”作为结语，以示再次强调；也可以不写 （3）尾部。包括署名、时间和附项三项内容。也可以在署名项目的右下方附注自己单位的地址、电话、电传号码邮政编码，以便联系

[声明范文 1]

版权声明

1. 本网所有内容，凡注明“来源：××（频道）”的所有文字、图片和音视频资料，版权均属搜狐公司所有，任何媒体、网站或个人未经本网协议授权不得转载、链接、转帖或以其他方式复制发布 / 发表。已经本网协议授权的媒体、网站，在下载使用时必须注明“稿件来源：××网”，违者本网将依法追究责任。凡本网注明“来源：×××”的文 / 图等稿件，本网转载出于传递更多信息之目的，并不意味着赞同其观点或证实其内容的真实性。

2. 除注明“来源：××（频道）”的内容外，本网以下内容亦不可任意转载：

a. 本网所指向的非本网内容的相关链接内容；

b. 已作出不得转载或未经许可不得转载声明的内容；

c. 未由本网署名或本网引用、转载的他人作品等非本网版权内容；

d. 本网中特有的图形、标志、页面风格、编排方式、程序等；

e. 本网中必须具有特别授权或具有注册用户资格方可知晓的内容；

f. 其他法律不允许或本网认为不适合转载的内容。

3. 转载或引用本网内容必须是以新闻性或资料性公共免费信息为使用目的的合理、善意引用，不得对本网内容原意进行曲解、修改，同时必须保留本网注明的“稿件来源”，并自负版权等法律责任。

4. 转载或引用本网内容不得进行如下活动：

a. 损害本网或他人利益；

b. 任何违法行为；

c. 任何可能破坏公秩良俗的行为；

d. 擅自同意他人继续转载、引用本网内容。

5. 转载或引用本网版权所有之内容须注明“转自（或引自）×××网”字样，并标明本网网址 www.xxx.com。

6. 转载或引用本网中的署名文章，请按规定向作者支付稿酬。

7. 对于不当转载或引用本网内容而引起的民事纷争、行政处理或其他损失，本网不承担责任。

8. 本网以“法定许可”方式使用作品的报酬，已委托中华版权代理总公司代为转付。请相关作者直接与中华版权代理总公司联系，联系电话为：×××××。

9. 对不遵守本声明或其他违法、恶意使用本网内容者，本网保留追究其法律责任的权利。

[声明范文2]

××××单位声明书

××会计师事务所有限公司：

本单位已委托贵公司对本单位__________年度的会计报表进行审计，并出具审计报告书，为了表示对贵公司审计工作的理解、支持和充分合作，谨就有关情况声明如下：

1. 本单位依照《企业会计准则》和其他有关法律、法规的规定编制的会计报表，公允地反映了本单位的财务状况、经营成果、__________，其编制基础与上年度保持一致，本单位管理当局对报表的真实性、合法性和完整性承担责任。

2. 本单位所有的资产、负债及交易事项皆已登记入账，不存在会计报表与账簿记录不一致的差错。

3. 本单位已提供所有的财务会计资料（包括会计核算资料、凭证、账簿、报表）。

4. 本单位已提供全部关联单位名单、关联交易清单及有关的资料，对关联单位的重大交易事项均已披露。

5. 本单位所有期后事项业已全部提供，重大的期后事项业已调整或披露。

6. 本单位应收款项等债权完全属实，并按规定提取坏账准备。

7. 本单位账面结存的存货及其他有形资产均已盘点，完全属实，其呆滞、陈旧、毁损均已处理。

8. 本单位对拥有的全部资产享有充分的所有权，以资产提供担保的情况已全部披露。

9. 本单位严格遵守了合同规定的条款，不存在因未履行合同而对财务报表产生重大影响的事情。

10. 本单位已提供了所有的或有损失资料，重大或有损失均已在会计报表中作相应的调整或披露。

11. 本单位确信：

（1）没有任何重大未预计的负债；

（2）没有任何重大未预计或未披露的可能诉讼赔偿、背书、承兑、保证等或有损失；

（3）没有任何违反国家法律、法规或合同的规定而需要调整或披露的事项；

（4）没有发现管理人员或其他员工舞弊的事情；

（5）没有发现单位内部控制系统中的关键管理人员有对会计报表产生不适当影响的行为；

（6）没有蓄意歪曲或粉饰会计报表项目的金额或分类的情况；

（7）没有任何事件或迹象表明使本单位的持续经营能力受到重大影响。

12. 本单位知道你们的审计是根据中国注册会计师独立审计准则及相关指南进行的，你们的工作是结合本单位的实际情况，实施包括抽查会计记录等你们认为必要的审计程序，你们的责任是对本单位所提供的会计报表发表审计意见，而不是对本单位内部控制整体发表意见和提供保证。

本单位提供的资料是真实的，如因不实而引起的法律及经济等责任均由我单位承担，与贵公司及执行该业务的注册会计师无关。

特此声明

被审计单位：（盖章）

年　　月　　日

[声明范文 3]

入职声明书

本人＿＿＿＿＿（身份证号码：＿＿＿＿＿＿＿＿＿＿＿＿＿＿＿）就受聘＿＿＿＿＿＿＿＿＿＿＿＿＿＿＿＿＿事宜作如下声明：

1. 关于本人自身情况的声明：

本人向公司出示的、陈述的任何有关本人自身情况的说明和材料都是真实有效的。本人自身情况包括但不限于本人的身份证、学历、学位、技能、工作经历、家庭情况、婚姻状况、身体状况等。如有不实，则视为本人的欺诈行为，公司可以据此解除与本人的劳动合同，并且不负担任何赔偿责任，并由本人承担由此产生的一切法律责任。

2. 关于本人与前雇主关系的声明：

本声明签署之日起，本人与任何其他单位不存在任何劳动关系。并且，本人受聘于公司不会违反本人对前雇主的任何竞业限制义务，公司不会因雇用本人而引发任何诉讼。任何公司因雇用本人而引发的任何法律责任由本人承担。

3. 关于本人连带责任的声明：

本人对前雇主或其他任何单位不负有保守商业秘密义务。本人承诺不将任何涉及第三方的商业秘密带入公司，并不在公司使用。任何因本人违反对第三方的保守商业秘密的义务而导致的任何法律责任，由本人承担。

4. 关于本人签署劳动合同的声明：

本人入职 1 个月内，将主动与公司签署劳动合同；若本人 1 个月内未与公司签署劳动合同则视为本人自请辞职，公司将予以解除劳动关系。

5. 关于本人对公司各项制度态度的声明：

在此之前，公司已向本人出示了公司现有的各项规章制度，具体表现形式包括本公司《员工手册》以及部门规章。并且本人清楚公司将根据具体情况不时更新这些规章制度，本人表示将对其予以严格遵守。若本人违反上述规章制度，愿意接受制度的执行；若本人违反本公司《员工手册》中有关“公司终止聘用关系（解除劳动合同）”所列规定情形者，公司可据此解除与本人的劳动合同，并且公司不负担任何赔偿责任。

6. 关于录用条件的声明：

在本人入职前，公司已向本人讲述或出示了本人所应聘岗位的工作条件、环境、岗位任职要求、职责。本人认同公司对该岗位的要求。如果试用期两次考核不合格，视为本人不符合该岗位录用条件，公司可以与本人解除劳动关系。

7. 关于本人对公司培训服务期态度的声明：

本人理解公司的培训服务期政策。本人参加公司组织的外出培训，所有涉及资料所有权属于公司，并按照公司规定，签署培训服务期协议。如有违反，本人接受所列惩处规定。

8. 关于本人对公司竞业限制义务理解的声明：

本人遵守本公司竞业限制义务原则，未经公司许可不得私自进行倒买倒卖、私售等从事牟取私利的业务行为。如本人违反，公司可以据此解除与本人的劳动合同，并且公司不负担任何赔偿责任。因本人上述行为给公司造成的损害，公司可以通过法律途径追究本人的责任。

9. 其他本人向公司声明不隐瞒本人的精神病史、传染病史等情况，如有隐瞒，视为违反《劳动合同法》的相关规定，公司可以与本人解除劳动关系。

10. 本声明书作为本人与公司签订《劳动合同》前的承诺保证，与《劳动合同》具有同等法律效力。

本人已阅读以上内容，且声明均为本人真实意思表示。特立此声明书。

声明人签字：

年　　月　　日

[声明范文 4]

投标声明书

致：××××艺术设计学院

本公司就参加××××艺术设计学院 2015 年暑期教学实训场地改造工程投标工作，作出郑重声明：

我公司已完全理解该工程招标公告所附的全部条件，亦保证我公司完全符合该工程的投标报名条件。同时，我公司承诺：

1. 我公司所提交的投标报名资料全部真实有效；

2. 我公司近三年来无因安全事故、质量事故、投标违规等不良记录被政府有关部门处罚或仍在受罚期内的情形存在；

3. 我公司无被有关部门责令停业、企业财产被查封、冻结或者处于破产状态或严重亏损状态等的情形存在；

4. 我公司在投标过程中，保证不与其他单位围标、串标，不出让投标资格，不向招标人或评标委员会成员行贿。

以上声明若有违反，一经查实，本人和本公司愿意接受有关部门的相应处罚，并愿意承担由此带来的法律后果。

声明企业：
（公章）
声明人（法定代表人）签字：
声明人（法定代表人授权委托人）签字：
2014 年 7 月　日

[声明范文 5]

声明书

声明人：（船员父亲的名字）（男 / 女），________年__月__日（船员父亲的出生年月日）出生，现住　　（船员父亲的现住详细地址）　　，身份证号码：（船员父亲的身份证号码）

我，声明人（船员父亲的名字），是（船员本人的名字）（男，____年__月__日出生），现住（船员本人的现住详细地址），身份证号码：（船员本人的身份证号码））的（父亲）。（船员本人）在广州华洋海事有限公司工作，现该公司拟派遣到新加坡 ALFA 公司所属的以下所附的船舶服务。为防止（船员本人）在执行外派全同期间，有违反法律，法规，规定的事件发生给公司造成经济损失，除其应负相应的责任外，本人声明自愿作为（船员本人）的经济担保人，承担连带担保责任，并且本人证明（船员本人）没有与任何其他船舶经营或代理公司签署劳动契约。（船员本人）如果发生偷渡（含出走、漏船）、叛逃、走私、贩毒或未经批准擅自离船不归或参加 ITF 组织活动时，该公司可直接向本声明人追究经济担保责任。

以上声明内容真实，意思表示明确，如有不实之词，本声明人愿负一切法律责任。

特此声明

附船名：

1.MV.CAPE TOWN BRIDGE　　2.MV.DURBAN BRIDGE
3.MV.LOCH LOMOND　　4.MV.MEDI ROTTERDAM
5.MV.IKAN BILIS　　6.MV.IKAN BELANAK

7.MV.OCEAN SPIRIT　　8.MV.NORDEN
9.MV.NORD SATURN　　10.MV.RED SETO
11.MV.FDLUIGI D'mato　　12.MV.FEDERAL BAFFIN
13.MV.YURITAMOU

声明人（手印）：船员父亲的签名（手印）
______年_____月_____日（填写声明书的日期）

[声明范文 6]

遗失声明书（房地产）

本人__________（身份证号码____________________）于________年_____月_____日购买贵公司开发的______________________第____栋____座____房，认购协议编号：____________，购房收据编号：____________。

由于____原因，本人遗失部分（全部）购房凭证，本声明一经签署，此套房产遗失之材料即时无效。

本遗失声明书一式三份，声明遗失人、开发商、代理销售公司各一份。

遗失材料清单（遗失打√，未遗失打 ×）

1. 认购金收据　　（　　）
2. 认购〈购房〉协议书　　（　　）
3. 购房收据　　（　　）

销售经手人：

遗失声明人在复印件上签名并署日期

（贴遗失声明人身份证复印件）

备注：

开发商所持下列资料已复印，并交付遗失声明人：

1. 认购金收据　　　　　　　　（　　）

2. 认购〈购房〉协议书　　　　（　　）

3. 购房收据　　　　　　　　　（　　）

遗失声明人：________

______年____月____日

[声明范文 7]

机动车驾驶证遗失声明书

声明人__________性别______出生日期________年____月____日

住址：______________________________

身份证号：______________________________

本人因驾驶证____丢失____，特申请到贵所补发驾驶证，若本人违反中华人民共和国公安部令（第 123 号）第五十四条（第三款：机动车驾驶人补领机动车驾驶证后，原机动车驾驶证作废，不得继续使用。第四款：机动车驾驶证被依法扣押、扣留或者暂扣期间，机动车驾驶人不得申请补发。第五款：机动车驾驶人违反本条第三款规定继续使用原机动车驾驶证的，由公安机关交通管理部门处二十元以上二百元以下罚款，并收回原机动车驾驶证。机动车驾驶人违反本条第四款规定，采用隐瞒、欺骗手段补领机动车驾驶证的，由公安机关交通管理部门处二百元以上五百元以下罚款，并收回补领的机动车驾驶证。）愿承担相关法律责任。

上述内容本人已认真阅读，本人不具有所列的不准申请的情形。

声明人及代理人对申请材料的真实性有效性负责。

特此声明

声明人签字：______________________

代理人签字：______________________

______年____月____日

[声明范文 8]

××××节能环保科技有限公司严正声明

声明如下：

近日一些不法分子利用互联网漏洞，在网上故意发布并散播我公司（×××× 节能环保科技有限公司）无中生有的虚假信息，以《×××× 节能环保科技有限公司好居然产品是骗人的》为题，博人眼球，哗众取宠。因其恶意中伤本公司，使本公司遭受重大名誉和经济损失。经本公司（×××× 节能环保科技有限公司）了解，此网站专做虚假信息并且要求收费删帖为由来赚取经济利益。这种不道德，不负责任，不正当竞争的行为是受所有人所唾弃的。

本公司（×××× 节能环保科技有限公司）希望消费者擦亮眼睛，仔细辨别本公司（×××× 节能环保科技有限公司）官网，不要被其不法行为所蒙蔽双眼，如有疑问直接登录 ×××× 节能环保科技有限公司官网，或致电 ×××× 节能环保科技有限公司客服为您服务。本公司感谢您的配合！

本公司（×××× 节能环保科技有限公司）以联系专业律师，并进行了对其相关违法行为进行采集，现已进行备案。如无法何其有效沟通，本公司将付诸法律来解决。

××××节能环保科技有限公司简介

×××× 位于中国四大科教名城之一的合肥，是一家集科研、营销、服务于一体的现代化高科技企业。公司立足于长远发展，自成立以来始终关注着中国居民的食品安全、健康饮水、空气质量等问题，致力于绿色健康产品的研发及实际运用。秉承“市场为先导，人才为源泉，创新为动力，产业为后盾”的经营理念，不断引进先进技术与原料，与众多国内外科研机构和著名健康环保生产企业展开密切合作，以自身技术优势与优秀的营销、管理队伍为依托，开发和销售高科技智能健康环保产品，不断增强公司竞争力，打造 ×××× 科技品牌形象。

×××× 科技立志将“绿色健康产品”做成产业，把“好居然”产品打造成为国际性的大品牌。公司按照国际先进的企业架构和组织模式建立并完善企业的生产经营管理机制，以高度负责的质量文化营造优质的产品和服务。×××× 天科技不仅致力于发展中国绿色健康事业，并且积极参与国际化的合作，努力寻求有志于健康事业的企业建立长期合作的伙伴关系，共同发展和进步。2011 年，×××× 节能环保科技有限公司推出“新健康计划”，针对于中国居民的健康饮食环境，研发并推出了“好居然”智能综合处理器，以解决当下中国民众备受困扰的有毒农药残留问题，得到了政府和民众的一致肯定和支持。×××××× 节能环保科技有限公司充满活力，朝气蓬勃，×××× 节能环保科技有限公司秉承“诚信”、“责任”、“和谐”的思想，广纳四海宾客。×××× 节能环保科技有限公司期待着与您携手，以更加昂扬的激情、更加务实的工作，共谱人生事业华彩新乐章！

××××节能环保科技有限公司 宣

××××年××月××日

[声明范文 9]

声　明

本律师作为 ×× 经济特区贸易有限公司常年法律顾问，经授权声明如下：

×× 经济特区贸易有限公司是经中华人民共和国对外经济贸易合作部批准、具有法人资格的外资企业。本公司自 ×××× 年成立至今，从未在 ×× 省境内等任何地方设立任何形式的办事处或其他分支机构。

凡未经本公司法人代表授权在 ×× 省境内冒用、盗用本公司名义进行的任何形式的商务活动，包括签订的一切合同一律无效，由此产生的后果本公司不予承担。

本公司依法保留追究违法冒用、盗用者的法律、经济责任的权利。

特此声明

××市法律事务所

律师：×××

2014年5月20日

[声明范文 10]

公司股份委托声明书

鉴于下述附表（1）中股份所有人（包括其继承人及受让人）（以下简称受益人）授权及要求代名人，以代名人的名义登记持有受益人在附表（2）中的公司股份，现代名人特签署本声明书，作出如下声明：

一、列于下述附表（2）中的公司股份凡以代名人名义在该公司登记名册中登记的股份系由受益人投资形成，并不属于代名人所有，代名人仅代替受益人的名义持有该股份。

二、代名人以委托的形式替受益人持有该股份及所有股份形成的股息和其他利益，并且同意：

1. 代名人仅根据受益人的不时授权指示的方式履行股东之行为，包括签署股份转让协议等。

2. 代名人未经受益人书面授权指示的所有与股份有关的行为无效，但受益人事后追认的除外。

3. 代名人的委托无需受益人任何报酬，但如产生费用由受益人承担。

于此前所述的附表（1）

受益人	代名人
姓名： 身份证号： 地址： 描述：	姓名： 身份证号： 地址： 描述：

于此前所述的附表（2）

见证人：　　　　　　　　　　　　代名人：

身份证号：　　　　　　　　　　　签署时间：　　年　　月　　日

住址：

见证时间：　　年　　月　　日

[声明范文 11]

郑重声明

“××牌”是××省食品进出口公司于××××年依法申请的注册商标，该公司享有此注册商标的所有权。“××牌”白砂糖是××省食品进出口公司享誉国际市场的名牌产品，深受国内外消费者的信赖。但最近发现某单位，未经该公司许可，擅自制造销售该公司“××牌”注册商标标识，并在同类商品上使用此商标。

此种行为是违反我国商标法的严重侵权行为。为维护该公司合法权益，本律师经其特别授权郑重声明：

凡有上述商标侵权行为的单位，必须立即停止其非法行为。否则一经发现本律师将诉诸法律，依法追究侵权者的法律责任。

××省食品进出口公司

××市律师事务所

2014年6月10日

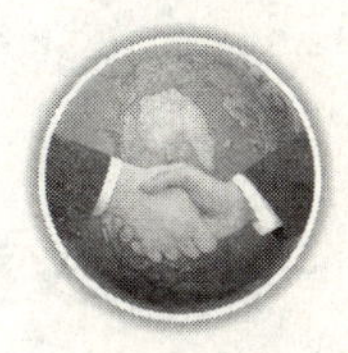

第五章 礼仪类文书写作模板与范本（上）

chapter 5

第一节　礼仪类文书概述

一、礼仪类文书的含义

礼仪类文书是个人或组织在相互往来时，用以调节个人与个人之间、个人与组织之间以及组织与组织之间相互关系的，具有固定格式并且合乎礼仪的一种实用文体。

在人们的日常生活中，礼仪类文书是最基本、用途最为广泛的实用文体。礼仪类文书包括的内容很多，主要有祝词、贺信（电）、迎送词、答谢词、申请、启事、请柬、邀请书、悼词、对联等。

二、礼仪类文书的作用

礼仪类文书不受职业的限制，几乎各行各业各个阶层的人都要用到它，应用面非常广泛。礼仪类文书在人际交往中的作用更是十分明显，在现实生活中起着其他文书所无法替代的作用。因而它不仅可以沟通人与人之间的关系，还可以增强人与人之间的感情。

礼仪类文书主要具有以下几方面的作用：

（一）传递信息，表示礼节

礼仪类文书承担了传递信息和表示礼节的功能。

礼仪类文书是信息的载体，人们在逢年过节、婚丧嫁娶、迎来送往的时候，常常会利用对联、贺信（电）、祝词、迎送词、讣告等这些常用的礼仪类文书，把个人、企事业单位、社会团体等想要传递的某种特定的信息传递出去；在传递信息的同时，还通过这些对联、贺信（电）、祝词和讣告等规范的行文来表达喜庆、祝贺或悼念的礼节。这种融合了生活化、情感化和礼节性为一体的礼仪类文书所承担的传递信息和表示礼节的功能是其他各种文书形式所不能取代的。

（二）沟通思想，交流情感

礼仪类文书还承担着沟通个人、企事业单位、社会团体及其之间的思想情感，增进相互了解、彼此联系、交流感情的作用。这也是使用礼仪类文书的非常重要的一个目的。比如慰问信、感谢信、贺信、祝词等文书，借助文字工具，在某些特定的时刻通过礼节性和规范化的用语，来沟通文书传递双方彼此之间的思想和感情，增进双方的进一步了解和信任，以一种友善的方式来建立双方的良好关系。

（三）告知事项，处理事务

有些礼仪类文书还承担着告知事项、处理事务的功能。比如迎送词和邀请书，就是以礼节性的方式告知或邀请对方来参加某些特定的活动的。

礼仪类文书的功能相比其他应用文书来看，有着其特有的作用，比如传递信息、表示礼节；同时也有与其他应用文书相类似的功能，比如告知事项和处理事务。这些功能是礼仪类文书特点的体现，也是我们在日常工作和生活中运用这些文书的目的。

三、礼仪类文书的特点

礼仪类文书是在人类的社会生活中产生的，并且随着社会的不断进步而在不断地发展。礼仪类文书主要是在我们的社交礼仪和生活交际当中发挥作用，因而它的特点也就十分显著。

（一）交际性

所谓交际，即人与人之间的往来接触。随着社会文明的不断进步，人们接触面的不断扩大，礼仪类文书在我们生活工作中的运用越来越普遍。比如，人们常常在婚丧嫁娶、迎来送往时，运用迎送词，贺信（电）、祝词，讣告、悼词等礼仪类文书来相互交际、沟通感情，这都是交际性的体现。因而，礼仪类文书最为突出的一个特点就是它的交际性。

（二）生活化

礼仪类文书区别于行政公文、经济文书、法律文书等其他应用文体的最突出的一个特点就是它的生活化。由于这类文书广泛地运用在人们的人际交往中，互致礼仪、交流情感，因而带有十分强烈的生活化色彩。比如贺信、贺电、祝词，乃至讣告与悼词，都是我们生活中经常用到的应用文体，其中体现出的生活化的情感，对实现人与人之间的交际沟通起到非常大的作用。因而，生活化也是礼仪类文书的一个显著特点。

（三）规范化

规范化是礼仪类文书与其他形式应用文书的一个共同特点。

与其他形式的应用文体一样，各种礼仪类文书也有自己固定的格式和规范。不同的礼仪类文书有自己的适用范围和场合，有特定的格式和写作要求，在运用这些文书时我们必须严格按照要求来撰写，严守各种文书的格式和用文规范，不可随意套用，避免引起不必要的误会和麻烦。

四、礼仪类文书的写作要求

礼仪类文书因其在人们日常生活中的广泛应用，而在写作手法和表达形式上，强调灵活多样及富有鲜明的个性色彩，较少受应用文一般格式的束缚。礼仪类文书是直接为解决问题服务的，在写作时一般都要求文字表达准确、简洁、明了、恰如其分；语言尽量做到通俗易懂，叙事要简明扼要，标点符号运用正确；如果是手写的，还要求字迹端正。有些礼仪类文书常以毛笔来书写，比如海报、对联等，因而对书写的要求就更高了。

第二节　祝词

一、祝词基础知识概说

（一）祝词的适用范围

祝词也叫祝辞，指在各种喜庆场合中对人、对事表示祝贺或祝愿的一种礼仪生活文书。

在我们的日常生活和工作环境中，有很多地方和时刻会用到祝词。党政机关、企事业单位、社会团体和普通群众，在有宾客往来应酬和举行典礼或会议时，为了表示良好愿望或庆贺的时候，也都会用到祝词，如事业祝词、祝寿词、祝酒词等。

（二）祝词分类

祝词根据其内容和应用范围的不同，大致可以分为事业祝词、寿诞祝词、婚嫁祝词、祝酒词等四大类。

1. 事业祝词

事业祝词是较为常用的一种祝词，这类祝词往往也兼有祝贺的意思，比如祝贺会议开幕、祝贺新年来临，祝贺某集团、组织、机构的创办纪念等。

2. 寿诞祝词

祝寿词的对象主要是老年人，因为我们中国人的传统习惯对年轻人的生日祝贺一般不称“祝寿”。祝寿词的主要内容是祝愿寿者幸福、健康、长寿，以及赞颂寿者的功德。

3. 婚嫁祝词

男婚女嫁时发表的祝贺词，一方面是祝贺新婚，另一方面也祝福新人能婚姻美满、百年好合。

4. 祝酒词

祝酒，在现代社会是招待贵宾的一种礼仪，宴会伊始，主、客要致祝酒词。在现代公共活动中，祝酒词使用得十分频繁，它既可用于国际间的交流、交往，也可用于国内各种机关、团体及个人举行的多种内容的宴会上。

祝酒词中，“酒”并非“祝”的对象，而是一种祝愿的形式，通过祝酒词起到活跃现场气氛、增进主客感情的作用，这才是目的。

（三）祝词的基本格式

祝词一般由标题、称呼、正文三部分组成。

1. 标题

祝词的标题可以简单地用“祝词”二字，也可以采用“致词人 + 致词场合 + 文种”的形式，比如“邓小平同志在中国文学艺术工作者第四次代表大会上的祝词”采用的就是后一种标题形式。

2. 称呼

称呼是指接受祝贺的单位、团体名称或个人姓名。如果接受祝贺的是个人，应在姓名的后面加上“先生”“女士”“同志”等恰当的称谓，以示尊重。

3. 正文

正文是祝词的主体部分。首先说明祝贺的事由及致词人的身份，并表示祝贺、祝愿或感谢等；其次回顾过去、放眼全局、展望未来，并概括祝贺对象已经取得的业绩、赞颂其做出的贡献；最后以表示祝愿、鼓励或希望的话语作结。

祝词在写作时还要根据不同的对象有的放矢。例如，祝贺结婚和寿辰的祝词，就要做到热情洋溢、感情炽热，还必须符合一定的人伦礼仪；事业祝词、节日祝词等，就是要对即将到来或正在开始做、尚无结果的事物表示祝愿、希望，因此一定要热情明快；祝酒词则必须有表示欢迎、感谢和干杯的语句，还要特别讲究外交辞令和礼仪方面的要求。

总体上来说，祝词的用语要文雅，同时又便于宣读。

（四）祝词的写作要求

1. 情感真挚

祝词是在喜庆场合上对人、对事表示祝贺或祝愿的一种礼仪生活文书，因此写作上要讲究情感的真挚，发自内心地向对方表达良好的祝愿。

2. 评价恰当

祝词在表祝贺和祝愿时，必然会给予对方以评价，在进行语言组织时要做到给予对方评价是恰如其分的，使祝词热情有礼但不庸俗浮夸。

3. 篇幅简短

祝词的篇幅不宜过长，语言要做到简短实在、言简意赅。

二、祝词的写作模板与范文

[祝词写作模板]

<table>
<tr>
<td>
祝词
□□□□：
今天，□□□□□□□□□□□□□□□□□□□□□□□□□□□□□□。值此新春佳节之际，我谨代表□□□□□□□，向□□□□□□□，致以□□□□□。
□□□。
我衷心祝愿□□□□□□□□□□□□□□□□□□□□□□□□□□□！谢谢大家。
</td>
<td>
祝词一般由标题、称谓、正文三部分构成
（1）标题。第一行正中写“祝词”或“致词人+致词场合+文种”等字样
（2）称谓。第二行顶格写接受祝贺的单位、团体名称或个人姓名
（3）正文。第三行空两格起，写祝词的主要内容包括几个方面
①祝贺事由。说明祝贺的事由及致词人的身份，并表示祝贺、祝愿或感谢等
②叙述事实。回顾过去、放眼全局、展望未来，并概括祝贺对象已经取得的业绩、赞颂其做出的贡献
（4）结语。以表示祝愿、鼓励或希望的话语作结
</td>
</tr>
</table>

[祝词范文]

2014年香港特区政府国庆酒会致辞

香港特别行政区行政长官梁振英

2014年10月1日

各位嘉宾、各位朋友、各位香港市民：

今天是中华人民共和国成立65周年的日子。我代表香港特别行政区政府，欢迎各位嘉宾莅临今天的国庆酒会。

过去一年，国家在各个领域继续取得可喜的进展和成就。香港各界市民亦为国家、为香港社会和为个人生活不断奋斗。

香港要继续发展，便要同时发挥好“一国”和“两制”的双重优势。“一国”的优势是我们背靠祖国、国家大力支持香港的发展，内地的庞大市场亦为香港提供广阔的事业发展空间；同时香港拥有不同于内地制度的“两制”优势，尤其是法制和金融制度的优势。外国的商业机构、专业人士可以更容易掌握香港的法制和商业规律，因此，许多外地企业都愿意来港拓展业务。“一国”和“两制”的双重优势不只体现于经济发展，亦体现于文化、艺术、教育、科研等范畴。

“一国两制”亦贯彻于香港的政制发展。全国人大常委会已通过了有关行政长官普选问题的决定，确定香港可以从2017年开始以一人一票方式选出行政长官。不同人有不同的政改理想方案，可以理解，但有普选一定比无普选好，五百万合资格选民投票选行政长官一定比1200人选行政长官好。去票站投票一定比在家中看电视，看1200位选举委员会委员投票好。

我们希望社会各界能够和政府一起，用平和、合法、理性、务实的方式做好后续的咨询和立法工作，让政制发展向前迈进一大步。

各位嘉宾，各位香港市民：香港和内地的发展紧扣在一起，中国梦靠大家携手建构，让我引用白皮书结语的一段文字来说明：“不断丰富和发展‘一国两制’在香港特别行政区的实践，保持香港长期繁荣稳定，是中国梦的重要组成部分，也是完善和发展中国特色社会主义制度，推进国家治理体系和治理能力现代化的必然要求。”

作为国家的一分子，我们不单要为香港的发展而努力，更要与全国人民一起，为国家的进步做出贡献，共同谱写中华民族繁荣发展的新篇章。

多谢！

第三节　贺信（电）

一、贺信（电）基础知识概说

（一）贺信（电）的概念

贺信（电）是表示庆贺的礼仪生活文书。

在现代社会当中，贺信（电）已经成为我们社会交往中非常重要的一种礼仪生活文书了，它既可用于组织之间，也可以用于个人。具体来说，贺信（电）是在某组织、某个人取得成功和成绩或是在节日、生日等值得庆祝的日子里用来表示庆贺的一种专用的书信。比如，当某个组织或集体做出了某项重大贡献时或举行某庆祝活动时，就可以用贺信（电）；当某项重大的任务顺利完成时，为表祝贺也可用贺信（电）；在某个重大节日举行隆重集会时或是某些重要人物的寿辰和其他值得庆贺的时刻，都可以用贺信（电）的形式表示祝贺。贺信（电）可以当场宣读或寄给对方，也可登报或广播。

（二）贺信（电）的分类

按照不同的分类方式，贺信（电）有多种类别。

1. 按行文方向划分

按照贺信（电）的行文方向来划分，贺信（电）可以分为四类。

第一类是上级单位对下级单位或所属职工的贺信。这个类别的贺信（电）其内容常常是节日的祝贺，或是对对方取得重大成绩祝贺。由于这类贺信（电）是由上级单位祝贺下级单位或其职工的，因而，在表示祝贺的同时，贺信中还会体现诸如“希望……”“要求……”方面的内容。

第二类是同级单位之间的贺信（电）。这类贺信（电）的主要内容除了向对方表示祝贺之外，还会有表示向对方学习和互相鼓励的内容。

第三类是下级单位给上级机关的贺信（电）。这类贺信除了表示祝贺之外，由于其是下级向上级发贺信（电），所以一般在贺信（电）中会表示某种决心等。

第四类是个人或单位、组织给某些重要领导人、重要人物的贺信（电）。

2. 按性质、范围划分

按照贺信（电）的性质和范围来划分，可以把贺信（电）分为用于重大成就的贺信（电）、用于重大会议的贺信（电）、用于重要任职的贺信（电）等。

（三）贺信（电）的基本格式

贺信（电）一般由标题、称呼、正文、结尾和落款五个部分组成。

1. 标题

贺信（电）的标题一般直接用“贺信”或“贺电”表示，简洁明了；有时贺信（电）标题会采用“发信（电）者 + 文种”为标题，如“中共中央贺电”；还有采用“发信（电）者 + 事由 + 文种”的字样作为标题，如“中共中央　国务院　中央军委对我国首次载人航天飞行成功的贺电”的贺电标题、“河北省农业厅教师节贺电”等，就是属于这一类型的标题；有时也采用“发信（电）者 + 受信（电）者 + 文种”的方式作为标题，如“浙江省教育厅给全省教师的贺信”等。

2. 称谓

标题下另起一行顶格写受信（电）的单位、个人名称。

如果贺信（电）是给个人的，则在个人名称后面加上“先生”“女士”“同志”等相应的称谓。

3. 正文

贺信（电）的正文部分首先道明祝贺的事由，并表示热烈祝贺之情；接着可以结合当前形势，概括分析祝贺方取得的成绩或所要祝贺事项的重大意义；最后再表示热烈的祝贺、赞颂。

4. 结尾

通常采用祝愿、鼓励的话语作结。如果是上级向下级发贺信（电），可以希望、要求的话语作结；如果是同级之间的贺电，可以表示向对方学习的话语作结；如果是下级向上级发贺信（电），则可以“决心……”的方式作结。

5. 落款

在贺信（电）右下方写发信（电）的单位或个人姓名，并具年、月、日。

（四）贺信（电）的写作要求

1. 感情饱满真挚

贺信（电）要体现的是自己真诚的祝贺，是加强彼此联系、增强双方交流的重要手段。所以贺信（电）必须要有饱满和真挚的感情，给人以鼓舞和信心；遣词造句要充满喜悦、褒扬之意，使人感到温暖愉快。

2. 评价恰如其分

贺信（电）在给对方以褒奖时，要注意评价内容的恰如其分、实事求是，避免过分评价给对方带去不安的感觉。下级向上级发贺信（电）表示决心的要做到切实可行，不可夸大其词。

3. 语言简练出彩

贺信（电）的语言要做到言简意赅，避免长篇大论、陈词滥调。

二、贺信（电）的写作模板与范文

[贺信（电）写作模板]

<table>
<tr>
<td>
贺信（电）

□□□□：

欣闻□□□□□□□□□□□□□□□□□□□□□□□□□□□□□□□□，在此，我谨代表□□□□□□□，向□□□□□□□□□□□□□□□，致以热烈祝贺和亲切慰问。
此次□□□□□□□□□□□□□□是□□□□□□□□□□□□□□□□□□□重大突破，对□□□□□□□□□□□□□□□□□□□□□□□□□□□□□□□□□□□□□，具有重要的意义。
希望你们□□□□□□□□□□□□□□□□□□□□□□□□□，为□□□□□□□□□□□□□□□□□□□□□□□□□做出更大贡献。

□□□□□□□□□□□□□□
□□□□年□□月□□日
</td>
<td>
贺信（电）一般由标题、称谓、正文、结尾和落款五个部分组成
（1）标题。第一行正中写“贺信（电）”或“发信（电）者+文种”等字样
（2）称谓。第二行顶格写受信（电）的单位、个人名称
（3）正文。正文部分首先道明祝贺的事由，并表示热烈祝贺之情；接着可以结合当前形势，概括分析祝贺方取得的成绩或所要祝贺事项的重大意义；最后再表示热烈的祝贺、赞颂
（4）结尾。通常采用祝愿、鼓励的话语作结
（5）落款。在贺信（电）右下方写发信（电）的单位或个人姓名，并具年、月、日
</td>
</tr>
</table>

[贺信（电）范文1]

贺 信

《××》杂志社：

我们怀着十分欣喜的心情通知贵刊，在刚刚结束的“中国期刊奖”暨“第××届全国百种重点社科期刊”评选中荣获“中国期刊奖”暨“第××届全国百种重点社科期刊”称号。在此，向贵刊表示衷心的祝贺与诚挚的敬意。

“中国期刊奖”暨“全国百种重点社科期刊”评选活动已经进行了××届，在此次新一届评选中，涌现出了一大批有影响力的期刊。贵刊作为老牌期刊，在激烈的竞争时代，能保持自身独立的办刊风格和传播影响力，殊为难得。希望贵刊继续吮吸着悠久历史的芬芳，化育着时代奋进的精神，早日成长为中国期刊之林的一棵参天大树。

××××杂志社敬贺

××××年××月××日

[贺信（电）范文2]

××××大学校庆贺信

××××大学：

欣闻贵校××周年校庆，在这喜庆的日子即将来临之际，×××大学谨向贵校全体师生员工致以热烈的祝贺和诚挚的问候！

贵校诞生于国难时期，抱定科学救国之宗旨、执着教育事业之理想。历经××年风雨，贵校已经发展成为一所以××××学科为特色，理、工、农、文、经、管、法、教等多学科协调发展的综合型大学，为国家培养了大量高级专门人才，为国家尤其是为××××地区经济社会发展做出了巨大贡献。

衷心祝愿贵校以建校 ×× 周年为契机，开拓创新、积极进取，早日建成国内外具有一定影响和地位的现代化大学。

祝贵校建校 ×× 周年庆典活动圆满成功！

×××大学

××××年××月××日

[贺信（电）范文3]

贺　电

总装备部、工业和信息化部、国家国防科技工业局、中国科学院、中国航天科技集团公司、中国航天科工集团公司、中国电子科技集团公司并参加天宫一号与神舟十号载人飞行任务的全体同志：

在"天宫一号"与"神舟十号"载人飞行任务取得圆满成功之际，中共中央、国务院、中央军委向出色完成这次任务的航天员，向所有参加这次任务的科技工作者、干部职工和人民解放军指战员，表示热烈祝贺和亲切慰问！

"天宫一号"与"神舟十号"载人飞行任务的圆满成功，进一步巩固了我国空间交会对接技术，标志着我国载人航天工程第二步战略目标取得了重大阶段性胜利。这是在以习近平同志为总书记的党中央坚强领导下，航天战线深入贯彻落实党的十八大精神、加快建设创新型国家的又一重要成果，是我们在全面建成小康社会伟大历史进程中取得的又一重大成就，对于进一步增强我国经济实力、科技实力、民族凝聚力，展示伟大的中国道路、中国精神、中国力量，鼓舞和激励全党全军全国各族人民朝着党的十八大描绘的宏伟蓝图胜利迈进，具有重大而深远的意义。祖国和人民将永远铭记你们的卓越功勋！

以这次任务圆满成功为标志，我国载人航天事业将进入空间站工程建设的崭新发展阶段，今后的任务更加艰巨、使命更加光荣。希望你们紧密团结在以习近平同志为总书记的党中央周围，全面贯彻落实党的十八大精神，高举中国特色社会主义伟大旗帜，以邓小平理论、"三个代表"重要思想、科学发展观为指导，大力弘扬"两弹一星"精神和载人航天精神，艰苦奋斗，开拓创新，团结协作，再创佳绩，为全面建成小康社会、实现中华民族伟大复兴的中国梦作出新的更大贡献！

中共中央
国务院
中央军委
2013年6月26日

[贺信（电）范文4]

贺 电

台北
中国国民党中央委员会

朱立伦先生台鉴：

值此先生当选中国国民党主席之际，谨致祝贺。

近年来，国共两党和两岸双方共同努力，携手开创两岸关系和平发展之良好局面，两岸同胞获益良多，更对两岸关系发展充满期待。冀望两党秉持民族大义，巩固坚持“九二共识”、反对“台独”之共同政治基础，加强交流，增进互信，推动两岸关系和平发展继续前行，造福两岸民众，共成民族复兴之伟业。

顺颂　时祺

中国共产党中央委员会总书记
习近平
2015年1月17日

第四节　迎送词

一、迎送词基础知识概说

（一）迎送词适用范围

迎送词是欢迎词和欢送词的合称。它是国家机关、团体、企事业单位的领导在举行隆重庆典、大型集会、迎送仪式或宴会上为欢迎、送别客人而写作的讲演稿。

在欢迎来宾的时候用欢迎词，在欢送客人时用欢送词。在我们的日常生活和工作环境中，有很多地方和时刻会用到迎送词，它主要起到交流感情，促进和加深友谊的作用。

（二）迎送词分类

迎送词包含欢迎词和欢送词两类，是在人们日常生活、工作中的迎来送往活动里经常性用到的一类专用文书。

欢迎词是国家机关或企事业单位在举行重要庆典、大型集会或座谈会、欢迎仪式或接待宴会、酒会上，主人发表的表示欢迎之意的带有礼仪性质的应用文书。

欢送词是宾客应邀参加活动行将返回之时，主人为表达对客人的欢送之意，在仪式上发表的表示感谢、欢送之意的带有礼仪性质的应用文书。

（三）迎送词的基本格式

1. 欢迎词的写作格式

欢迎词一般由标题、称谓、正文和结束语和落款五部分构成。

（1）标题。欢迎词的标题有三种表达方式：一是以“欢迎词”三字作为标题；二是标以“活动内容＋文种”，比如“在×××会议开幕式上的欢迎词”；三是由“致辞人＋致辞场合＋文种”三个构成要素组成标题，比如“×××在××××会议开幕式上的欢迎词”。

（2）称谓。欢迎词的称谓是指欢迎的对象，在第二行顶格处用尊称方式表达，且要以全称方式表述，修饰语可以用“尊敬的”“敬爱的”等，以示庄重和尊敬，比如“尊敬的×××女士”“敬爱的×××先生”。如果欢迎对象为多位，则重要宾客可单独成行，并按职位高低排列。

（3）正文。正文的开头要对宾客的来临表示热烈欢迎。主体部分写致词的中心内容；来访意义、作用；单位之间、地区之间或是两国间的交往历史和传统友谊，友好合作的成就等。说明面临的任务和情况，并表示加强合作、增进交往、完成任务的信心。

（4）结束语。结束语可以再次对来宾表示欢迎，并表达良好的祝愿和希望等。

（5）落款。落款在正文末偏右下方署上致辞单位的全称，如果标题中有名称了，可以不再署名。以个人名义致辞的，一定要署上致辞者的身份、姓名。对应署名下一行署上成文日期。

2. 欢送词的写作格式

欢送词一般由标题、称谓、正文和结束语四部分构成。

（1）标题。欢送词的标题与欢迎词的大体相当，也可用三种方式进行表达：一是以“欢送词”三字作为标题；二是标以“活动内容＋文种”，比如“在×××会议闭幕式上的欢送词”；三是由“致辞人＋致辞场合＋文种”三个构成要素组成标题，比如“×××在××××会议闭幕式上的欢送词”。

（2）称谓。欢送词的称谓是指欢送的对象，在第二行顶格处用尊称方式表达，且要以全称方式表述，修饰语可以用“尊敬的”“敬爱的”等，以示庄重和尊敬，比如“尊敬的×××女士”“敬爱的×××先生”。如果欢送对象为多位，则重要宾客可单独成行，并按职位高低排列。

（3）正文。正文的开头要对宾客来访或会谈的成功致以祝贺并表示感谢。主体部分要对宾客来访和会谈的意义、影响进行评价；或者是回顾过去，评价被欢送者的成就，表达依依惜别之情等。

（4）结束语。结束语要再次表达惜别之情，并对未来的再次来访表示期待，并祝良好愿望和希望等。

（5）落款。落款在正文末偏右下方署上致辞单位的全称，如果标题中有名称了，可以不再署名。以个人名义致辞的，一定要署上致辞者的身份、姓名。对应署名下一行署上成文日期。

（四）迎送词的写作要求

迎送词一般用在比较重要的场合，因此在写作时要把握好情感、语气、表达等方面的要求。

1. 情感热情真挚

中国有俗语曰："有朋自远方来，不亦乐乎。"迎送词是活动的主人对重要宾客表达的欢迎或是欢送的应酬性讲话，因此在写作过程中，要注重情感的热情真挚、和谐友好，遣词造句务必富有激情并表现出致辞人的真诚。迎送词中热情真挚的情感，十分有利于增强主客双方的合作，也会给宾客留下深刻印象。

2. 语气谦恭有礼

写作迎送词时要注重语气的谦恭有礼。在迎送词的称谓使用时，可以在宾客之前冠以"尊敬的"、"敬爱的"等谦恭用语，姓名之后可以加上"阁下"、"殿下"或者是"先生"、"女士"等敬称。正文写作时，要对宾客的到来和离别表达谦和、恭敬的态度，以给贵宾留下谦和亲切的印象。

3. 语言简短表达委婉

迎送词是社交场合的礼节性发言，在整体的活动中，还有其他许多环节的安排，因此一般都要求语言简短生动，避免冗长无味，同时语言表述要注重口语化。

当然，在整体的活动中也许主客双方会出现意见的不统一或是有分歧，作为主人，原则性的立场必须坚持，但在表达上要注重委婉，以符合社交场合的礼节性要求。

二、迎送词写作模板与范文

（一）欢迎词写作模板与范文

[欢迎词写作模板]

欢迎词 尊敬的□□□女士，□□□先生： 首先，请允许我代表□□□□□□□□□□□□□□□□□□□□□□，热烈欢迎□□□□□□□□□□□□□□□□□□□□□□□□□□到□□访问，并借此机会，向□□□□□□□□□□□□□□□□□致以亲切的问候和良好的祝愿。 □□。 □□□□□□，希望你们在□□□□访问期间宾至如归，并预祝□□□□□□□□□□□□□□获得圆满成功。 □□□□□□□□□□□□ □□□□年□□月□□日	欢迎词一般由标题、称谓、正文、结束语和落款五个部分组成 （1）标题。标题格式有三种：“欢迎词”；“活动内容+文种”；“致辞人+致辞场合+文种” （2）称谓。第二行顶格写欢迎的对象，要用尊称 （3）正文。正文的开头要对宾客的来临表示热烈欢迎。主体部分写致辞的中心内容 （4）结束语。通常再次对来宾表示欢迎，并表良好的祝愿和希望等 （5）落款。在正文末偏右下方署上致辞单位的全称。如果标题中有名称了，可以不再署名。对应署名下一行署上成文日期

[欢迎词范文 1]

欢迎词

××××年××月××日

尊敬的连战荣誉主席和夫人，

尊敬的中华台北体育代表团陈坤栫先生，

各位嘉宾，各位朋友：

大家晚安，晚上好！

第二十六届世界大学生夏季运动会明天就要开幕了。今晚，中共中央台办和国务院台办特地在此略备薄酒，向来自台湾的各位嘉宾、各位朋友表达欢迎之意！

首先，我们要向连战荣誉主席表示敬意。连主席和夫人不辞辛劳，亲自来深圳出席大运会开幕式，和我们一起共襄盛举，我们要向他表示衷心的谢意。

同时，我们还要向来大陆参赛的中华台北体育代表团全体成员表示欢迎和问候。这次台湾方面总共派出了两百多人的大队伍，汇集了台湾各高校顶尖的青年运动精英，是参加大运会历史上人数最多的一次，这充分体现了台湾方面对本届大运会的重视。有了台湾体育健儿的参与，本届大运会的比赛一定会更加精彩；有了台湾同胞的支持，本届大运会一定能够办得更为圆满！

体育是体现民族精神和展示民族形象的重要标志，而青少年体育更对民族的未来具有重要意义。梁启超先生当年曾说过一句名言："少年强则中国强。"他说的这个强，我认为首先指的就是强健的体魄和坚强的意志，而这正是体育的精髓所在。我们高兴地看到，近年来两岸的体育事业都取得了长足进步，两岸体育健儿在各种国际比赛中屡创佳绩，让我们中华民族在世界上扬眉吐气，受人尊重。

说到两岸的体育交流，在两岸双方的共同努力下，两岸之间在体育领域的交往日趋热络，不仅促进了各自体育事业的发展，也为推动两岸关系的改善发挥了积极作用。当前，两岸关系已步入和平发展的新阶段，两岸体育界人士也应适应两岸形势的新变化，不失时机地加强交流、深化合作、良性互动、共同发展，通过体育这座重要的桥梁，不断加深两岸同胞感情，不断促进中华民族团结，为两岸关系的和平发展作出应有的贡献。

激动人心的体育盛会即将拉开帷幕，大陆方面将尽力为台湾体育健儿们提供一个公平、公正的比赛环境，为台湾各界同胞营造一个温馨、友善的观赛氛围。祝愿中华台北体育代表团在本届大运会上再创佳绩，祝愿各位嘉宾、各位朋友都能在深圳度过一段愉快和美好的时光！谢谢大家！

[欢迎词范文 2]

欢迎词

朋友们：

欢迎您莅临美丽的海滨城市——厦门。

在这美好时节，我们迎来了五大洲的艺术家和朋友们，共同参与国际戏剧协会第 33 届世界代表大会。这是一次展示世界各国戏剧风采的盛会，也是一次见证世界各地戏剧艺术传承、发展与创新的盛会。我们将在论坛、交流、演出和展览等丰富多彩的活动中，共同感受戏剧艺术之美，一起度过一段难忘美好的时光。

厦门，是一座温馨美丽的港口风景城市，素有“海上花园”之美誉。这里风光秀丽，四季如春，青山绿水，鸟语花香，构成了独特的自然风貌，飞扬着沁人的色香神韵。鹭岛淳朴的民俗民风、温馨的家园气息和祥和的生活秩序，吸引着中外游客、四海宾朋。“国际花园城市”、“联合国人居奖”，“全国文明城市”等称号，为这座年轻的城市赢得了尊荣。

我们期待着，与各位来宾、各位朋友在分享戏剧大会成果的同时，增进我们彼此间的了解和友谊，共同促进戏剧艺术的繁荣发展。

祝您鹭岛之行心情愉快，身体健康，万事如意！

厦门市市长×××

××××年××月××日

[欢迎词范文 3]

欢迎香港驻军文艺演出队慰问演出时的讲话

同志们：

香港驻军业余文艺演出队带着驻军首长、机关的亲切关怀和问候，带着精心编排的文艺节目，不辞辛劳来到石岗营区，为我们全体官兵作慰问演出。让我们对演出队的到来表示热烈的欢迎和衷心的感谢！

今年，真可谓盛年盛事。历经沧桑的香港顺利回归祖国，党的十五大又奏响了迈向二十一世纪的凯歌。前两天，本世纪末中国最后一次体育盛会——八运会又隆重拉开了帷幕。举国上下，喜庆欢腾。作为人民解放军代表的驻港部队官兵同样为祖国的昌盛繁荣和民族的振兴富强而欢欣鼓舞。今晚的演出，就是我们美好心愿和喜庆之情的最好表达。

江泽民同志在党的十五大报告中指出，营造良好的文化环境，是提高社会主义文明程度，推进改革开放和现代化建设的重要条件。军营文化作为军队精神文明建设的重要组成部分，既吸收了我们民族文化的精华，又独具我们军队的风格和特色，是社会主义文化中的一束亮丽奇葩，对军队全面贯彻邓小平新时期建军思想起着重要的推动作用。我们香港驻军文艺演出队就是这束奇葩中的典型代表，她不仅为塑造香港驻军威武文明的良好形象起着积极的“窗口”作用，而且在保证我们香港驻军精神文明走在全社会前列，争做十亿人民榜样的事业中，扮演着重要的角色。今晚，演出队的精彩表演，将极大地鼓舞我们全体干部战士更好地履行防务职责，更好地立足本职开拓进取。我们要以这次慰问演出活动为契机，进一步加强部队文化建设，丰富军营文化生活，从而带动部队各项建设全面发展。

让我们再次以热烈的掌声向演出队的同志们表示最诚挚的谢意！

最后，预祝演出圆满成功！祝大家度过一个开心愉快的夜晚！

×××

××××年××月××日

（二）欢送词写作模板与范文

[欢送词写作模板]

欢送词 尊敬的□□□女士，□□□先生： 首先，请允许我代表□□□□□□□□□□□□□□□□□□□□□，对你们访问的圆满成功表示热烈的祝贺。 明天，你们就要离开□□□了，在即将分别的时刻，□□□。我们欢迎□□□女士，□□□先生在方便的时候再次来□□□□□□□□□□□□□□□□□□□□□做客，希望我们的友好情谊一直延续，友好合作日益加强。 祝一路顺风，万事如意！ □□□□□□□□□□□ □□□□年□□月□□日	欢送词一般由标题、称谓、正文、结束语和落款四个部分组成。格式和表达与欢迎词相似 （1）标题。标题格式有三种："欢送词"；"活动内容+文种"；"致词人+致词场合+文种" （2）称谓。第二行顶格写欢送的对象，要用尊称 （3）正文。主体部分要对宾客来访意义进行评价，向被欢送者表达依依惜别之情等 （4）结束语。通常再次表达惜别之情，并祝良好愿望和希望等 （5）落款。在正文末偏右下方署上致辞单位的全称。如果标题中有名称了，可以不再署名。对应署名下一行署上成文日期

[欢送词范文 1]

欢送词

尊敬的×××教授，同志们、朋友们：

时间过得真快，××教授即将结束在我校为期两年的交流和教学生活，不日就要回国了。今天我们相聚此地，为×××教授送行。

两年来，×××教授辛勤的工作和出众的才能，赢得了全校师生的信赖与尊敬。他的讲学和学术报告，给师生们带来了开阔的视野和丰富的知识。在此请允许我代表全体师生对×××教授表示衷心的感谢！

在这两年时间里，×××教授与××专业的师生诚挚交流，以友相待，结下了深厚的友谊，我们为此感到高兴。我国有句古诗讲：海内存知己，天涯若比邻。虽然 ××× 教授即将回国与我们远隔万里，但我们的友谊必然会延续下去，我们更期待着 ××× 教授在适当的时候再回我校做客、交流。

祝 ××× 教授回国途中一路平安，身体健康。

现在，请大家鼓掌热烈欢迎 ××× 教授讲话。

××××××××××

××××年××月××日

[欢送词范文 2]

在全市援藏干部欢送会上的讲话

×××

（××××年××月××日）

同志们：

今天，我们在这里热烈欢送我市第七批援藏干部人才赴西藏 ×× 县工作。在你们即将前往西藏之际，我代表市委、市政府对你们立志到祖国边疆建功立业、无私奉献的精神，表示由衷的钦佩；向你们及你们的亲属表示衷心的感谢，并致以崇高的敬意。

选派干部人才支援西藏，是中央为保持西藏政治稳定，加快西藏经济社会全面发展，促进民族团结和各民族共同繁荣，维护祖国统一的一项重大决策。我市自 ×××× 年开始对口援助西藏 ×× 县，到目前共派出了七批 ×× 名援藏干部人才。近 ×× 年来，在市委、市政府的高度重视和全市各级党组织的大力支持下，在全体援藏干部人才的共同努力下，×× 县的面貌发生了深刻变化，呈现出经济发展、民生改善、政治稳定、社会进步的崭新局面。但当前，我国西部边疆并不太平，境外势力分裂祖国的野心仍然存在，维护祖国统一，支援西部建设，加快西藏发展，显得尤为重要。按照中央统一部署，今年省委、省政府安排我市第七批援藏干部人才 6 个名额，其中我市保留了全省唯一一个县委书记的选派名额，这充分说明省委、省政府对我市过去援藏工作的充分肯定。选派优秀干部人才到西藏支援工作，市委历来高度重视，市委组织部对此项工作作了专门部署，全市各级党组织都把选派援藏干部人才工作作为一项政治任务来完成，认真组织，慎重推荐。全市优秀干部积极响应市委号召，踊跃报名，主动接受组织挑选，充分显示了我市干部队伍积极向上的良好精神状态。这次选派援藏干部人才，通过宣传动员、推荐报名、资格审查、组织体检，并经岗位匹配度分析和差额比选、量化考察、研究报批等程序，从196名报名援藏的对象中择优选拔了6名优秀的干部人才援藏。这批援藏干部平均年龄在40岁左右，全部为大学本科以上学历；他们中有的是县（市）区的领导，有的是乡镇街办的负责人，也有的是市直部门中层干部和专业技术人员，他们都是各地各部门的骨干力量，在本职岗位做出了突出成绩，是群众公认的优秀干部。可以说，把他们选拔出来，派到西藏工作，充分体现了市委、市政府贯彻中央、省委决策的坚决态度，体现了全市各级党组织和全市人民对藏族同胞最真诚的手足之情。

同志们，支援西藏，建设西藏，发展西藏，是一项长期的政治任务。你们这次赴藏工作，肩负着承前启后、开创我市援藏工作新局面的艰巨任务。这既是市委、市政府和各级党组织对你们的信任，也是对你们的又一次考验，全市人民对你们寄予了厚望，请你们要倍加珍惜。刚才，援藏干部的表态发言很好，希望你们能够顾全大局、克服困难，圆满完成市委、市政府交给你们的艰巨而又光荣的任务。在此，我代表市委、市政府提几点希望和要求：

第一，要坚定信心，勇敢担负光荣使命。这次援藏对于大家来说，既是一次重大挑战，同时又是一次难得的机遇，是一次锻炼自己、丰富自己、为党和人民建功立业的好时机；既要看到任务艰巨、面临困难的一面，又要看到省委、省政府和市委、市政府高度重视援藏工作等很多有利的方面。在援藏工作中，要牢记市委、市政府和全市人民的重托，认真贯彻中央关于援藏工作的指示精神，在西藏各级党委和政府的领导下，自觉发扬老西藏“特别能吃苦、特别能战斗、特别能忍耐、特别能团结、特别能奉献”的精神，讲政治、顾大局，把握好政治方向，以高度的政治责任感和历史使命感，积极投身到西藏的改革和现代化建设中去。

第二，要注重学习，不断提高自身素质。要完成好援藏工作任务，提高自身素质是关键。你们这批援藏干部人才中，绝大部分同志都很年轻，今后的道路还很长。加强学习，提高素质，既是做好援藏工作的需要，也是今后更好为党工作的需要。希望你们在援藏期间一定要加强学习，特别是要认真学习党的十八大和中央关于援藏工作的一系列指示精神，坚持用科学的发展观、政绩观、权力观、群众观来指导我们的工作。要努力学习社会主义市场经济知识和现代科学文化知识，不断提高我们的综合素质。要虚心向西藏的广大干部群众学习，取长补短。要通过努力学习，不断提高做好援藏工作的能力和水平。

第三，要讲究方法，认真履行好工作职责。大家到西藏工作，是在特殊的环境下履行特殊的职责。首先，要按照中央的要求和我市的援藏工作安排，通过我们积极有效的工作，在有限的时间内，切实为 ×× 人民办几件好事、实事，为加快 ×× 的发展做出应有的贡献。同时，又要注意摆正自己的位置，履行好自己的职责。在指导思想上，要树立科学发展的观念，要立足于当地实际，带领 ×× 广大干部群众，充分发挥自身优势，挖掘自身潜力，推进发展，改变面貌；在工作方法上，要注重深入实际，调查研究，充分了解、熟悉 ×× 的情况，包括历史与现状、风土人情、政治经济文化发展状况等，因地制宜地开展支援工作；在角色定位上，要正确处理好与当地干部群众的关系，不论我们担任什么职务，都要充分尊重和依靠包括藏族同胞在内的当地干部群众，自觉服从当地党组织的领导，共同做好援藏工作。

第四，要严守纪律，自觉维护良好形象。我们援藏干部在西藏的一言一行，已不仅仅是个人行为，而是代表着我市的整体形象。援藏干部人才的形象如何，关系到当地干部群众欢迎不欢迎你们，接受不接受你们，支持不支持你们的问题；同时也关系到到民族团结，关系到中央援藏这一重大决策能否有效实现这个大局。因此，我们援藏干部人才不仅要努力工作，办好实事，同时要树立好的形象。我们援藏工作的每一位同志，都要自觉维护自身的良好形象，认真执行党的民族宗教政策，充分尊重当地的风俗习惯，严格遵守党的纪律和当地党委和政府的规章制度。要自觉做到自重、自省、自警、自励，严格要求、严格管理、严格监督。

第五，要加强团结，共同创造新的辉煌。这批援藏的县委书记 ××× 同志已经先到西藏工作了，今天还有 5 位同志也即将离开家乡，离开亲人，跨越数千里，去雪域高原开展新的工作，面临的困难很多，那里的生活相对比较艰苦，自然条件也比较恶劣。大家一定要克服各种困难，努力打开工作局面，创造性的完成工作任务。要圆满完成援藏工作，除了要依靠当地党组织和干部群众外，团结合作十分关键。我们希望援藏的同志之间要加强团结，要互相关心、互相爱护、互相帮助，要多一些理解、多一些信任、多一些支持。大家有什么想法要多与县委书记沟通，也可以向市委汇报，关键是要形成共识。只有大家齐心协力、形成合力，我们的援藏任务才能圆满完成。

当然，做好援藏工作光靠援藏干部人才几个人是远远不够的，还需要全市上下共同努力，特别需要市援藏领导小组成员单位和援藏干部人才选派单位的大力支持。在此，我也向派出单位提三点要求：一是要从讲政治的高度，进一步提高对援藏工作重要性的认识，牢固树立大局意识，进一步从资金、人才、科技、物资等方面加大对 ×× 县的援助力度，以实际行动关心和支持援藏工作。二是要按照省委、市委的要求，落实好援藏干部人才的政治经济待遇，关心援藏干部人才家属的工作和生活，千方百计地帮助援藏干部人才及其家庭解决好实际困难，为援藏干部人才在西藏安心工作创造良好条件。三是要加强援藏干部人才先进事迹的宣传报道，在全市上下营造一个支援西藏、关心援藏、援藏光荣的舆论氛围，不断推进我市援藏工作再上新台阶。

最后，我代表市委、市政府衷心的祝愿即将赴藏工作的同志在赴藏途中一路平安！祝愿你们援藏期间，身体健康，万事顺利，为 ×× 市和 ×× 县人民的团结与友谊，为西藏的稳定和发展做出自己的贡献！

第五节　答谢词

一、答谢词基础知识概说

（一）答谢词的适用范围

答谢词，是指特定的公共礼仪场合，主人致欢迎词或欢送词后，被欢迎者或被欢送者所发表的对主人的接待或盛情款待表示谢意的致辞或讲话。

我国自古以来就提倡礼尚往来。因此在社交礼仪场合，主人发表迎送词后，客人相应的要以答谢词表答谢之意。

（二）答谢词分类

根据不同的答谢缘由和答谢内容，答谢词一般可以分为两个基本类型，一类是在欢迎词之后所做的答谢词；一类是在欢送词后的答谢词。

欢迎词后所作的答谢词，是对主人或主办方的热情接待表示感谢，同时对即将开始的活动表示期待。欢送词后所作的答谢词，是对主人或主办方在活动中的热情款待和安排表示感谢，含有辞别的性质。

（三）答谢词的基本格式

答谢词一般由标题、称谓、正文和结束语和落款五部分构成，其写作格式与欢迎词与欢送词相似。

1. 标题

答谢词的标题有三种表达方式：一是以“答谢词”三字作为标题；二是标以“活动内容 + 文种”；三是由“致词人 + 致词场合 + 文种”三个构成要素组成标题。

2. 称谓

答谢词的称谓是指答谢的对象，在第二行顶格处用尊称方式表达，且要以全称方式表述，修饰语可以用“尊敬的”“敬爱的”等，以示庄重和尊敬，比如“尊敬的 ××× 女士”“敬爱的 ××× 先生”。

3. 正文

答谢词的正文部分，可以先由具体的事例入手，对主人或主办方所做的安排以高度评价，对主办方的热情款待表示感谢，对活动或访问期间的收获给予肯定等，同时可在正文中谈一谈自己的感想与心情。

4. 结束语

结束语可以向主人或主办方再次表示感谢，并表达良好的祝愿。

5. 落款

落款在正文末偏右下方署上致词单位或个人的名称，对应署名下一行署上成文日期。如果标题中有名称了，可以不再署名。

（四）答谢词的写作要求

答谢词一般都是用在比较重要的场合，因此在写作时要把握好情感、语气、表达等方面的要求。

1. 感情真挚，注重礼仪

首先，在答谢词中要适当地照应迎送词，对主人或是主办方发表的欢迎词或是欢送词做出回应，以显示对主人或是主办方的尊重。

其次，答谢词是对主人或主办方表示正式答谢，理应感情真挚坦诚。答谢词中不要用客套话，会显得矫揉造作而不真诚，会引起对方的反感。表情达意上要注重礼仪，称呼一定要用尊称，称呼对方姓名时要用全称，而不能用简称或是代称。

2. 评价适度，恰如其分

在答谢时会对主人或是主办方的接待、款待做出评价，在评价时要注意适度，进行恰如其分的表达，不要随意地去拔高，避免表达上的造作。

另外，迎送词和答谢词都是用在双边活动中的，致辞在注重友好的前提下，也要有自己的立场和原则，不要随心所欲，要把握分寸，恰如其分地进行答谢。

3. 篇幅简短，语言精练

同迎送词一样，答谢词的篇幅也要简短，不要长篇大论，一般千字文即可。要做到篇幅简短，语言就必须精练，应尽可能地将可有可无的字、句、段删掉，努力做到短小精悍。

4. 尊重对方习俗

不同国家、地区和民族，都会有自己的习俗和习惯。在进行答谢词撰写时，要留意对方的习惯与忌讳，要充分尊重对方的习俗。

二、答谢词写作模板与范文

[答谢词写作模板]

<table>
<tr>
<td>答谢词
尊敬的□□□女士，□□□先生：
此次本人及□□□□□□□应□□□□□□□邀请来到□□□□□□□访问，首先请允许我代表□□□□□□表示最由衷的感谢。
过去几天里，我们走访了□□□□□□□□□□□□□□□□□□□□□□□□□，感受到了□□□□□□□□□□□□□□□□□□□□□□□□□□□□□□，访问非常顺利和愉快。我们看到□□，这些都使我们收获良多。</td>
<td>答谢词一般由标题、称谓、正文、结束语和落款五个部分组成
（1）标题。标题格式有三种：“答谢词”；“活动内容+文种”；“致辞人+致辞场合+文种”
（2）称谓。第二行顶格写欢送的对象，要用尊称
（3）正文。可先由具体的事例入手，对主人或主办方所做的安排以高度评价，对主办方的热情款待表示感谢，对活动或访问期间的收获给予肯定等，同时可以正文中谈一谈自己的感想与心情</td>
</tr>
</table>

续表

短短几天转瞬即逝，但是在这里感受到的□□□□□□□□□□□□□□□将会给我们□□□□□□□□□□□□□□□□□，希望在不远的将来能□□□□□□□。 谢谢大家！ □□□□□□□□□□□□□ □□□□年□□月□□日	（4）结尾。通常再次表达感谢之意，并祝良好愿望和希望等 （5）落款。在正文末偏右下方署上致辞单位或个人的名称。如果标题中有名称了，可以不再署名。对应署名下一行署上成文日期

[答谢词范文 1]

答谢词

尊敬的×××先生，女士们、先生们、朋友们：

首先请允许我代表 ××××× 代表团全体成员对 ××× 先生今晚为我们举办如此丰盛的晚宴表示由衷的感谢！

此次访问中，×××× 全体同仁对我们的热情款待给我们留下了深刻的印象。在你们周到、细致、全面的活动安排中，我们受益匪浅。在此请允许我代表我们的所有成员再次向你们表示诚挚的感谢！

我希望 ××× 先生和 ×××× 全体同仁能安排时间到我们公司进行访问，以便让我们得到一个作为东道主感谢谢你们款待的机会。

我深信，这次访问将会带来今后我们更多的互访。

现在我提议：

为我们之间的友谊，干杯！

[答谢词范文 2]

婚礼答谢词

各位嘉宾、各位领导、各位亲朋好友：

大家好！

今天是我们的孩子 ××× 和 ××× 喜结良缘的大喜日子，感谢大家在百忙中抽出时间来参加我们孩子的婚礼。你们的到来让婚礼增光添彩！我们全家感到万分高兴。在此，我代表我们全家对大家的到来表示最衷心的感谢！感谢你们前来见证这对新人喜结良缘，感谢你们给这对新人送来了美好的祝福！

我特别要感谢的是 ××× 的父母亲，是你们养育和培养了一个美丽大方、聪明懂事的好女儿。我们看到两个孩子在 ×××× 相识、相知、相爱，并在今天喜结良缘，手拉手地走进婚姻殿堂，我们做父母的感到由衷欣慰！

成家立业是人生旅途的重要里程，如果说以前是父母拉着你们的手，完成了人生的起步，那么今后将是你们一起牵手，去经营人生、去创造美好的未来！父母祝福你们！衷心希望你们在新的生活中做到更加互敬互爱，互谅互让，钟爱永恒，希望你们诚实做人、勤奋工作，为社会多做贡献。

最后，再一次衷心感谢各位领导、各位嘉宾和亲朋好友的光临，感谢你们送来了吉祥、送来了最美好的祝福！

今晚，在此略备薄酒，敬请大家畅饮，共同祝愿这一对新人新婚愉快、永结同心、白头偕老、幸福美满！

[答谢词范文 3]

胡锦涛会晤连战　连战致答谢词

2005年4月29日

胡总书记、各位女士、先生：

今天本人跟内人以及中国国民党三位副主席，率同很多的朋友，大家一起应胡总书记的邀请能够来访问大陆，访问北京、南京、西安、上海，我要在这里首先表示最由衷的感谢。

过去这几天，所有的工作的同仁们，大家都尽心尽力，让我们旅程非常顺利，非常的愉快，也特别的感谢他们。诚如总书记刚才所讲，今天的聚会是国民党和共产党60年来的头一次，也是在两岸的情况之下56年来党和党见面交换意见最高层次的一次，难能可贵。我也很坦诚地来跟各位提到，那就是这一趟来的并不容易。我一再讲台北、北京，台北、南京距离不远，但是因为历史的辛酸，让我们曲曲折折，一直到今天才能够见面。所以我说，有点相见恨晚的感觉。

当然，中国国民党、中国共产党，我们过去曾经有过冲突，我们都知道这些历史的过程。但是历史毕竟已经是过去的事情，我们没有办法在此时此刻再来改变历史，但是未来却是掌握在我们的手里。当然，历史的进程不会是很平坦的，但是这个不确定的时代，不确定的未来，尤其给我们提供了很多很多的机会，假如我们都能够以正面的态度勇敢地来面对，以迎接未来这种主导的理念，来追求未来，我相信“逝者已矣，来者可追”。这是今天我们怀抱着非常殷切的期望，能够来到这个地方，亲自跟总书记，跟各位女士、先生交换意见。

我个人觉得，两岸今天形势的发展，实在是让我们非常的遗憾，因为在1992年，各位都知道，经过双方的努力，不眠不休，日以继夜的努力，当时参与的很多位都在场，我们终于能够建立一个基本的共识。在那个基础之上，我们在1993年进行了辜振甫先生和汪道涵先生的会谈，打破了40多年来的一个僵局。两岸的人民同声叫好，对未来充满了希望。我那个时候主持行政的工作，也是全力地在配合，表达我个人以及国民党坚定的一个意向，辜汪两位先生会谈之后，事实上带来两岸大概有八年之久的非常稳定的、发展的、密切交流的时间，非常正面的发展。

但是遗憾的是，过去这十多年来所发生的事情，大家都很了解。离开我们这样一个共同塑造愿景的进程受到了很大的挫折。

但是，我也感到一个非常令我们欣慰的事情，那就是胡总书记在一两个月前所提到的对和平的一个呼吁，和平的一个愿景，可以说给我们一个很大的正面的思考方向。今天，我个人虽然是国民党的主席，也是带着一份人文的情怀，一种和平的期盼，同时也是身为民族的一分子，来到这个地方。我觉得我们来到这里，有几项意义，可以跟各位做一个报告：

第一，今天有人还只在从五十年前甚至于六十年前国共之间的关系、思维、格局来思考这个问题，来评断我们的访问，但是我觉得，我们已经远远超越了那个时代，已经远远超越了那个格局。

今天，诚如刚才总书记讲的，我们是以善意为出发，以信任为基础，以两岸人民的福祉做依归，以民族长远的利益做目标。我相信，我们在这样的基础之上，绝对应该避免继续对峙、对抗，甚至于对撞，要的是和解，要的是对话。所以，我们也相信，这样的做法有民意的基础，有民意的力量，我在这里不必再麻烦大家举很多的数据。

第二，和平都是大家所希望的，但是和平必须要沟通，沟通必须要有架构。什么是架构？国民党跟中国共产党，我们在1992年是经过了非常辛苦的一个沟通的过程，提到了“一中各表”的基础，当然不幸的是这几年来这样的一个基础被曲解、被扭曲，成为其他的意义，这个我们大家也都很了解。

但是我们本身国民党从来就没有任何的改变，我们也希望能够继续在这样的基础之上建构两岸共同亮丽的未来和远景。

第三，我想借这个机会特别指出，我们很希望，这次国民党可以说是来得不易，既然有这样良好的契机，现在是我们可以总结过去历史的一个契机，让我们把握当前，让我们共同来开创未来。所以，在这样的一个理念之下，我非常盼望，过去那种恶性的循环不要让它再出现，我们尽我们的力量能够建立一个良性的循环，从点到面，累积善意，累积互信，我相信这种面的扩充会建立一个非常坚实的基础，而不是像这种恶性的循环，冤冤相报，由点而线而面，其结果互信完全崩盘，善意不再，结果是我们大家都受到损害。

所以，今天我以这些心情很坦诚地跟总书记和各位女士先生提到我个人亲历的一个历程。这次56年以来头一次国民党主席和副主席，党的干部能够到南京紫金山中山陵向中山先生致敬，心情感伤、复杂，但是我们也非常的感谢。中山先生弥留的时候一再要大家和平奋斗来救中国，和平奋斗事实上不是那个时候的一个专利，而是大家要共同努力，一直到今天，我都信奉不渝。

秉持这样的精神，我相信双方假如继续加强我们相互的理解和信任，我相信一定会给我们两岸所有的人民带来更好的、更多的安定，更好的、更多的繁荣，同时更重要的是给两岸带来亮丽光明的希望和未来，这是我今天在这里首先跟总书记和各位表达的一些意见。谢谢。

第六章
礼仪类文书写作模板与范本（中）

chapter 6

第一节　慰问信

一、慰问信基础知识概说

（一）慰问信的适用范围

慰问信是向对方表示关怀、慰问的应用文。它是有关机关、团体或者个人，以组织或个人的名义，在有关集团、单位、团体或个人处于特殊的情况下时（如战争、自然灾害、事故），或在节假日来临之际，向对方表示慰藉、问候、鼓励、关切的礼仪生活文书。

慰问信一般是他人处在一种特别的情况下时才使用的，比如特殊的困难时刻——如战争、灾难、事故中，或是取得了突出的成绩、杰出的贡献和获得巨大荣誉时，或是一些值得庆贺的节、假日，在这些时候用慰问信的方式去慰藉、问候、鼓励或是关心对方，使对方能克服困难重新鼓起勇气，或者是百尺竿头更进一步取得更大的成绩。因此慰问信可以给慰问对象一种亲切、温暖的感受，能体现组织的温暖和同志的关心，起到鼓舞人、感化人、催人奋进的特殊作用。

（二）慰问信分类

根据慰问内容的不同，慰问信一般可以划分为以下三类：

1. 表示同情、安慰的慰问信

同情安慰类的慰问信用于向由于某种原因遭受重大损失或是巨大困难的集体、个人表示慰问。比如，向地震灾区人民、遭受洪涝灾害的人们、失去至爱的亲人等等发慰问信。发慰问信的目的除了表示难过或哀痛的心情之外，最重要的是慰藉、问候、关心对方，鼓励其战胜困难，重新扬起奋进的斗志。同情、安慰类的慰问信写作时一定要注意感情的真挚和语言的亲切。

2. 表示节日问候的慰问信

这是在传统的节假日来临的时候向有关单位、团体、个人发出的慰问信。比如，向对节日期间坚守在工作一线的同志们表示慰问，向离退休干部表示节日问候等。这类慰问信着重表示节日的问候，对节日期间坚守岗位者的称颂和对军烈属、离退休干部的关心，应尽量写得态度诚恳、真切。

3. 表示表彰、鼓励的慰问信

这类慰问信是向工作中做出突出贡献的单位、集体或个人表示慰问。比如，向受到某类表彰的单位、个人发慰问信，向获得某项科技新发明的个人和单位发慰问信等等。表演彰、鼓励类的慰问信要着重称颂对方的成绩和贡献，同时鼓励他们戒骄戒躁，继续努力，以取得更大的成绩。

（三）慰问信的基本格式

慰问信在写作中要因事、因时、因人而异，富于人情味，富于鼓动性，文字朴实，语言贴切，这是慰问信写作的基本要求。具体而言，慰问信一般由以下五个部分组成：

1. 标题

慰问信的标题通常可以“慰问信”来表示，有时候可以用“致 ××× 的慰问信”来表示，如“致邹韬奋夫人沈粹缜的慰问信”，或者还可把慰问信发出单位和个人及慰问信接受方的称谓都写上去，如“××× 致 ××× 的慰问信”。

标题应放于慰问信的第一行正中位置。

2. 称谓

慰问信的第二行顶格写慰问信接受单位、个人名称。单位应写全称，个人姓名后面则要加上“同志”“先生”“女士”“小姐”等称谓，以示尊敬。

3. 正文

慰问信正文一般是先写问候、安慰的话，并写明慰问的原因、背景，然后根据不同对象，赞扬对方的精神和贡献，语言要亲切、热情、真挚。

接下来，着重事实的叙述，根据慰问对象的不同，写法也有所不同。比如表示同情和安慰的慰问信可表示同情和痛心，并表明将对其提供什么样的援助措施等，最后鼓励对方战胜困难；表彰、鼓励类的慰问信则重在赞扬对方取得的成就，并希望对方能继续做出更大的贡献；节日问候类的慰问信则重在带去节日的问候，并赞扬他们的辛劳和无私奉献的精神等。

4. 结尾

慰问信的结尾通常用一句慰勉与祝福的话作结语，比如“祝你们取得更大的成功！”“祝您节日快乐，身体健康，阖家幸福！”等等。

5. 落款

落款时署名，具年、月、日。在慰问信结尾右下方先署上慰问信发出单位的全称或者个人的姓名。换行署上具体时间。

（四）慰问信的写作要求

慰问信是较为常用的一种应用文书，通常是对有关集体与个人表达节日的慰问，以充分体现组织、集体和社会大家庭的温暖以及关爱。一篇好的慰问信，不仅要结构合乎基本规范，也要善于运用一些写作技巧，使得慰问信起到鼓励人和鼓舞人的效果。

1. 层次清楚

慰问信的层次要清楚，按照标题、称谓、正文、结尾、落款五个构成部分完整表达出来。尤其是在正文中，要把慰问的内容有层次地表现出来，从发文原因到慰问缘由，从提出希望、要求到表达肯定、鼓励或安慰等，在文中要有条理地表述。

2. 内容写实

慰问信的篇幅往往都不太长，行文高度概括，如把握不当，容易写得空泛模糊，让人读后不得要领。因此，在写作时首先应将慰问对象的主要特点写得清晰明确，切忌贪多求全、主次不分；其次是尽量做到用语精练，着墨有重点，使内容实在可信。

3. 情感真挚

不管是哪一类别的慰问信，其最主要的一个特点就是鼓励和鼓舞，向处于困难中的人表示关切和鼓励，向取得成就的人表示问候和关心，既让对方感到亲切，也让对方受到鼓舞。因此，慰问信写作时务必注意情感的真挚。其写作用语应比一般书信更亲切更诚挚，字里行间要体现出与被慰问者的感情共鸣，力求字字含情谊、句句暖人心。

4. 语言精练

慰问信的文字一定要做到精练准确，结构严谨，节奏要明快，使得内容具备说服力和感召力。

二、慰问信写作模板与范文

[慰问信写作模板]

慰问信 □□□□： 　　自□□□□□□□□□以来，我省□□□□□□□，进行了□□□□□□□，取得了□□□□。 　　你们□□□□□□□□□□□□□□□□□□□□□。 　　你们□□□□□□□□□□□□□□□□□□□□□。 　　你们□□□□□□□□□□□□□□□□□□□□□□。 　　各级政府、各部门要□□□□□□□□□□□□□□□□□□□□□□□□□□□□□。 □□□□□□□□□□□□ □□□□年□□月□□日	慰问信一般由标题、称谓、正文、署名和日期构成 　　（1）标题。第一行正中写“慰问信”或“致×××的慰问信”或“×××致×××的慰问信”等字样 　　（2）称谓。第二行顶格写慰问信接受单位、个人名称 　　（3）正文。第三行空两格起，写慰问的主要内容： 　　①原因背景。用一般简要文字陈述目前形势，写明慰问的背景和原因，以提起正文 　　②叙述事实。应比较全面、具体地叙述对方的模范事迹或遇到的困难，要实事求是肯定其功绩，然后向对方表示慰问和学习 　　（4）结语。先结合形势与任务提出殷切的希望，接着表示共同的愿望和决心，最后用一句慰勉与祝愿的话作结 　　（5）落款：在慰问信右下方写发信单位或个人姓名，并具年、月、日

[慰问信范文 1]

教师节慰问信

全校教职员工：

秋菊吐蕊，丹桂飘香，金风送爽。值此第三十个教师节来临之际，我们谨代表学校党委、行政，向在各工作岗位上辛勤耕耘、默默奉献的全体教师、教育工作者致以节日的问候和亲切的慰问！向为学校建设与发展做出贡献的老领导、离退休老同志致以衷心的感谢和崇高的敬意！

今年的教师节主题是“践行社会主义核心价值观”。尊师重教是中国的优良传统，授业解惑是教师的光荣使命。教育是民族振兴、社会进步的基石。教师是文化知识的传授者，是教育理念的执行者，是精神世界的指引者。孜孜不倦，成就满园桃李；海纳百川，引领莘莘学子；锐意进取，激励无数青年才俊。

近年来，学校深入贯彻落实科学发展观，坚持“办学为了学生，育人依靠教师”的宗旨，围绕校第二次党代会提出的“建设特色鲜明、高水平应用型大学”奋斗目标，坚持走内涵发展、产教融合、开放办学、合作育人之路，不断创新教育思想观念，深化教育教学改革，办学条件不断改善，办学水平不断提高，服务地方能力不断增强，办学影响和社会声誉不断扩大，招生就业工作态势良好，学校以优异的成绩通过了教育部本科教学水平合格评估，以较好的成绩通过了省示范应用型本科高校建设验收，高质量地申报了省高教提升计划、省高校振兴计划、中央财政支持地方高校发展等项目。我校广大教师和教育工作者，恪尽职守，默默耕耘，为学校的建设发展无私奉献，在教学、科研、管理、党建等各方面也取得了显著的成绩。《××× 日报》、新华社 ×× 分社、《××× 日报》、××× 电视台等多家国家级、省级媒体对我校的办学成效进行了报道。我校之所以能有这样的成绩，是因为我们拥有一支师德高尚、素质优良、业务精湛、充满活力的教师队伍，拥有一批爱岗敬业、乐于奉献、开拓创新的管理团队。学校在办学过程中，始终贯彻以人为本、人才强校、人才是第一资源的基本理念，突出人才在学校发展中的核心地位，营造尊师重教的良好氛围，致力于建设高水平“双能型”师资队伍。近年来，学校实施“八百工程”和“双百计划”，鼓励教师到行业企业挂职锻炼，选派教师到国内外访学或攻读博士学位，取得了可喜的成绩。同时，学校还注重加强师德师风建设，在教师中树立先进典型，强化教师尤其是青年教师的职业道德和学术道德建设，引导教师树立正确的教育观、质量观、人才观，引导教师甘当人梯、甘守寂寞，静心教书、潜心育人，以高尚的师德师风赢得学生爱戴、人民满意。

教育是发展之基，教师是立教之本，我们要真情关心教师，真诚服务教师，真心依靠教师，把教师作为教育事业的第一资源来珍惜，把教师队伍建设作为教育改革发展的基础工程来推进，把尊师重教作为社会文明进步的重要标志来看待，充分保障教师的政治地位、社会地位、职业地位，为教师创造良好的工作、学习和生活条件。要大力宣传优秀教师的先进事迹，让尊师重教在校园里蔚然成风。

各位教师和教育工作者，学校的发展离不开你们的支持，学校的发展需要我们共同的努力。希望广大教师忠诚师业、践履师责、涵养师德；为人诚实、做事踏实、为学务实；攻坚克难、勇攀高峰、诲人不倦，正如习近平总书记所要求的那样："时刻铭记教书育人的使命，甘当人梯，甘当铺路石，以人格魅力引导学生的心灵，以学术造诣开启学生的智慧之门"，为实现中华民族伟大复兴的中国梦培养更多栋梁之才。希望全体教育工作者以更加饱满的热情，积极行动起来，勇挑重担，奋发有为，用笔尖耕耘桃李地，用墨水浇开智慧花，用青春和热血在教育战线谱写更加绚丽的新篇章！

衷心祝愿广大教师和教育工作者节日快乐，身体健康，工作进步，阖家幸福！

××××××党委书记×××

××××××校长×××

××××年××月××日

[慰问信范文 2]

春节慰问信

驻××市的中国人民解放军、中国人民武装警察部队和"江门舰"全体官兵，全市军队离退休干部，烈军属，残疾军人，转业、复员、退伍军人：

在××××年新春佳节即将来临之际，中共××市委、××市人民政府代表全市人民，谨向你们致以节日的祝贺和亲切的慰问！

过去的一年，驻我市中国人民解放军、中国人民武装警察部队和"××舰"全体官兵坚决贯彻落实中央军委的决策部署，以科学发展观为指导，忠实履行使命任务，大力加强部队思想政治建设，扎实推进军事斗争准备，确保了部队高度稳定和集中统一，确保了年度战备训练和勤务工作等任务的圆满完成。同时，大力发扬拥政爱民的光荣传统，在抗击国际金融危机中，风雨同舟，积极参加驻地的经济建设、政治建设、文化建设与和谐社会建设，在重点工程建设中勇挑重担，在扶贫帮困中慷慨解囊，在抗灾救援中冲锋在前，为推动××市经济社会又好又快发展作出了重大贡献。全市烈军属，残疾军人，转业、复员、退伍军人和军队离退休干部继续发扬人民军队的优良传统，在各自的岗位上努力工作、建言献策，扎实奉献，为全市经济社会发展和社会稳定作出了积极贡献。在此，市委、市政府和全市人民向你们表示衷心的感谢并致以崇高的敬意！

××××年，在省委、省政府的正确领导下，我市认真贯彻中央和省的各项决策部署，深入学习实践科学发展观，结合我市实际创造性地开展工作，积极应对国际金融危机，大力推进“三促进一保持”，全市经济保持了平稳较快增长，交出了一份漂亮的成绩单。全市生产总值达到××××亿元，增长××%；地方财政一般预算收入增长××%，全社会固定资产投资增长××%，社会消费品零售总额增长××%，外商直接投资增长××%，城镇居民人均可支配收入实际增长××%，农村居民人均纯收入实际增长××%。总体上看，我市大部分经济指标增长高于全省平均水平，地方财政一般预算收入增长高于GDP增长，城乡居民收入增长高于GDP增长。在实施《××××××地区改革发展规划纲要（××××—××××年）》中，融入×××一体化有了新进展，以交通为突破口，××高速延长线、××高速、××沿海高速、××高速等有效推进。××××经济圈年票互认、通信同城化、饮用水同网等率先突破，进入实施阶段。全市呈现科学发展上新水平，行政服务水平和机关作风有新风貌，社会和谐稳定、军政军民团结的大好局面。这些成绩的取得，是省委、省政府正确领导的结果，是全市人民共同奋斗的结果，是军政军民团结共谋发展的结果，也是广大优抚对象共同努力的结果。

××××年是全面完成“十一五”目标任务，谋划制订“十二五”规划承上启下的重要一年。我们要坚持以邓小平理论和“三个代表”重要思想为指导，全面贯彻党的十七届四中全会、中央经济工作会议和省委十届六次全会精神，全面落实科学发展观，着力实施《规划纲要》，坚定不移调结构，脚踏实地促转变，实施扩大内需战略，深化体制机制改革，加大力度改善民生，促进社会和谐稳定，加强和改进党的建设，不断开创侨乡科学发展的新局面。按照市委十一届七次全会提出的目标任务，我市要着力在七个方面创新思路，谋划新举措，取得新突破：一是转变发展方式、构建现代产业体系上有新突破。二是扩大投资、消费的内需组合上有新突破。三是统筹城乡发展上有新突破。四是招商选资、园区建设上有新突破。五是深化体制机制改革上有新突破。六是改善民生、构建和谐××上有新突破。七是加强和改进党的建设上有新突破。与此同时，我们将一如既往地大力支持国防和部队现代化建设，全面落实优抚安置政策，深入开展双拥共建活动，进一步巩固和维护军政军民和谐团结的大好局面。

我们希望，驻××的中国人民解放军、中国人民武装警察部队和“××舰”全体官兵，全市离退休干部，烈军属，残疾军人，转业、复员、退伍军人继续发扬党和军队的优良传统和作风，开拓进取，扎实工作，为我市经济社会发展作出新的贡献。

我们坚信，有省委、省政府的正确领导，有驻 ×× 军警部队的关心和支持，有全市人民的团结奋斗，我们一定能够在科学发展的新进程中迈出新步伐，实现新突破，开创新局面！

祝同志们新春愉快、工作顺利、身体健康、家庭幸福！

中共××市委

××市人民政府

××××年××月××日

［慰问信范文 3］

致邹韬奋夫人沈粹缜的慰问信

粹缜先生：

在抗战胜利的欢呼声中，想起毕生为民族的自由解放而奋斗的韬奋先生已经不能和我们同享欢喜，我们不能不感到无限的痛苦。您所感到的痛苦自然是更加深切的了。我们知道，韬奋先生生前尽瘁国事，不治生产，由于您的协助和鼓励，才使他能够无所顾虑地为他的事业而努力。现在，他一生光辉的努力已经开始获得报偿了。在他的笔底，培育了中国人民的觉醒和团结，促成了现在中国人民的胜利。中国人民一定要继续努力，为实现韬奋先生全心向往的和平、团结、民主的新中国而奋斗不懈。韬奋先生的功业在中国人民心目中永垂不朽，他的名字将永远是引导中国人民前进的旗帜。想到这些，您，最亲切地了解韬奋先生的人，一定也会在苦痛中感到安慰的吧！您的孩子——嘉骝，在延安过得很好，他的品格和勤学，都使他能无负于他的父亲，这也一定是可以使您欣慰的事吧！

谨向您致衷心的慰问，并祝您和您的孩子们健康！

周恩来 启

卅四年九月十二日

第二节　感谢信

一、感谢信基础知识概说

（一）感谢信的适用范围

感谢信是单位或个人对某个单位或个人的关心、支持、帮助表示感谢的礼仪生活文书。感谢信不仅有感谢的意思，而且有表扬的意思。

感谢信用途广泛，它的双方可以是单位、团体之间，也可以是单位、团体与个人之间，也可以是个人对个人的。感谢信可以直接发给对方或对方所在单位，也可以上门张贴，一般贴于对方单位内或所在地的公共场所，还可以登报或到广播电台和电视台播送。

（二）感谢信分类

根据感谢信的不同分类方式，可以对其进行一定的划分。

1. 根据感谢对象的特点分类

（1）给集体的感谢信。个人在遇到困难的时候受到了集体的帮助，从而渡过了难关走出了困境，事后个人以感谢信的方式对集体表达自己的感激之情。

（2）给个人的感谢信。可以是个人也可以是单位集体为表达对某个人的感谢所写，表达对其曾给予帮助或照顾的感激之情。

2. 以感谢信的存在形式分类

（1）公开张贴的感谢信。公开在布告栏张贴，或者是登报、在广播电台或电视台广播的感谢信。

（2）寄往单位或个人的感谢信。直接寄给单位或个人的感谢信，表达一种直接的感激之情。

（三）感谢信的基本格式

一般来说，感谢信只要写明为何事、向何人（单位、团体或个人）表示何种谢意就行了，内容要能体现感谢方的感激之情。在表达感谢之意时，应该注意感情真挚，措辞恰当、得体，文字要精练，评价要恰当。

具体来说，感谢信由以下五部分组成：

1. 标题

感谢信的标题应置于第一行的正中，用较大的字号写上醒目的“感谢信”三个字即可，这种形式的标题是最常用的；也可以在“感谢信”之前说明是写给什么单位或什么人的感谢信，如“致××××的感谢信”；还可以在“感谢信”之前说明是为何事而写这封感谢信，如“春节慰问感谢信”，说明写信者要感谢对方在春节期间带给自己的慰问。

2. 称谓

标题下一行顶格写被感谢单位、团体的名称或个人的姓名。如果是单位和团体，则用全称；如果是个人，姓名后面可以加上适当的称呼，如“×××先生”“×××女士”“×××同志”等，称呼后用冒号。

如果需要感谢的对象数量比较多，则可以把感谢对象放于正文中间一一列出。

3. 正文

称谓下一行空两格写正文。

这一部分要写清楚感谢的事由，即对方在何时、何地，由于何种原因，做了什么好事，对本单位、团体或个人有什么样的支持和帮助，最后又使得事情有哪些好的结果和影响等。除了叙述事由之后，还要总结对方表现出了哪些好思想、好品德、好风格，并表示本单位、团体或本人要以对方为榜样，努力向其学习，不断提高和进步。

应该注意的是，在叙述对方对自己或本单位的帮助时，一定要把人物、时间、地点、原因、结果以及事情经过叙述得清清楚楚，以便于组织的了解和群众向其学习。

4. 结尾

正文完成后，可以在结尾部分再次表示感激，如“再次向您表示衷心的感谢！”“致以最诚挚的敬礼”等，或者另起一行以“此致”“敬礼”结束全文。

5. 落款

在感谢信的右下方署单位、团体的名称或者个人的姓名。下一行署上感谢信的具体写作日期。

在写作感谢信时，应该注意信中要始终洋溢着感激之情，在叙述事实的过程中，除了要突出对方的好思想和表示谢意外，行文要始终饱含感情，而且必须要做到感情真挚、热烈，使所有看到信的人都受到感染。同时，感谢信中表示谢意的用语要得体，既要符合被感谢者的身份，也要符合感谢者的身份。感谢信以说明事实为主，切勿不着边际地大发议论。

（四）感谢信的写作要求

1. 表达准确

感谢信应准确表达得到了哪些帮助，这些帮助产生了哪些效果等。叙述事件时，要准确无误地叙述时间、地点，发生事件的其他详细情况。

2. 情感真挚

感谢信是以表达感谢为主的，所以应该做到真诚、朴素，表达的谢意要符合实际，恰到好处。

3. 语言精练、简洁

感谢信在语言上力求精练、简洁，遣词造句不要过分修饰，篇幅不要过长，点到即止最好。感谢信的用语要力求朴素、真诚，不要过于华丽，否则会给人一种华而不实之感。

二、感谢信写作模板与范文

[感谢信写作模板]

<table>
<tr>
<td>感谢信
□□□□：
我□□□□□□□□□□□□□□□□□□□□□□□□□□□□□□□□，□□□□了解到这一情况后，□□□□□□□□□□□□□□□□□□□，我想□□□□□□□□□略表感谢之情，也被□□□□谢绝。您的□□□□□□□□□令我十分感动，在此，我代表我们全家向□□□□□□□□表示衷心的感谢。</td>
<td>感谢信一般由标题、称谓、正文、结尾、落款五部分构成
（1）标题。第一行正中写“感谢信”或“致××××的感谢信”或“××××感谢信”等字样
（2）称谓。第二行顶格写被感谢单位、团体的名称或个人的姓名
（3）正文。称谓下一行空两格写正文，包括几个方面</td>
</tr>
</table>

续表

□□。 此致 敬礼 □□□□市□□路□□号□□□ □□□□年□□月□□日	①感谢事由，叙述事实。即对方在何时、何地，由于何种原因，做了什么好事，对本单位、团体或个人有什么样的支持和帮助，最后又使得事情有哪些好的结果和影响等 ②总结。总结对方表现出了哪些好思想、好品德、好风格，并表示本单位、团体或本人要以对方为榜样，努力向其学习，不断提高和进步 （4）结尾。再次表示感激，以“再次向您表示衷心的感谢！”“致以最诚挚的敬礼”等，或者另起一行以“此致”“敬礼”结束全文 （5）落款。在感谢信的右下方署单位、团体的名称或者个人的姓名，并具年、月、日

[感谢信范文 1]

感谢信

××医院各级领导、医护人员：

我母亲于今年九月因急症入贵院 ×× 病房进行综合治疗。作为一名危重病人的家属，当时焦虑和不安的痛苦心情真是难以言表。是 ×× 病房的王 ×× 医生凭借其雷厉风行的处置态度和高效缜密的治疗方案将我们心中的阴霾一点点拂去！他对待病人耐心细致，治疗方案严谨、全面，操作动作轻柔，最大限度地减少了患者的痛苦。他想患者之所想，急患者之所急，待患者如亲人。其和蔼的态度，贴心的话语使患者和家属得到了久违的宽慰。作为患者的家属，一句简单的“谢谢”已不足以表达我们的感激之情；作为危重病人的家属，能遇到这样一位医术精湛、医德高尚的医生真是我们不幸中的万幸！此刻，我们有太多的感动，有太多的感激。感谢医院各级领导为咱老百姓培养了这样一位治病救人的“再世华佗”，更感谢王 ×× 医生对患者的悉心关怀和无私奉献！

在 ×× 医院，我真切地体会到了“医者，仁术也”的深刻寓意，我们患者家属会将这颗无私奉献的爱心继续传递下去，让我们的社会充满爱充满感激！

最后，祝医院各位领导、医护人员，祝王 ×× 医生身体健康，阖家欢乐！好人一生平安！

患者家属：×××

××××年××月××日

[感谢信范文 2]

感谢信

尊敬的×航工程技术部领导，您好：

在今年 12 月 15 日，我 ×××× 航空公司 ××××× 次航班原计划于 23 : 50 由上海浦东机场飞往德国慕尼黑。由于受突发恶劣天气的影响，浦东机场连续降雪，致使机身受冰雪覆盖从而影响正常起飞。贵方在得知这一情况后，作出了及时的响应，紧密合作，使得该航班顺利出发离港。对此我们要特别向贵方提供的优质服务表示衷心的感谢。

还要特别感谢当班除冰工作人员 ××× 及除冰车驾驶员和其他当时所有工作人员的积极配合与全力帮助。由于该飞机受冰雪严重影响，给除冰工作带来了很大的困难。但是经过 ××× 同志与驾驶员的不懈努力以及大量工作，终于使航班得以正常出发。

贵方的专业工作能力以及有效的调度指挥，全力保障了该航班的正常运营。给该航班上全体旅客及机组人员留下了积极深刻的印象。再次向 × 航工程技术部领导及相关工作人员对我们的大力支持表示感谢！

此致

敬礼！

××××航空公司

浦东机场办事处

××××年××月××日

[感谢信范文 3]

感谢信

尊敬的××大学校长及各位领导：

你们好！

当我在键盘上写这封信时，我是怀着一颗崇敬、景仰与万分感激的心，代表我的 60 个学生，在汶川地震两周年前夕，由衷地向您，向贵校致以最崇高的敬意和最真诚无比的感激、感谢。我们师生真诚无比地感激、感谢您们支持了“五彩石”作文交流活动，感谢你们领导之下的这群无私贡献的老师和学生！是你们和他们一起，抚平了 60 颗曾经痛苦迷茫、孤独无依的心灵，给了 60 个孩子生的希望和活的快乐，帮他们重塑了心灵，再创了人生理想与追求、信仰！是你们和师生们用大爱滋润了 60 颗痛苦、受伤的灵魂，才使他们今天如此健康，如此朝气蓬勃，如此活力四射。

在与贵校派出的师生们交流、交往的过程中，我永远也忘不了那令人刻骨铭心，让人感激、感动，又让人感佩的诸多场景，忘不了那充满温情、温馨而又令人振奋的话语，忘不了每次当我把装满写满了评语的作文邮件交给孩子们时，教室里响彻着的喜悦、兴奋而又感激的欢呼声。我更忘不了 2010 年 3 月 18 日，××教授和大学生志愿者离开时，孩子们忍不住流下的眼泪和依依不舍的眷恋目光。

“以心悟心，以心养心，以心修心，以心健心，以心育心。”这是××教授 QQ 上的个性签名。从这个个性签名上，我明白理解了他们无私奉献的大爱之心，大爱之源，以及那些深情的拥抱，那些含泪的喜悦和关切。回想××教授和志愿者们在这两年来所做的点点滴滴，我内心的情感之流不觉阵阵激荡。

“五彩石”用心极巧。××教授和志愿者们通过以作文交流的形式，与北川中学的孩子们建立起了心灵之桥，一点一滴地做着心灵上的沟通与引导。

在地震之后很长的一段时间里，北川中学仍然到处都弥漫着忧伤的气息，回忆和伤痛成了孩子们生活的主旋律，作文中更是充满了死亡、忧伤和痛苦、怀念。在这段时间里，××大学师生们从最切实的困难出发，把最艰巨的作文任务包揽了下来。“五彩石”作文交流活动，让北川中学的学生与××大学的志愿者们达成了一对一的交流，从而收到了多方面的成效。

语文教学的成败，从很大程度上来说，就是作文的成败，但作文却最花时间，又不容易提高。帮助孩子们提高作文成绩，对语文成绩的提高有着极大的意义与影响。从心理层面来讲，一对一的作文交流，同时包含了心灵的交流。经历了地震灾难的孩子们的内心天空是被撕裂了的，悲伤的雨一直不停地下，并在内心世界泛滥成灾。肖老师和志愿者们用心灵的智慧之笔，在孩子们的心田挖出了一条条泄洪沟渠，疏导了孩子们的不良情绪，既提高了孩子们的写作能力与水平，又用爱的五彩石慢慢弥补了孩子们被灾难撕裂了的内心天空，让他们重新拥有了完整健康的心灵世界。于是，在总结这段时间的交流活动时，有学生这样写道："感谢'五彩石'，陪伴我走过了我生命中最艰难的震后岁月。"

"五彩石"用心极真诚，足以使与她结缘的任何人感动、感激、感慨。震后，全省、全国、全世界都在关注北川中学，爱的洪流冲击着北川中学。"五彩石"一个月至少两次的交流活动，自始至终，从未因任何原因而改变过，××大学师生们始终不辞辛劳，无怨无悔地真诚奉献、付出。

震后的北川中学，学生基础极差，在校的学生几乎都没有经过入学考试，适龄想读书的学生，都可以进入学校学习。他们的语文基础和写作水平都很差，错别字、病句满篇都是，可××教授和志愿者们却从未抱怨过孩子们，总是认真细致、充满爱心地修改，轻言细语地指导、指教，用爱心一点一滴地感动、感染着孩子们，不厌其烦。以致到后来，班上平时没有认真对待交流活动的调皮学生，看着作文本上哥哥姐姐们写的比自己作文还多的批语，都会羞愧无比，感慨地说，自己没怎么付出，实在不该得到这么高的回报，自己再不努力，是对不起这些哥哥姐姐们的。正是志愿者们，用真诚高尚的心灵与大爱，拨动了最冥顽不化的心灵世界之弦。

用心灵之手拨动心灵的琴弦，最终会产生心灵的和鸣。北川中学的学生在自己的作文中这样写道："他们默默地为我们奉献，他们不图利，不谋名，只求助人为乐。'五彩石'这一位位大功臣们特别平凡，特别美丽，美至于灵魂，他们的灵魂渗透到了我们的血液；美至于文字，他们的文字畅想了我们的理想；美至于话语，他们的话语激起了我们的抱负。因为他们，我们才有了用热血，用理想，用抱负书写自己人生精彩篇章的勇气和力量。"

回想这些充满爱心、关切、关爱的故事、话语、场景，我们的心中充满了感激、感动。拿什么来感谢您，我们的真诚朋友？学生们的回答是，好好学习，长大成材，报效祖国。同时，我们也把最美好的心愿写在纸上，将他们折成一朵朵美丽的玫瑰，敬献给你们；将你们的名字烙在灵魂上，祈祷你们天天快乐平安。

感谢志愿者们，感谢支持这次活动的贵校领导们，感谢培养出这么多优秀出色，充满爱心的志愿者的 ×× 大学！

衷心地感谢了，满怀真诚与大爱的 × 大人！

恭祝

工作顺利，身体安康！

北川中学高二××班教师：×××

××××年××月××日

第三节　讣告

一、讣告基础知识概说

（一）讣告的适用范围

讣告的“讣”意为报丧，讣告是一种报丧的实用文书，又称为讣文、讣闻。讣告一般由逝者的亲属、朋友、生前所在单位或专门成立的治丧委员会发出，以向逝者的生前好友、有关团体、社会公众报丧。

讣告可张贴，常张贴于逝者生前工作单位或住所门前，也可发送，某些重要人物逝世的讣告还可通过报纸、广播、电视等大众传播媒介向社会公众发布。

发讣告的目的是把某人不幸去世的消息通知逝者的朋友、亲属、相关单位或公众。

（二）讣告分类

按照讣告的形式，可以把讣告分为以下三大类：

1. 一般式讣告

一般式讣告是最常用也是最常见的一种讣告形式，这种讣告主要是通知逝者的亲戚朋友或单位同事等，告知的范围不大。一般式讣告常被张贴于逝者原单位门口或某些公共场合，或者是直接发送给有关人士和相关单位。

2. 新闻报道式讣告

新闻报道式讣告是指以消息的形式，通过媒体报告某人逝世的消息。这种形式的讣告其目的在于把某人逝世的消息周知社会各界人士，其内容和形式都比较简单。

3. 公告式讣告

公告式讣告是党和国家领导人或有名望的人逝世后发布的讣告形式。公告式讣告不由个人发出，而是根据逝者的职务、身份，由党和国家或相关机关、团体做出决定发布，是讣告中最为庄严和隆重的形式。

有的公告式讣告还随文一同发布治丧委员会公告和治丧委员会名单，说明对死者丧事的安排及具体要求。

（三）讣告的基本格式

讣告是非常庄重、肃穆的一种礼仪生活文书。为了显示对逝者的尊重和悼念，在写作上，讣告的语言应该准确、简练、庄重，在写到“死”时一般要用“逝世”“永别”等同义婉词，以体现对死者的哀悼。在讣告用纸上，按照我国的传统习惯，应用白纸，上书黑字。

一般而言，讣告由标题、正文、落款三部分组成。

1. 标题

讣告最常用的标题就是直书“讣告”二字，排版为第一行居中位置，字体醒目。

有的讣告标题在“讣告”之前加上逝者的姓名，为“××× 讣告”。

2. 正文

讣告的正文部分可采用三段式写作，主要包括以下三项内容。

第一个段落，在正文开首部分用郑重、严肃的文字写明逝者的姓名、身份、职务、逝世时间和地点、去世原因、终年岁数。

第二个段落，介绍逝者生平，主要是把逝者生前具有代表性的经历做一个简单介绍。

第三部分，说明吊唁、开追悼会的时间、地点等。

3. 落款

在讣告的右下方签署发讣告的个人或团体的名称，讣告的发布时间。

以上是讣告的一般写作方法和基本格式。需要注意的是，根据讣告的种类不同，讣告的格式也可做些微的调整。比如，新闻报道式讣告的标题常常采用

“××× 同志逝世”的形式，而且讣告全文多按照消息写作的一般要求，有标题和正文两部分就可以，一般没有落款。

（四）讣告的写作要求

1. 语言准确、庄重

讣告的特殊性使得其语言务必做到准确、严肃和庄重。

2. 用词讲究

讣告的用词要讲究，对那些具有极强书面语味道的词在行文时最好淘汰不用，如“先考”“先妣”等较古的用法可以用“先父”“先母”替代。

3. 用纸有讲究

凡讣告的用纸，依据我国的传统忌用红色，一般用白纸，上书黑字即可。

4. 发出时间有讲究

讣告一般需在告别仪式之前尽早发出，以便死者亲友及时地做出必要安排和准备。

二、讣告写作模板与范文

[讣告写作模板]

<table>
<tr>
<td>
讣告

□□□□□□□公司□□□同志，因病于□□□□年□□月□□日□□点□□分在家中与世长辞，享年□□岁。

□□□同志是□□□。

□□□同志追悼会将于□□□□年□□月□□日□□点在□□□□□□□□□□□□□举行。

特此讣告

□□□□□□□公司
□□□□年□□月□□日
</td>
<td>
讣告一般由标题、正文、落款三部分构成
（1）标题。第一行正中写“讣告”或“×××讣告”字样
（2）正文。称谓下一行空两格写正文，包括以下几个方面
首先是表明逝者的姓名、身份、职务、逝世时间和地点、去世原因、终年岁数等
其次介绍逝者生平，把逝者生前具有代表性的经历做简单介绍
最后说明吊唁、开追悼会的时间、地点
（3）落款。在讣告的右下方签署发讣告的个人或团体的名称，讣告的发布时间
</td>
</tr>
</table>

[讣告范文 1]

讣 告

世界著名物理学家、中国固体物理学和半导体物理学的奠基人之一、杰出的教育家、中国科学院院士，瑞典皇家科学院外籍院士、第三世界科学院院士，中国人民政治协商会议全国委员会第五、六、七、八届常务委员，中国共产党优秀党员，九三学社社员，全国“五一”劳动奖章获得者，1995 年度何梁何利基金科学与技术成就奖获得者，2001 年度国家最高科学技术奖获得者，中国科学院半导体研究所名誉所长黄昆院士因病医治无效，于 2005 年 7 月 6 日 16 时 18 分在北京逝世，享年 86 岁。

黄昆院士治丧委员会决定 2005 年 7 月 8 日至 11 日在中国科学院半导体研究所学术会议中心设灵堂供各界人士吊唁。黄昆院士遗体告别仪式定于 2005 年 7 月 12 日上午 9：00 在八宝山革命公墓第一告别室举行。

特此讣告

黄昆院士治丧委员会

中国科学院半导体研究所

北京大学物理学院、信息学院

二〇〇五年七月六日

[讣告范文2]

告全党全军全国各族人民书（1997年2月）

（节选）

中国共产党中央委员会

中华人民共和国全国人民代表大会常务委员会

中华人民共和国国务院

中国人民政治协商会议全国委员会

中国共产党和中华人民共和国中央军事委员会

中国共产党中央委员会、中华人民共和国全国人民代表大会常务委员会、中华人民共和国国务院、中国人民政治协商会议全国委员会、中国共产党和中华人民共和国中央军事委员会，极其悲痛地向全党全军全国各族人民通告：我们敬爱的邓小平同志患帕金森病晚期，并发肺部感染，因呼吸循环功能衰竭，抢救无效，于一九九七年二月十九日二十一时零八分在北京逝世，享年九十三岁。

邓小平同志是我党我军我国各族人民公认的享有崇高威望的卓越领导人，伟大的马克思主义者，伟大的无产阶级革命家、政治家、军事家、外交家，久经考验的共产主义战士，我国社会主义改革开放和现代化建设的总设计师，建设有中国特色社会主义理论的创立者。

邓小平同志是中国共产党早期的党员和积极活动家。第一次国内革命战争时期，在西北革命军队中负责政治工作，后来到武汉，参加决定对国民党反动派实行武装反抗方针的中共中央紧急会议即八七会议。第二次国内革命战争时期，发动和领导百色起义和龙州起义，创建红军第七军、第八军和右江、左江革命根据地；到中央革命根据地后，由于拥护毛泽东同志的正确路线而被当时党内“左”倾领导者撤职；随后到红军总政治部工作，参加了二万五千里长征，长征途中参加了党的历史上具有伟大转折意义的中共中央政治局扩大会议即遵义会议。抗日战争时期，同刘伯承同志一起，率部创建晋冀豫等根据地，任一二九师政治委员和中共中央北方局太行分局书记，后来代理北方局书记，并主持八路军总部的工作，担负起领导华北敌后抗日根据地的重任；在党的第七次全国代表大会上，被选为中央委员。解放战争时期，任晋冀鲁豫军区政治委员、中共中央中原局书记和后来辖区扩大了的中原局第一书记，以大无畏的英雄气概，坚决执行毛泽东同志关于从内线作战转向外线作战的战略决策，同刘伯承同志一起率领大军强渡黄河，千里跃进大别山，揭开了人民解放战争全国性战略进攻的序幕；在战略决战阶段，担任统一指挥中原野战军、华东野战军的总前委书记和中共中央华东局第一书记，同这两个野战军的领导同志一起，领导了三大战役中规模最大的淮海战役，领导了渡江战役，解放南京、上海及东南诸省，宣告国民党反动统治的覆灭；然后又率部进军大西南，参加领导了和平解放西藏，完成中国内地的解放。邓小平同志为民族独立和人民解放，为新中国的诞生，建立了不可磨灭的功勋。

……

邓小平同志的逝世，对我党我军我国各族人民是不可估量的损失，定将在我国人民心中引起极大的悲痛。中央号召全党全军全国各族人民，化悲痛为力量，继承邓小平同志的遗志，以更加努力地做好各方面工作的实际行动，来表达我们的悼念。

我们一定要坚持十一届三中全会以来邓小平同志为我们确立的党的基本路线不动摇，坚持以经济建设为中心，坚持把经济体制改革和其他方面体制改革进行下去，坚持对外开放，坚持四项基本原则，在这条路线指引下，开拓创新，战胜一切困难，经受住各种风险，把社会主义现代化建设不断推向前进。

我们一定要坚持和维护党的团结和统一，更加自觉地团结在以江泽民同志为核心的党中央周围，加强党的思想建设、组织建设和作风建设。

我们一定要巩固工人阶级领导的、工农联盟为基础的人民民主专政，发展广大的爱国统一战线，加强全国各族人民的大团结，维护社会稳定，艰苦奋斗，勤俭建国。

我们一定要坚持独立自主的和平外交政策，在和平共处五项原则的基础上积极发展同世界各国的友好关系，为维护世界和平，促进世界发展，反对霸权主义和强权政治，建立国际政治新秩序和国际经济新秩序，作出自己的贡献。

我们一定要努力学习邓小平建设有中国特色社会主义理论，学习邓小平同志的革命风格，学习他运用马克思主义立场、观点和方法研究新情况、解决新问题的科学态度和创造精神，为把我国建设成为富强、民主、文明的社会主义现代化国家而奋斗。

在以江泽民同志为核心的党中央坚强领导下，全党全军全国各族人民高举邓小平建设有中国特色社会主义理论的旗帜，坚定不移，满怀信心，一定能够把邓小平同志开创的社会主义改革开放和现代化建设的伟大事业坚持下去，胜利地达到我们的目的地。

邓小平同志永垂不朽！

第四节　悼词

一、悼词基础知识概说

（一）悼词的适用范围

悼词是在追悼大会上对逝者表示哀悼、敬意和思念的讲话或对逝者表示哀悼、缅怀的悼念性文章。

悼词的主要内容是追述逝者生平，总结逝者的主要业绩和所做出的奉献，从而表达对逝者的哀悼和敬意。悼词的公布形式主要是宣读，多在追悼大会上公开宣读，因而语言应庄重朴实，情感应自然真挚，强调化悲痛为力量、激励后人积极面对生活。

（二）悼词分类

根据不同的角度和标准可以对悼词作不同的分类。

1. 按照用途划分

（1）宣读体悼词。宣读体悼词专门用于追悼大会，由特定身份的人进行宣读，是对前来参加追悼的同志进行的讲话。

悼词主要用于表达全体在场的同志对死者的敬意与哀思，同时也勉励大家化悲痛为力量。宣读体悼词以记叙或议论死者的生平功绩为主，而不以个人抒情为主。它受追悼大会的时间、地点和条件的限制，在形式上相对固定，表达上相对稳定。

（2）艺术散文类悼词。艺术散文类悼词内容广泛，包括所有的向死者表示哀悼、缅怀和敬意的文章，通常发表在报刊杂志上。这种文章通过对死者过去的事情的回忆，展现死者的品质和精神，虽也有怀念之意，但更重要的是通过文章表达对死者的精神风貌的赞美及其对大众的鼓舞和激励。

2. 按照表现手段划分

（1）记叙类悼词。记叙类悼词以记叙死者的生平事迹为主，夹杂抒情或议论，是现代悼词中最常见的一种类型。一般来说，记叙类悼词用语朴实，充满对死者深切的哀悼和怀念之情。宣读体悼词和书面体悼词都可以采用这种形式。

（2）论文类悼词。论文类悼词一般以议论为主，叙事和抒情为辅。它重在评价死者对社会的贡献，是社会意义比较强的一种哀悼文体。

（3）抒情类悼词。抒情类悼词以抒发对死者的悼念之情为主，并适当地结合叙事或议论。它经常以抒情散文的形式出现，文学色彩浓厚，胜在以情动人。情感的不同是抒情类悼词与一般的抒情散文最大的区别所在，抒情类悼词往往情感崇高而真挚，质朴而自然。

（三）悼词的基本格式

1. 标题

悼词的常用标题是“悼词”二字，或者是“悼 ××× 同志”“在 ××× 同志追悼会上的悼词”“在 ××× 同志骨灰安放仪式上的悼词”等。标题应位于第一行居中位置，字体较大较为醒目。

一些以记叙性或抒情性为主的悼词常常取一个别致的标题，形式多样，不拘一格，有些还具有相当的艺术性。比如，有一篇悼念著名作家秦牧的悼词题为《心香一瓣祭秦牧》，就是一篇十分清雅的散文。

2. 正文

悼词的正文部分，首先点明以沉痛的心情悼念何人。接着要介绍逝者的姓名、身份、职务、逝世时间和地点、去世原因、终年岁数。

随后承接开头，缅怀死者。一是介绍逝者的籍贯、出身，按时间顺序介绍逝者的生平简历，并对逝者的一生做恰如其分的评价。二是对死者的思想、精神、作风、品质、修养等作出综合评价，介绍其对他人和社会产生的积极影响。

3. 结束语

表达对逝者的怀念和哀悼，以及如何向死者学习、继承其未竟事业以及化悲痛为力量的决心。最后，常常以“×××同志千古”“×××同志永远活在我们心中”等作为结语，也可以根据实际情况用其他慰问语作为结束语。悼词的结束语应该积极向上。

4. 落款

正文结束，在悼词右下方一般只署成文的日期。如果悼词是在报章杂志上公开发表的，可以在悼词的标题下署名。

以上是悼词的一般写法。

有些记叙性和抒情性强的悼词，常常不拘泥于格式的限制，甚至会以抒情散文或诗词的形式出现，全篇以“情”为主线写作，抒发对逝者强烈的悼念和追思。

（四）悼词的写作要求

1. 悼文应总结生平业绩，肯定生前的贡献

现代的悼词具有高度的思想性和现实性，人们以此寄托对死者的哀思并激励后来者。所以在悼词中要全面、真实的评价死者的一生，不夸大、不粉饰、不歪曲，要做到客观总结、全面评价，这也是对死者家属的最大安慰。

2. 悼词内容应积极向上

悼词的情感基调应该积极健康、昂扬向上，以缅怀和激励为主把握好悼词的情感基调，不可太悲伤、太消极，要语言质朴、感情真挚。悲观的、感伤的和虚无的消极内容都不要出现在悼词中。

3. 表现形式和表达方式应具多样性

悼词可以写成记叙文或议论文，也可以写成散文作品；可以叙事为主，也可以议论或抒为主；可以供宣读，也可以有书面形式。

二、悼词写作模板与范文

[悼词写作模板]

悼词 我们怀着十分悲痛的心情，悼念□□□同志！ □□□同志是□□□□□□□□□□□□□□□□□□□□□□□□□□□。□□□同志因患□□□□□□□，治疗无效，□□□□年□□月□□日□□点□□分不幸逝世。终年□□岁。 □□□同志□□□。 □□□同志的逝世，使我们失去了一位□□□□□□□□□□□□□。我们沉痛地悼念□□□同志，要学习□□□同志的□□□□□□□□□□，化悲痛为力量，□□□□□□□□□□，为□□□□□□□□□□□而努力奋斗。 □□□同志安息吧！ □□□□年□□月□□日	悼词一般由标题、正文、结束语、落款四部分构成 （1）标题。第一行正中写“悼词”或“悼×××同志”“在×××同志追悼会上的悼词”等字样 （2）正文。称谓下一行空两格写正文，包括以下几个方面 首先点明所悼何人，介绍逝者的姓名、身份、职务、逝世时间和地点、去世原因、终年岁数 随后缅怀死者，介绍逝者的生平简历，对逝者的一生做恰如其分的评价；对死者的思想、精神、作风、品质、修养等作出综合评价，并介绍其对他人和社会产生的积极影响 （3）结束语。表达哀悼和决心，常以“×××同志千古”“×××同志永远活在我们心中”等作为结语 （4）落款。在悼词右下方署成文的日期

[悼词范文 1]

悼词

同志们、朋友们：

今天，我们怀着十分沉痛的心情深切悼念离休干部×××同志。×××同志因患××××医治无效，于××××年××月××日晚××时××分在××××××医院与世长辞，享年××岁。×××同志××××年××月生于××省××市，××××年××月参加革命工作。××××年××月加入中国共产党。新中国成立前夕担任××××××。新中国成立后，任××××××××××××××。后任××市××××××，××集团公司

××××××。××××年××月离休。

在几十年的革命工作生涯中，×××同志忠于共产党，热爱祖国，热爱人民。在错误路线干扰下，受到极不公正的待遇，蒙冤10多年仍坚贞无悔坚持革命信念，其高尚的品格勘为后人楷模。

×××同志一生勤勤恳恳，任劳任怨。他无论是在行政管理岗位，还是在企业管理岗位，他总是一心扑在工作上，敬业爱岗，廉洁自律。×××同志为人正直、谦虚谨慎；生活节俭、家庭和睦；他对子女从严管教，严格要求。

×××同志的逝世，使我们失去了一位好同志。他虽离我们而去，但他那种勤政廉政和无私奉献精神，仍值得我们学习和记取。我们要化悲痛为力量，以×××同志榜样，勤奋学习和努力工作，再创佳绩，以慰×××同志在天之灵。

×××同志安息吧！

×××

××××年××月××日

[悼词范文2]

吊豫才（鲁迅）

曹靖华

豫才先生别我们而去了！听到这极其凶恶的消息，只觉心头欲裂，窒息得出不上气来！他之死，使那些吸血鬼及其爪牙都在狞笑！但千百万被践踏的大众都感到无比的重压！他之伟大，不是几句话所能包括，也不是在这心头破裂时候所能叙述！

豫才先生死了！他之死，使中国不愿做奴隶的千百万群众失掉了一位伟大的导师！使世界上被“法西斯”屠宰的弱小民族与无产阶级丧失一个最真挚的朋友！

豫才先生死了！豫才先生的精神与思想永远在中国千万为生存而斗争的大众的心坎里活跃着！不愿做奴隶的人们，我们听到豫才先生之死，我们千百倍的加强我们的意志，为整个民族的解放而斗争！继续着我们导师的精神，为整个民族解放而斗争！豫才先生的心已化作了千百万民众的心，在千百万不愿做奴隶的心坎里活跃着！

××××年××月××日

[悼词范文 3]

“老报童”罗伊去世了

罗伊·迈尔斯的追悼会将于星期一举行。1/4 世纪以来，他是《自由新闻》大楼的一个近乎传奇式的人物，也是不管年岁多大都被人叫做报童的那号人当中的仅存者之一。

《自由新闻》的一整代记者、编辑和其他职员都只知道他的名字叫“罗伊”的迈尔斯先生，本星期早些时候在他度过一生最后几年的疗养所中死去，终年 67 岁。

直到几个月以前，由于健康状况恶化而终于无法撑持下去为止，他一直把《纽约时报》和其他外埠报纸送到订户桌上，并且在《自由新闻》大楼外的人行道上叫卖上述报纸和《底特律新闻》。

去年有一个月他尝试了一下退休的滋味，但不久又重操卖报的旧业。他双目几乎失明，戴着一副像定量酒杯的底那样厚的眼镜，要把头往后仰起才能看得见东西。

他形容枯槁，白发苍苍，体弱多病，吃力地背着笨重的帆布报兜，背带深深勒进消瘦的肩头。然而，在他衰弱的外貌下，却隐藏着强烈的自立精神。他对工作极为认真，也能滔滔不绝地神聊一气。“罗伊，你今天干得怎么样啊？”一位打算买报的顾客会这样招呼他。“要买份时报？”他会这样回答，声音粗得像是从沙石上蹦出来的一样刮耳。

有一次，罗伊从《自由新闻》的电梯上走下来，正好赶上采编人员在那里开会。也许是由于他视力不佳，也许是由于他脾气倔强，反正他把报纸都分给了在场的记者。会议只好中断，直到罗伊把报纸分完。

“两毛五？”一个记者有一次在罗伊对他说了《芝加哥论坛报》的价钱以后提出了抗议。“见鬼，罗伊，我花一毛五就能买到一份。”

“是唉，不过你得上芝加哥去。”

有些记者在收报费的日子没有钱付款就躲着罗伊，这是大伙都知道的。要做到这一点并不难，因为罗伊瞎得很厉害。只要订户的位子上有人坐着，他就去催讨，不管那人是谁。有一次罗伊误把一个女记者当作一个长着胡子的男记者，因为他往常就是坐在那张桌子后边的。

还有一个记者在刚参加《自由新闻》工作的时候，发现他桌上每天都有一份《纽约时报》，感到很诧异，但他以为这是由于工作需要而发给他的。然而到了月底，他终于发现这是怎么回事。“一共六块二毛五。”罗伊粗声粗气地对他说。

罗伊死后留下一个女儿，德乐勒斯·塔尔曼夫人，还有一个姊妹和一个孙儿。追悼会将于星期一午后2时在红河区西杰弗逊街10783号格尔巴赫殡仪馆举行。他将安葬在河景区费思代尔公墓。

［悼词范文4］

在宋庆龄同志追悼大会上的悼词

邓小平

今天，我们怀着极其沉痛的心情，深切悼念中华人民共和国的缔造者之一，中华人民共和国名誉主席，中国各族人民包括台湾同胞和海外侨胞衷心敬爱的领导人、举世闻名的爱国主义、民主主义、国际主义、共产主义的伟大战士，保卫世界和平事业的久经考验的前驱，中国共产党优秀党员宋庆龄同志。

宋庆龄同志因患慢性淋巴细胞性白血病，多方医治无效，不幸于一九八一年五月二十九日二十时十八分在北京逝世，终年九十岁。

宋庆龄同志是广东文昌县人，从青年时代就追随伟大的革命家孙中山先生，致力于民主革命事业。一九一三年，她担任孙中山先生的秘书，负责处理同国内外往来的大量机密书信和其他日常工作。一九一五年和孙中山先生结婚。她坚定忠诚、恭谨谦逊，始终是中山先生的亲密战友和得力助手。一九二一年五月，孙中山先生在广州就任中华民国非常大总统。翌年六月，陈炯明叛变革命，炮轰总统府，叛军进逼，形势危急。宋庆龄同志拒绝先行撤离，对中山先生说：“中国可以没有我，不可以没有你。”坚持先送中山先生撤离险境，才在卫士掩护下正面突破火线，身体受到无法补偿的摧残。这一英勇行动，充分表现了宋庆龄同志献身革命事业的坚强意志和卓越胆识。

宋庆龄同志在孙中山先生与中国共产党代表磋商合作以及与列宁所派使节反复交谈中，做了大量积极的、切实有效的工作。她坚决拥护孙中山先生在《中国国民党第一次全国代表大会宣言》中重新解释的三民主义、即联俄、联共、扶助工农的新三民主义。一九二四年十一月，为了解决中国的统一和建设问题，孙中山先生力排众议，犯难北上，宋庆龄同志毅然随行。一九二五年三月十二日，孙中山先生不幸病逝。宋庆龄同志向国内外介绍了中山先生的遗嘱，不久又义正词严地谴责国民党右派，并投身于北伐战争的准备工作。

一九二六年一月，宋庆龄同志在中国国民党第二次全国代表大会期间，坚决执行孙中山先生的三大政策，同中国共产党人紧密合作，对国民党右派进行了斗争。一九二七年上海“四·一二”反革命政变后，宋庆龄同志和许多国民党左派人士以及中国共产党人毛泽东、董必武、恽代英、林伯渠、吴玉章等联名发表了讨蒋通电。武汉汪精卫政府公开叛变革命前夕，她又发表《为抗议违反孙中山的革命原则和政策的声明》，宣布同中山先生事业的叛徒决裂。八月一日，宋庆龄同志和毛泽东同志等二十二人，以国民党中央委员名义发表宣言，严正揭露蒋介石和汪精卫的叛变行为。南昌起义当天，成立了由周恩来等二十五人组成的革命委员会，宋庆龄同志虽然未在南昌，仍被推选为革命委员会七人主席团的成员。八月，为了寻求中国革命的胜利道路，她长途跋涉，访问了苏联。

十年内战的头两年，宋庆龄同志在苏联和法国参加了一系列重要的国际性反帝活动，并在一九二九年被选为世界第二次反帝同盟大会名誉主席，其后又成为世界反法西斯委员会主要领导人之一。宋庆龄同志回国后，竭诚拥护中国共产党的政治主张，断然拒绝担任国民党中央委员会和政府的任何职务，有力地挫败了他们各种威胁利诱，多次申明对于社会主义事业的深切向往。一九三一年，她在一篇文章中严正指出：国民党早已背弃革命政策，各派势力都在以军阀为靠山，力争帝国主义头子的欢心，屠杀中国人民大众，提出“只有以群众为基础并为群众服务的革命，才能粉碎军阀、政客的权力才能摆脱帝国主义的枷锁，才能真正实行社会主义。”三十年代，她在上海从事革命活动，和伟大的共产主义者鲁迅建立了深厚的革命友谊，并和鲁迅、蔡元培、杨杏佛等组织“中国民权保障同盟”，同国民党反动派进行针锋相对的斗争，保护和营救了大批中国共产党党员和反蒋爱国民主人士，为革命事业作出了独特的重大贡献。

“九·一八”事变后，日军侵占我东北三省，国民党政府推行不抵抗政策。

一九三四年，中国共产党提出《抗日救国六大纲领》，经宋庆龄同志等签名公布。一九三五年八月一日，中共中央发表了号召全国人民团结起来、停止内战、一致抗日的《八一宣言》。宋庆龄同志和何香凝、柳亚子、经亨颐、陈树人以及于右任、孙科等率先响应，影响巨大。抗日战争期间，宋庆龄同志拒绝到当时国民党政府所在地，她先后在广州和香港组织“保卫中国大同盟”，向同情中国抗日战争的国外人士和海外侨胞进行募捐，坚持不懈地支持中国共产党领导的抗日斗争，揭露国民党反动派对日妥协投降、对内反共反人民的政策。国民党政府为此曾通过外国势力向宋庆龄同志施加压力，遭到宋庆龄同志和在座的陈翰笙同志的驳斥。一九四一年皖南事变发生后，宋庆龄同志和何香凝、柳亚子、彭泽民等四人挺身而出，谴责国民党政府的倒行逆施。一九四一年十二月底，宋庆龄同志到达重庆，联络马海德、史沫特莱、斯诺、艾黎等同情中国人民革命事业的国际友人并肩战斗，对中国人民的抗战事业作出了重要贡献。

抗日战争胜利前后，宋庆龄同志在上海创建中国福利基金会，在十分困难的条件下，为劳动群众做了很多有益的事情；在解放战争中，给予中国共产党及其领导下的中国人民解放军以巨大的物质帮助。北京解放后，中共中央邀请宋庆龄同志参加中国人民政治协商会议第一届全体会议，她欣然离沪北上。一九四九年中华人民共和国建立，宋庆龄同志当选为中央人民政府副主席；一九五四年当选为全国人民代表大会常务委员会副委员长；一九五九年和一九六五年当选为中华人民共和国副主席；一九七五年当选为全国人民代表大会常务委员会副委员长。三十二年来，在我国社会主义革命、社会主义建设事业中，她作为国家的重要领导人进行了大量国务活动。宋庆龄同志曾先后出访苏联、印度、缅甸、巴基斯坦、印尼、锡兰等国，取得很大成功。一九五七年宋庆龄同志随同毛泽东同志参加了在莫斯科举行的各国共产党代表会议。毛泽东、周恩来、刘少奇等同志经常就国际、国内的重大问题和她交换意见，他们在长期的共同工作中，推心置腹，亲密无间，建立了深厚的同志情谊。宋庆龄同志一贯关注新中国的妇女工作，热情关怀青少年和儿童的健康成长，长期主持中国救济总会、中国红十字会的工作。宋庆龄同志是中国妇女界的杰出领袖，是全体中国少年儿童的慈爱祖母。宋庆龄同志一贯关心早年追随孙中山先生的故旧友朋，关怀台湾的前途，殷切期待国共和谈早日进行，实现祖国统一大业，并为此作出了宝贵的贡献。

近年来，宋庆龄同志为我党相继粉碎林彪、江青反革命集团而欢欣鼓舞，坚决拥护党的十一届三中全会以来的一系列方针、政策，满怀激情地关怀着祖国社会主义现代化建设，为此贡献出自己晚年的全部精力。她热烈期待已经彻底实现孙中山先生革命三民主义理想并转入社会主义时代的祖国更加繁荣昌盛。宋庆龄同志在我国革命和建设事业中建树了光辉的业绩，赢得了全国各族人民的衷心尊敬和爱戴。

宋庆龄同志一九五〇年被选为世界和平理事会领导成员，一九五二年被选为亚洲及太平洋区域和平联络委员会主席。在国际活动中，她为反对侵略战争，保卫世界和平，发扬进步文化，争取社会进步和人类幸福，增进各国人民的了解和友好交往，进行了艰苦卓绝和富有成果的斗争，受到中外各方人士的广泛崇敬，被国际上公认为二十世纪最伟大的女性。

宋庆龄同志鞠躬尽瘁，七十年如一日，把毕生精力献给中国人民民主和社会主义事业，献给世界和平和人类进步事业。她在任何情况下都保持着坚定的政治原则性，威武不屈，富贵不淫，高风亮节，永垂千古。尤其难能可贵的是，她跟随历史的脚步不断前进，从伟大的革命民主主义者成为伟大的共产主义者。中国共产党和党的领袖毛泽东、周恩来、刘少奇等同志，很早以前就把她当作自己的亲密的战友、同志和可敬的无产阶级先锋战士。宋庆龄同志逝世以前不久，被接收为中国共产党正式党员，实现了她长时期来的夙愿。这是宋庆龄同志的光荣，也是中国共产党的光荣。宋庆龄同志永远活在中国各族人民心中，永远活在中国共产党人心中。

悼念宋庆龄同志，我们要化悲痛为力量，紧密地团结在党中央的周围，为完成统一祖国的神圣大业，为把我国建设成为高度民主、高度文明的社会主义现代化强国而努力奋斗！

宋庆龄同志永垂不朽！

第七章 礼仪类文书写作模板与范本（下）

chapter 7

第一节 题词

一、题词基础知识概说

（一）题词的适用范围

题词，亦称题辞，是礼仪类应用文体之一。题词是为给人、物或事留作纪念而题写的简短、精练，同时又具有一定审美意义的集公关、书法、艺术等多种功能为一体的文字。

今天的题词是从古代的题辞演变而来。古代的题辞有广义和狭义两种，狭义的指在书籍前面题写的文辞，广义的还包括题跋和题名。今天题词所包括的对象和内容，要比古代广泛得多，它在新的社会关系中表达对人、事、物积极肯定的态度，适用范围较广，可给人题词，给物题词，也可给事题词。

（二）题词分类

按范围和对象差异，题词一般可分为三类：

1. 给人题词

（1）长辈对晚辈题词。这类题词是长辈对晚辈表示关怀、奖掖、勉励的一种方式。

（2）同辈之间的题词。这类题词比较多，往往称作“赠 ×××”，因此常被称为赠言，当然也可直接写题词内容。一般来说，同学、朋友、同事等在毕业分手、调动工作、旅途分别之际，常常互相题词，以此寄托祝福、怀念、希望、勉励或景仰之意，因此是使用频率最高的一类题词。

（3）给英雄人物题词。这类题词无身份年龄的区别，一般是纪念和号召向英雄人物学习的，因此这类题词除了具有勉励、赞扬之意外，更多的是具有纪念和号召的作用。

给英雄人物的题词可以是对个人，也可以是对集体单位。

2. 给物题词

（1）为自然景物题词。名胜古迹、山川风物、亭台楼阁等，吸引大批的文人骚客为它们留下了热情洋溢的墨迹，天然景物与名人题词相映成趣，交相辉映，使人们既深刻地领略了自然之美，又受到祖国文化的熏陶。如位于山东的东岳泰山上，有“五岳独尊昂头天外”的刻石；济南的趵突泉有“天下第一泉”题词；清康熙在1699年巡杭州时，为“西湖十景”题字，刻御碑分立十个景点旁边。

对诗人而言，在游历山川时往往借景抒情，泼墨题词。清乾隆下杭州时，曾为“西湖十景”各题诗一首，如其中一首是1751年时为“平湖秋月”所作：“春水初生绿似油，新蛾浣影镜光柔。待予重命行秋棹，饱弄金秋万顷流。”这些题诗都被刻在康熙所立御碑的背面，成为与自然景观相呼应的人文景观。还比如宋代著名学者苏轼的《题西林壁》，是游历江西庐山西林寺时所作：“横看成岭侧成峰，远近高低各不同。不识庐山真面目，只缘身在此山中。”诗人、名人们的这些题诗，使得题词的含义更进了一层。

（2）给建筑物题词。给建筑物题词范围很广，可以有题额、题匾、题碑、题门、题墙等；此外，水库、大坝、展览馆、纪念堂、公园、商店等等都可以成为题词的对象。这类题词依内容可以分为两种。

因物设题：因物设题，纪念的成分居多，无多少引申义。比如毛泽东为天安门广场上的人民英雄纪念碑题写的“人民英雄永垂不朽”、为北京的十三陵水库题词“十三陵水库”等。

借物抒发感想：这类题词一般具有较深的含义。如汉代司马相如未得志时，路过成都“升迁桥”，题词曰：“不乘驷马高车，不过汝下！”表达了自己追求高官的雄心。

（3）为日常用品题词。我国很早开始就有在扇面上题词的习惯，《晋书·王羲之传》中写道：王羲之，东晋之大书法家也。曾在蕺山见一姥持六角扇卖之。羲之书其扇，各为五字。姥初有愠色。羲之因谓姥曰：“但言王右军书，以求百钱也。”姥如其言，人竞买之。他日姥复见羲之，求其书之。羲之笑而不答。可见，扇面题词在很久以前就存在了。此外，也会在手帕、茶具、笔筒等物上题词，甚至笔墨砚、桌凳等有时也成为题词对象。所题内容多为因物赋题，或者抒发感情。

（4）给书籍题词。给书籍题词也是较为常见的。包括为书籍题写的书名、题言、题诗等，它比序言更精练，更概括，有时借此抒发感情，表示对社会、对作者的评价等。

比如清朝“扬州八怪”之一的郑板桥，他的《诗钞》一书，除了自己的序言外，还有“紫琼崖道人慎郡王题词”。鲁迅先生在将小说集《呐喊》赠送友人时，写了题词《题〈呐喊〉》：“弄文罹文网，抗世违世情。积毁可销骨，空留纸上声。”而小说集《彷徨》前的题词则是录屈原《离骚》中的句子而成：“朝发轫于苍梧兮，夕余至乎县圃；欲少留此灵琐兮，日忽忽其将暮。吾令羲和弥节兮，望崦嵫而勿迫；路漫漫其修远兮，吾将上下而求索。”字里行间折射出鲁迅先生奋勉向上、孜孜不倦追求真理的精神。和鲁迅先生一样，很多作者将自己的书送人时，常会在扉页题上词，并常常写上“请 ××× 雅正”字样。而给别人的书题词时，则会根据书的内容或作者的为人和文风题上或鼓励或赞扬的词句。

3. 给事题词

一般是指给某个单位或某项有意义的事业题词，题词者往往是社会中较有名望的人，如专业领袖、学者专家或社会上德高望重者。如中央电视台有一档著名的电视新闻评论节目《焦点访谈》，曾于 1998 年获时任中华人民共和国总理的朱镕基先生题词：“舆论监督，群众喉舌，政府镜鉴，改革尖兵。”

（三）题词的语言形式和文体要求

题词的语言形式一般比较自由，大约可以划分为以下几种类别。

1. 诗歌类

中国古代很多著名诗人、词人都曾作过这类题词。比如宋朝著名词人辛弃疾被劾去职时常闲游于江西省广丰县西南博山道中，虽眼前风景如画，但眼看国事日非，自己无能为力，一腔愁绪无法排遣，于是在博山道中一壁上题词：

丑奴儿

书博山道中壁

少年不识愁滋味，爱上层楼。爱上层楼，为赋新词强说愁。而今识尽愁滋味，欲说还休。欲说还休，却道天凉好个秋。

《水调歌头·题斗南楼和刘朔斋韵》是宋代词人李昴英的一首词，是词人登斗南楼时，和友人刘朔斋《水调歌头》原韵所作。

水调歌头

题斗南楼和刘朔斋韵

万顷黄湾口，千仞白云头。一亭收拾，便觉炎海豁清秋。潮候朝昏来去，山色雨晴浓淡，天末送双眸。绝域远烟外，高浪舞连艘。风景别，胜滕阁，压黄楼。胡床老子，醉挥珠玉落南州。稳驾大鹏八极，叱起仙羊五石，飞佩过丹丘。一笑人间世，机动早惊鸥。

2. 对联类

对联类是生活中非常常见的一种题词形式。名山古刹，日常生活，赠人，赠事，对联句子俯拾皆是。比如国学大师章太炎赠国学教授黄侃五十岁生日的对联："韦编三绝今知命，黄绢初成好著书"。1950 年为纪念鲁迅先生逝世十四周年，时任上海市市长的陈毅编了一对联，采鲁迅先生之语，总结其战斗的一生：

要打叭儿落水狗，宁死也不宽恕；懂得进、退、攻、守，岂仅文坛闯将；

莫作空头文学家，一生最恨帮闲；敢于嘻、笑、怒、骂，不愧思想权威。

3. 散句类

散句类，句子可长可短，形式自由，要求较为随意，可任意挥毫，成为今天人们更乐意使用的一种形式。例如，艾青为《作文》杂志题词："青年人很容易接近诗，青年人不爱诗，诗就没有发展的前途了。"

二、题词的基本格式和注意事项

（一）基本格式

题词的基本格式分为两种：竖排版和横排版。竖排版的题词是从右边开始写，而横排版的题词是从上到下来写的。

题词的写法一般有四种：

第一，在题词的上方（横排版）或右边（竖排版）写上被题词的对象的姓名或单位名称。有时还简单注明一下题词的原因。

第二，在题词的右下方（横排版）或左下方（竖排版）书写题词者的姓名和日期。

第三，只在下款写上为谁而题、题词者姓名和日期。

第四，有的题词，可以没有下款。

（二）注意事项

（1）题物类的题词范围极广，但万不可滥用，尤其是在名胜古迹和借阅的书刊上，切不可胡乱涂抹。如果在浏览名胜古迹时有雅兴进行题词创作，可写在自备的笔记本上。

（2）题词文字一般不宜过长，用简短的文字贴切地表达即可。

（3）题词内容要切合题赠的场合、题赠的对象。

（4）题写时，既可自己编写，也可摘录前人或别人现成的佳句，恰到好处即可。

（5）题写时务必认真，书法要优美，富有审美情趣。

三、题词写作范文

[题词范文 1]

千年调

开山径得石壁，因名曰苍壁。事出望外，意天之所赐邪，喜而赋。

宋·辛弃疾

左手把青霓，右手挟明月。吾使丰隆前导，叫开阊阖。周游上下，径入寥天一。览玄圃，万斛泉，千丈石。钧天广乐，燕我瑶之席。帝饮予觞甚乐，赐汝苍壁。嶙峋突兀，正在一丘壑。余马怀，仆夫悲，下恍惚。

[题词范文 2]

“学习朱伯儒同志，做雷锋式的共产主义战士。”——徐向前　一九八三年三月

“向朱伯儒同志学习。”——聂荣臻　一九八三年三月十二日

“学习朱伯儒同志，做共产主义思想的坚定实践者。”——杨尚昆　一九八三年四月

“人民公仆，模范党员”——叶剑英　一九八三年六月

“学习朱伯儒高尚的共产党员品质。”——邓颖超　一九八三年六月十八日

“像朱伯儒同志那样，热爱祖国，热爱人民，团结一心，建设四化。”——李先念　一九八三年六月十八日

“学习朱伯儒同志热心为人民服务的共产主义精神。”——彭真　一九八三年七月

“向朱伯儒同志学习，为争取党风和社会风气进一步好转而努力。”——陈云　一九八三年七月七日

第二节　寄语

一、寄语基础知识概说

（一）寄语的适用范围

寄语，指寄托希望的话语。在我们的生活、学习和工作中，寄语使用得较为广泛，特殊的节日和日子常常会用到寄语，给寄语对象以希望和鼓励，比如新年寄语、圣诞寄语，再如新学期开始的班主任寄语，毕业时的老师寄语等，也有名人寄语，往往是名人对年轻人寄托的希望的话语。

（二）寄语分类

常见的寄语有新年寄语、圣诞寄语、教师（班主任）寄语、家长寄语、名人寄语等。

新年寄语和圣诞寄语对新的一年寄托希望的话语，可以是针对个人、集体、公司等，表达对个人、集体、公司的关心、恭喜和祝福等。新年寄语如："新年恭喜你：一帆风顺、二龙腾飞、三阳开泰、四季平安、五福临门、六六大顺、七星高照、八方来财、九九同心、十全十美、百事亨通、千事吉祥、万事如意！"圣诞寄语如："一串真挚的祝福，一个不平凡的心意，乘着爱的路车，送进你心里，献上我无限的祝福之意，不论何时何地，我都愿意让你知道，我深深地为你祝福，圣诞快乐！"

教师寄语是很常见一种寄语类型，其中班主任寄语更为常见。教师寄语是老师对自己的学生表达祝福、关心、鼓励和提出希望的话语，如："亲爱的同学们，小学阶段正是人生的播种季节，播下一个信念，你将收获一种行动；播下一个行动，你将收获一种习惯；播下一个习惯，你将收获一种性格；播下一个性格，你将收获一种命运。只有自己在心中的'山'上攀登不息，将来才能登上真正的顶峰！孩子们，你们是新世纪的主人，祖国的未来，在我们 ××× 班的小网站开启之际，老师衷心地祝愿你们——在这片沃土上展开你们理想的翅膀，为实现自己的宏伟蓝图而拼搏吧！要知道，进步就精彩，进步就辉煌！”

家长寄语是家长对孩子表达关心、祝愿、鼓励和提出希望的话语，往往针对性强、言辞恳切。

名人寄语是名人对特定的大众群体表达关心、祝福、鼓励并提出希望的话语。往往具有较高的欣赏价值，能够广为流传并为大众所津津乐道。如“二十岁不狂是没有志气，三十岁犹狂是没有头脑。”此为钱钟书先生所写的一条著名的寄语。

（三）寄语写作要求

（1）情感真挚。寄语是对特定对象所题写的关心、祝福、希望和鼓励，情感要真挚。感情寡淡的内容起不到寄托希望的作用。

（2）言简意赅。在重点突出、内容完整的前提下，尽可能简明扼要。

（3）表达上要具体明确，不要使用模糊、笼统的字眼。

二、寄语写作范文

[寄语范文 1]

名人寄语

好歌唱出少年志，来日成材作栋梁。

——乔羽为中央少年广播合唱团成立四十周年题

好学力行，诚实守信；懂得感恩，服务社会。

——周海中为广州杰出青年协会成立20周年暨广州市杰出青年评选25周年题

[寄语范文2]

家长寄语

孩子，你不是世界的中心。

妈妈围着你转、爸爸围着你转、爷爷奶奶围着你转、姥姥姥爷围着你转，但不是所有的人都围着你转。你不是世界的中心，总有一天你会发现，你不再受关注，不再是焦点，甚至被忽视，被歧视。孩子，这都是正常的呀，你准备好了吗？

孩子，考分不是生活的全部。

你曾为考了一百分而欢呼雀跃吗，那你肯定也为考得不理想而悲痛欲绝过吧！你觉得你身边的每个人都在关注你的考分，都只关注你的考分。

你觉得游刃有余还是焦头烂额？可是我要告诉你，考分真的不是生活的全部，雀跃也好，沮丧也好，就让它成为生活的一部分，只要你努力了，快乐地生活吧。

孩子，爱你的父母吧。

也许你的父母并不能使你感到满意。他们的衣着让你尴尬，谈吐让你难堪，贫穷使你在众人面前抬不起头。

他们偷看你的日记。你不爱吃什么他们偏要做什么，你爱吃什么，偏偏不让你吃。他们不让你玩伙伴们都玩的电脑游戏，不给你买大家都有的花裙子，让你在朋友面前显得老土。

他们在很多亲戚朋友面前高声说你的缺点。他们打你的时候牙齿咬得咯嘣咯嘣响。

可是，孩子，他们是你的父母啊！他们带你来到这个世界，是这个世界上最爱你的人。用你全部的心去爱他们吧，为爸爸倒杯酒，为妈妈洗一次脚，削个苹果给他们吃，记住他们的生日。让他们知道，你是多么爱他们。

孩子，电脑和网络不是用来玩的。

这正像原子弹不是用来听响的一样。强大的Windows、强大的网络，游戏只是附带产品。合理地利用它吧，它比所有的老师都渊博，比所有的学者都智慧。它不是洪水猛兽，让所谓的老师专家丑化网络恶化网络的话去见鬼吧，它是时代赠给你的最好的工具和礼物！合理地利用它吧，现在你就上网，查询一下恺撒的生平，下面的阅读就会顺利一点。

孩子，把爱国落实到你的生活中吧。

爱国不是背诵政治口号，爱国要从你身边做起。自尊自爱，善待你身边的每一个人，保持环境整洁，节约用水，节约用电，上完厕所要冲洗，不随地吐痰，按顺序排队，如果你还不知道哪种国货是比较能用的，至少要提醒你的父母不购买某国家的产品。

孩子，你知道我说的是哪个国家，如果我写明了，就贴不上去了。现实有时是无奈的，越是这样越要更加爱我们的国家。

孩子，多看书吧，多看电影吧。

如果你是个男孩的话，我向你推荐《勇敢的心》和《角斗士》，小说《北京法源寺》不错，平时读点《读者》没坏处。如果你是女孩，我告诉你不要看《还珠格格》，小说也不要看琼瑶，更不要看《上海宝贝》一路货色，没有任何好处。但你们都完全可以不听我的，因为我不是权威，事实上，我也不相信任何权威。走自己的路吧！

孩子，有尊严地活着吧！

优秀的人必备的四种品德是：正直、勇敢、智慧、节制！这是恺撒说的，我认为是对的。但我不强加给你们。孩子，我爱你们！

[寄语范文 3]

《××××周刊》创刊周年寄语

金秋十月，丹桂飘香。在这个收获的季节里，悉闻《×××× 周刊》创刊一周年，我谨代表 ×× 省 ×××××××× 局和全省 ×××× 系统向你们表示热烈的祝贺！

一年来，《×××× 周刊》通过不懈努力、开拓创新、推陈出新，在两个小小的版面里用文字构建了一片反映交通新闻、报道交通事件、宣传交通政策、展现交通形象的天空。由不起眼的小板块到引人关注的重要版面，由简单报道新闻事件到通过现象深入剖析问题，这其中凝聚了贵刊记者、编辑付出的辛勤努力，表明了《×××× 周刊》经过量变过程，正在进行质的飞跃！

当前 ×× 省交通事业高速发展、全面进步，《×××× 周刊》抓住这个热点和焦点，既适应时代的发展和需求，也符合读者的关注和需要。作为 ×× 省交通事业的重要组成部分，我局愿与贵刊进一步加强合作、密切交流，让《×××× 周刊》成为宣传全省交通事业的一个平台和一扇窗口。同时也希望贵刊继往开来，继续围绕交通基础建设、道路运输发展、道路交通安全的核心，进一步发挥媒体宣传、引导、解读、监督的作用，为 ×× 构建和谐交通、平安交通做出更大的贡献！

衷心祝愿《×××× 周刊》期期精彩！再创辉煌！

[寄语范文 4]

新年寄语

我当你们的班主任已经好几年了，可以说，对我们这个班级非常了解。大家还记得教室门口的“班主任寄语”吧？“吉人之辞寡，躁人之辞多。”什么意思呢？就是说：吉祥的人话少，而急躁的人话多。其实，这就是我对我们班的评价——聪明有余，沉稳不足。用一个词来形容，就是“浮躁”！

我曾经思考过，这浮躁的原因，大概有两个：第一个就是骄傲自满。我们在课本里学过“谦虚万事能成，自满十事九空。”这句话，同学们不但都知道，而且也都背过、默写过了，但是又有几位同学真正理解这句话的含义呢？我们都是农村的孩子，老百姓也有些谚语：“一瓶子不满，半瓶子晃荡。”我相信同学们都听说过。但是，又有几位同学去认真思考过它的含义呢？中国成语中有个词叫“大智若愚”——真正聪明的人，看起来就像一个很笨的人一样。我们还学过一篇名叫《孔子拜师》的课文。老子就对孔子说过：“去其娇气。”那意思就是说，把你身上的骄傲去掉。此时此刻，我还想起了钱穆先生小时候的一件事。

钱穆先生是著名的历史学家，也是我非常佩服的一位学者。他在八十岁时写过一本书，名叫《八十忆双亲》，其中讲到这样一件事：他八九岁时，记忆力特别好，能把正本的《三国演义》背得滚瓜烂熟。有一天晚上，父亲带他到朋友家里去做客。那位朋友当场考验了他，果然名不虚传。无论从哪里起头，他都能一字不错地背下去。回家的路上，他得意洋洋。当经过一座桥时，父亲和蔼地说道：“‘桥’字你会写吗？”他得意地说道：“‘桥’字很简单呀！一个‘木字旁’加一个姓乔的‘乔’。”父亲还是一如既往的和蔼，又说道：“那么，把‘木字旁’换成‘马字旁’是个什么字呀？你还认识吗？”他还是一如既往的得意，脱口答道：“这不就是骄傲的‘骄’吗？”这时，父亲换了一副严肃的口吻，说道：“你今晚得无此字否？”父亲的意思是问他今天晚上有没有骄傲。八九岁的小钱穆立刻不说话了。从此之后，他不敢有一丁点的骄傲。因为父亲的这句话时刻都萦绕在他耳旁。到八十岁的时候，这件事他还记忆犹新。

我们没有钱穆先生聪明，看了这件真事，我们扪心自问还骄傲得起来吗？孔夫子在《论语》中也说过：“君子讷于言而敏于行。”

另一个是性情轻浮。我们班有些同学，性格过于外向。脑子是非常聪明的。但是，却不能全身心地投入到学习上来。还是孔夫子在《论语》中的话：“君子不重则不威，学则不固。”什么题都会，但是一做就出错。就像古人一副对联所说“墙上芦苇，头重脚轻根底浅；山间竹笋，嘴尖皮厚腹中空。”学习是一个长期坚持的过程。此时此刻，我又想起了陆宗达先生学习的一件事。

陆宗达先生是著名的文字学大师，当年，他曾经拜国学大师黄侃先生为师。见过老师之后，黄侃先生一个字也没给陆宗达讲，只给他一本没有标点符号的《说文解字》，说：“点上标点，点完见我。”陆宗达言听计从。第二次见老师时，黄侃先生翻了翻那本卷了边的《说文解字》，说道：“再买一本没有标点的《说文解字》，重新点上。然后再来见我。”第三次见老师时，陆宗达送上点点画画得已经不成样子的《说文解字》。黄侃先生点点头，说道：“再去重新买一本没有标点的《说文解字》，点完来见我。”三个月后，陆宗达又将一本翻得很破的《说文解字》拿来，说：“老师，是不是还要再点一遍？我已经准备好了。”黄侃先生说道：“标点三遍，《说文解字》你已经烂熟于心，这文字之学，你已得大半，不用再点了。以后，你做学问也用不着再翻这书了。”黄侃先生将书扔进书堆里，这才给陆宗达讲起了文字学。后来，陆宗达终于成为我国文字学的泰斗。

我还记得，曾经一次班主任寄语，是这样写的：“不可死读书，也不可读死书，但是读书必须下死工夫。”当时，有些同学看了之后，还在窃窃地笑。不知看了陆宗达先生标点《说文解字》的故事，还笑不笑？

骄傲自满的人是瞧不起别人下死工夫读书的，而性情轻浮的人是不会自己坐下来下死工夫读书的。因此，我很希望同学们利用寒假的时间来“养心”，驱除心里的“娇气”，去除性格里的“轻浮”。在北京的故宫里，就有一座房子，名叫“养心殿”，就是皇帝用来“养心”的地方。

除了要“养心”之外，还需要“生敬”，就是要对学习文化产生敬意。我们在课本上学过《仓颉造字》这篇课文。据记载，当初仓颉造字之后，“天雨粟，鬼夜哭”，因为文字是天地之间的大秘密。在这里，我想引用钱穆先生《国史大纲》序言里的一句话：“人要对本国文化抱有一种温情与敬意。”另外，关于从前人对文化的敬意的例子，还有很多。

从前，有一场“文化大革命”运动。同学们可能不知道，但是你们的父母一定都知道。在这一场大运动期间，又有一场小运动叫“批林批孔”，也就是批判林彪和孔子。在那个时候，谁要是不批判林彪和孔子，就有可能失去生命。梁漱溟先生说：“林彪可以批判，但是我绝不会批判孔子。”当别人提醒他，这样做可能会有生命危险时，他引用孔子的一句话说：“三军可夺帅也，匹夫不可夺志也！”意思是说，你可以杀死军队的统帅，但是却不可以让一个人低头。吴宓先生也说：“我宁可杀头，也不批判孔子！”容庚先生也说：“我宁可跳黄浦江，也不批判孔子！”他们为什么宁死不批判孔子？因为孔子是中国文化的代表，因为他们对中国文化抱有温情与敬意。

同学们，可以扪心自问，我们是否也对自己正在学习的文化抱有温情与敬意？是否将考个好分数当成自己与父母讨价还价的筹码？如果你没有对文化抱有温情与敬意的话，就需要“生敬”，也就是对文化产生敬意。

除此之外，有些同学还有点懒惰。东汉的大文学家、大科学家张衡曾经说过“人生在勤，不索何获！”有些同学觉得自己笨，比不上人家。其实，我们班并没有笨学生，大家的智力都差不多，既没有太好的，也没有太差的。我国的大数学家华罗庚就曾说过：“勤能补拙是良训，一分辛苦一分才。”如果你没有努力过，就不能轻易地说自己笨！另外，还有个别同学，不愿学习，老师一布置作业，就要哭鼻子。邓小平有句名言，正好可以奉送：“哭哭啼啼，没有出息！”

以上这些话，不仅是我对同学们提出的批评，也是我自己的反思。古人说“良药苦口利于病，忠言逆耳利于行。”希望我这一剂“良药”、这一番“忠言”，能对同学们起到好的作用。总之，有则改之无则加勉！

祝同学们新年快乐！

班主任：×××

××××年××月××日

第三节 对联

一、对联基础知识概说

（一）对联起源及适用范围

对联，雅称“楹联”“楹贴”，俗称“对子”，它是一种写在纸上、布上或刻在竹子上、木头上、柱子上的对偶语句。具体而言，对联是一种由内容相关、节奏相同、词性一致、平仄协调、上下联字数一致的对偶句组成的一种应用文体。

对联在我国有着悠久的历史，是我们中华民族独有的一种文学与书法相结合的综合性艺术，应用十分广泛，无论是家庭中还是单位里，每逢重大的日子或者是值得庆祝、值得庆贺的日子，都有写对联的习惯，适用范围非常广泛。

对联中最早出现的类别是春联。春联的起源，可追溯到周代的“桃符”。“桃符”是周代悬挂在大门两旁的长方形桃木板。据《后汉书 . 礼仪志》称，桃符长六寸，宽三寸，上面画着“神荼”“郁垒”二神：“正月一日，造桃符著户，名仙木，百鬼所畏。”传说“神荼”“郁垒”二神是能捉鬼的，贴二神画像于门上，左“神荼”，右“郁垒”，俗谓之门神，可驱除鬼魅，保家户平安。唐代的时候，开始出现贴唐代大将秦琼、尉迟恭画像的习俗，据说是秦琼、尉迟恭两员大将比较英武，不似“神荼”“郁垒”二神显得有些“凶丑”，民间在新春时节遂逐渐选择前者的形象作为“桃符”上的画像了。

随着“桃符”的发展，“桃符”的形式也逐渐发生了变化，由过去普遍在桃木板上画“神荼”“郁垒”二位神像而发展为题写联语，开始以文字替代画像。据《宋史、蜀世家》说：后蜀主孟昶令学士章逊题桃木板，“以其非工，自命笔题云：‘新年纳余庆，佳节号长春。’”这便是我国的第一副春联。直到宋代，春联仍称“桃符”。王安石的诗中就有“千门万户曈曈日，总把新桃换旧符”之句。宋代，桃符由桃木板改为纸张，叫“春贴纸”。

明代，桃符才改称“春联”。对联由此开始获得独立的地位，和过去用于“驱鬼”的门神、神符分工了，并经明太祖朱元璋的提倡，春联开始在我国沿袭成为习俗，实用意义逐渐增强，出现了不同种类的对联，一直流传至今。

对联是我国人民喜闻乐见的一种文体形式，集书法、文学于一体，既有实用价值，同时又具有装饰和欣赏价值，是我们中华民族的艺术瑰宝。

（二）对联的特点

对联是从我国古典文学作品中的对偶句完善起来的，具有十分浓厚的文学性，是人民群众喜闻乐见的一种文体。对联的特点也十分鲜明，具体而言，它具有时代性、针对性和艺术性等特点：

1. 时代性

对联产生后就与人们的生活密切相关，其内容具有十分强烈的时代性。

一般来说，对联的内容既反映了当时的社会生活，同时也表达着人们的思想感情。因而，随着时代的变迁，对联的内容也随之发生变化。对联具有十分广泛的应用性，所以这种时代性的变化甚至比其他形式的文艺作品更直接、更迅速。

2. 针对性

对联具有十分强烈的针对性，不同的对联种类针对不同的场合和事物，不同的对联内容针对不同的人物身份和场景。比如春联，就是在春节期间才用；寿联，用于贺长者的寿辰，等等。

3. 艺术性

对联是一种由健康的思想和完美的形式高度统一的艺术表现形式，因而具有很强的艺术性。

对联的突出特征就是对仗工整。所谓对仗工整，包括五个方面：一是上下联字数相等，二是上下联词性相同，三是上下联的句法结构相同，四是上下联的平仄相对，五是上下联句子的意思要有关联。如此，才能称其为对联。因而，简略地说，对联十分注重平仄相对、讲究节奏感，也追求一定的意境，是一种写法十分讲究、非常注重艺术性的应用文体。

大量从古流传至今的对联，都是具有很强的艺术性的。比如上海豫园湖心亭上的名胜联“野烟千叠石在水，渔唱一声人过桥”，以简洁的语言十分形象地把湖心亭的美景和美境收入到对联中；又如苏州网狮园的对联“风风雨雨暖暖寒寒处处寻寻觅觅，莺莺燕燕花花叶叶卿卿暮暮朝朝”，运用了大量的叠字，使这副对联有了诗的意境。

（三）对联的写作要求

对联要求上下两联字数相等、结构相同、词性一致、平仄协调，要按照对联自身的格律要求去创作。

1. 对联要上下联字数相等、句法相同或相似

一般的对联都是两句一联，上下两联之间的字数必须等同，上联与下联中不能用重复的字；同时，对联的上下联句法也要相同或是相似；要求严格一些的对联，还必须做到上下联词性相对。

比如苏州拙政园的名胜联：

蝉噪林愈静，

鸟鸣山更幽。

此联上下联字数相等，皆为五字；两联句法相同，词性一致。上联的“蝉”对下联的“鸟”，二者都为动物、都是名词；上联的“噪”对下联的“鸣”，都是动词；上联的“林”对下联的“山”，都是名词；上联的“愈”对下联的“更”，都是副词；上联的“静”对下联的“幽”，都是形容词。

2. 上下联平仄相对

这是对对联的声调、节奏、韵律的要求。对联只有上下联两句，与律诗的两联对偶句不同，它不必押脚韵，但是对联必须注意分节奏、调平仄。

（1）分节奏。这是对对联句子节拍的要求。节奏是由音响运动的轻重缓急形成的节拍的强弱或长短，主要是音乐中的用词。对联其实是两句短诗，必须具有节奏感，以实现“念来顺口、听来悦耳”的效果。如：

蝉噪|林|愈静，

鸟鸣|山|更幽。

这副名胜联是五字句的对联，与其他五字联一样，其节奏是每句三拍。

又如李大钊赠挚友杨子惠的题赠联：

铁肩|担|道义，

妙手|著|文章。

也是五字联，每句三拍。节奏很有规律，读来上口，听起来具有音乐的美感。

还比如以下这副成都杜甫草堂联：

读史|数千言，秋天|一鹄|先生骨；

草堂|三五里，春水|群鸥|野老心。

此联采用二、三,二、二、三句式，读来节拍富韵律之美。

（2）调平仄。对联不光注重句式的节奏，也必须注重用字的平仄。

我国汉语语音有四种不同声调。在古代，汉语语音分平、上、去、入四调；现代汉语中没有了入声字，语音分为阴平、阳平、上声、去声。在古代，以平声为“平”，上、去、入为“仄”；现代，以阴平、阳平为“平”，上声、去声为“仄”。

在我国，古人做诗特别讲究平仄。对联的写作和律诗的对仗有继承演进的关系，律诗的平仄格律和“一、三、五不论，二、四、六分明”的原则，也适用于对联。对联中，上下联的平仄要相对立，上联要用平声字的地方，下联就得用仄声字，反过来也一样。对联的字数并无一定之规，也无限制，有些是四字、五字、六字、七字，有些是八字、九字甚至有几十字、几百字的，只要有话可说，能成对偶就行。

比如这副春联：

苏岭梅先放，

郴城夜未央。

此联的平仄格式为：

仄仄平平仄，

平平仄仄平。

又如，孙中山题双亲卧室联：

法雨沾濡松柏茂，

春风披拂桂兰香。

此联的平仄格式为：

仄仄平平平仄仄，

平平仄仄仄平平。

上述两联中，上联与下联用字的平仄是绝对相反的：上联用平的，下联用仄；上联用仄的，下联用平。在对联的写作中能严格遵守这种上下联用字的绝对相反而不影响对联的内容当然是最佳的，如果做不到绝对的相反，能做到大体相反也是可以的。如北京潭柘寺的一副名胜联其上下联平仄就是大体相反：

大肚能容，容天下难容之事；

开口便笑，笑世间可笑之人。

其平仄格式为：

仄仄平平，平平仄平平平仄；

平仄仄仄，仄仄平仄仄平平。

3. 上下联的意思须有关联

如果对联上下联句子意思毫无关联随便凑在一起，即使实现了前面节奏有韵律美、平仄相对的要求，也不能称其为对联。对联上下联的意思必须有关联，如正对、反对或递进等，否则不能称为对联。比如以下一副戏台联：

看我非我，我看我，我也非我；

装谁像谁，谁装谁，谁就像谁。

这副戏台联概括力非常强，通过上下联的配合，戏剧演员在台上忘掉自我、惟妙惟肖的精彩表演活脱脱跃然纸上，缺了任何一联都是不完美的。而且更为难得的是，此联全联只用了“看”、“我”、“非”、“也”、“装”、“谁”、“像”、“就”八个汉字，作得精致巧妙又风趣、对仗工整又沉稳，而且对联的意境十分隽永，是一副绝佳的戏台联。

又比如下面这副对联：

寿禄比南山，山不老，老福人，人杰年丰，丰衣足食，食的珍肴美味，位列三台，台享荣华宝贵，贵有稀客，客多是理，理正言顺也；

晦气如东海，海真大，大贪鬼，鬼面兽心，心术不端，端是财痞杂种，终必一死，死无下葬墓地，地伏饿狼，狼撕其身，身败名裂哉！

据说，这副对联是一个品性恶劣的老富翁大寿时的寿联。对联的上联是个很会吹牛拍马的富家子弟送的，做寿那天，没有一人能对出下联，乐得这个老富翁眉开眼笑。不料这句上联被一个穷秀才看见了，旋即根据这富翁的品性对出了下联，并叫一小孩送到了寿宴上，富翁看了，气得七窍生烟，以致寿席不欢而散。这副对联的上下联语意相对，联语就像一条环环相扣的链子，上联把富翁捧上了天，下联却把富翁骂得狗血喷头，少了上联或少了下联，都没有现在这种新异的趣味。

对联在我国文学史上经历了千年的发展，是中华民族的文化瑰宝，也是极具生命力的一种文体。但是在20世纪，由于我国社会处于激烈变革的历史时期，也是中西文化大碰撞、新旧观念大冲突的时代，对联的发展受到了前所未有的冲击，发展一度阻滞。当然，随着新时期我国社会的不断变革和发展，对联再度兴起，成为人们在日常生活中乐于运用的一种应用文体。尤其是春联，新春将至家家户户贴春联的习俗再度受到重视，因而我们可以相信，对联的复兴将为时不远。

二、对联的分类及写作方法

对联的写作与对联的类别密切相关，不同种类、不同形式的对联有不同的内容和写作要求。一般来说，根据内容划分，常见的对联有春联、贺联、喜庆联、名胜联、题赠联等等。

1. 春联

春联是专门用于欢庆春节的对联。春联是我国对联中出现得最早、应用范围也最为广泛的一种对联。每当新春将至，我国普通老百姓的第一件事就是贴门神、贴春联。岁末时节家家户户纷纷上街购买春联，有雅兴者还常常铺纸泼墨自己写春联，将宅子里里外外的门户装点一新。

春节贴春联，这与古代的“桃符”驱鬼辟邪有关，古人认为人间的灾害是鬼魅造成的，为了抵抗它们在过年时的侵扰，人们用红纸写上春联贴在门上，那些为非作歹的鬼魅就再也不敢上门了。

春联可以张贴于街门，也常张贴于商店、工地、会场等地。古时还常用于车上，称为“辕联”；用于“磨”这样的劳动工具上，称为“磨联”。而春联张贴得最多的则是单位或私宅的屋门、院门，称为“门联”“院联”。可以说，春联是家家户户都可以张贴，各行各业也都乐于用的一种表示春节喜庆的对联。

春联的应用十分广泛，但是，用于不同场合的春联，其内容也千差万别，所以撰写春联，既要注重时代性，又要注重针对性，要体现出不同的个性。

[春联范文]

通用春联

春风传捷报，天增岁月人增寿；
爆竹贺新春，春满乾坤福满门。

四海春临，和风吹绿千堤柳；

九州福至，丽日薰红万径花。

凯歌阵阵千里马早过玉门关，
春风习习带头羊又登泰山顶。

年年喜鹊闹红梅红梅吐芳映红日，
岁岁捷报贴春联春联写意迎春风。

餐馆春联

说地谈天，且以烹茶寻雅趣；
怡情悦性，还从赏月借春风。

图书馆春联

万卷书中寻好句，长留天地无穷趣；
五线谱上觅强音，最爱书田不老春。

辕联

日行千里送幸福，
夜走八百争春光。

交通部门春联

文明行车争先进，缩千里成为咫尺；
礼貌服务似亲人，联两地变成一家。

敬老院春联

时盛世昌春不老，岁月无情催白首；
丰衣足食寿弥高，东风有意焕青春。

春联还必须要有横批。横批的内容要与春联的内容相配合。如：对联为“春联迎春春满屋，冬雪欲白千里草；喜炮报喜喜盈门，春晖又红万朵花。”横批“春色满园”。

2. 贺联

贺联是专为庆贺、道喜、祝愿而撰写的对联。“贺联”跟祝贺的内容不同，又分为多种。如祝贺结婚的，则为婚联；祝贺大寿的，则为寿联；乔迁新址、开业志禧、举行庆典时，用喜庆联；还有贺生子，贺参军等等。有了可喜可贺的事，都可以使用相应的对联来庆贺。现在我们使用最多的贺联是婚联、寿联和喜庆联等。

（1）婚联。婚联又称喜联，是新人结婚时专用的对联。其内容大多是祝愿新婚夫妇婚姻美满、白头偕老。婚联具有较强的时代特色，从婚联的用词就可以判断其大致出现在什么时期。

[婚联范文]

文鸾对舞珍珠树，
海燕双栖玳瑁梁。

结一世姻缘山盟海誓，
祝百年伉俪地久天长。

鸳鸯爱碧水畅游同歌乾坤暖，
翡翠喜蓝天高飞共享日月光。

志同道合革命新伴侣，
互敬互爱美满好婚姻。

节约办婚事亲友皆欢喜，
勤俭建家庭夫妻更和睦。

自由恋爱两朵红花并蒂开绽，
计划生育一代新人茁壮成长。

瑶池晓日翔青鸟，百年佳偶今朝合，
月殿红云拥紫鸾，万载良缘此日成。

（2）寿联。寿联是给老人祝寿时专用的对联。寿联的内容多为祝贺寿者健康长寿，颂赞寿者功德、业绩等。寿者的性别、年龄的不同和寿联撰写者与寿者的关系的不同都会影响寿联的具体内容。

［寿联范文］

通用寿联

松峰披岁月，
鹤语寄春秋。

天上星辰应作伴，
人间岁月不知年。

天护慈童人不老，
云弥寿树岁长春。

福如东海长流水，
寿比南山不老松。

喜享遐龄寿比南山松不老，
欣逢盛世福如东海水长流。

男寿联

德如膏雨都润泽，
寿比松柏是长春。

海屋春秋增添筹算，
平泉花木颐养天年。

体健身强宏开寿域，
孙贤子肖欢度晚年。

女寿联

岁寒松晚翠，
春暖蕙先芳。

兰桂腾芳开寿域，
儿孙英俊继家声。

萱草凝碧辉南极，
梅花舒芬绕北堂。

五十寿

半百光阴人未老，
一世风霜志更坚。

记八千为一春萱草千年绿，
再五十便百岁桃花万树红。

不福星真福星即此一言可为君寿，
已五十再五十请至百岁再征余文。

不福星，真福星，即此一言，可为君寿；
已五十，又五十，请至百岁，再征余文。

六十寿

甲子重新新甲子，
春秋几度度春秋。

六十年度似芙蓉出水，
二回甲子如桃花初开。

甲子重新如山如阜，
春秋不老大德大年。

海屋添筹不纪山中花甲子，
花封多祝应知天上老人星。

七十寿

从古称稀尊上寿，
自今以始乐余年。

海屋添筹古来稀者今来盛，
华筵庆衍福有五兮祝有三。

寿衍七旬辉宝婺，
堂开四代乐黛风。

介寿献西母蟠桃一千岁花二千岁实，
忘忧羡北堂萱草四十年苦三十年甘。

名人名家贺寿联

帝握贞符禹甸尽归沧海贡，
天开景运尧封常祝紫宸朝。

——康熙六旬寿诞西三官庙牌楼联

七夕是生辰喜功名事业从心处处带来天上巧，
百花为寿域羡玉树芝兰绕膝人人占却眼前春。

——李渔贺朱建三寿，朱居百花巷，七月七日生辰

世乱春秋文愈治，
岁寒松柏意常青。

——王国维贺袁励准五十寿

安危同仗，
甘苦共尝。
——蒋介石贺何应钦六十寿诞

鸡声茅屋听风雨，
戈盾文章赴斗争。
——老舍贺茅盾五十寿，嵌名联

（3）喜庆联。喜庆联是乔迁新址、喜迁新居、开业志禧、举行庆典时专用的对联，它的基调是欢喜明朗，多为颂赞之词。

[喜庆联范文]

起屋开基百年大计，大哉居乎移气移体；
兴家立业五世其昌，慎其独也润屋润身。
——贺新居乔迁联

财如晓日腾云起，门迎春夏秋冬福；
利似春潮带雨来，户纳东南西北财。
——贺商店开业联

3. 挽联

挽联是集体或个人哀悼逝者所写的对联，可贴在逝者家门口、骨灰盒两侧、追悼会会场两侧、花圈上等。

挽联是在治丧祭祀时专用的，它除了要符合一般对联的格式要求外，还要注重情感的真挚和真诚。挽联大都评价死者的业绩，与其他类型的对联相比，它的特点是言简意赅、内容充实、一语千钧、感情深切、文辞恳切。为亲人撰写的挽联其情感更为悲切。（见[例文]）

挽联一般用白纸黑字或蓝纸白字来书写，以示尊重和哀悼。

[挽联范文]

通用挽联

海内存知己，
云外有遗音。

音容宛然在，
笑貌永长存。

高风传乡里，
亮节昭后人。

正气留千古，
丹心照万年。

桃花流水杳然去，
明月清风何处寻。

白马素车愁入梦，
青天碧海怅招魂。

明月不长圆，过了中秋终是缺；
高风安可仰，如何一别再难逢。

挽男用联

骑鲸去后行云黯，
化鹤归来霁月寒。

龙隐海天云万里，
鹤归华表月三更。

沧海慨横流，跨鹤空山归上界；
少微惊隐曜，啼鹃清夜哭先生。

挽女用联

绮阁当风空有影，
晚萱经雨不留芳。

蝶化竟成辞世梦，
鹤鸣犹作步虚声。

慈竹霜寒丹凤集，
桐花香萎白云悬。

挽父联

倚门人去三更月，
泣杖儿悲五夜寒。

严亲已去恩未报，
慈怀不留孝难行。

默默无言严亲撒手自兹去，
滔滔垂泪子孙叩首今难留。

挽母联

长记慈惠传后世，
永留典范在人间。

平生性善慈母泪，
今日疾病悲儿情。

杜宇伤春泣残雪泪悲花老，
慈马失母啼伤哀声夜光寒。

著名挽联

江户矢丹诚，感君首赞同盟会；
轩亭洒碧血，愧我今招侠女魂。

——孙中山挽秋瑾联

灰撒江河，看不尽波涛，涓滴都是人民泪；
志华日月，信无际光焰，浩气长贯神州天。

——人民群众挽周恩来总理联

孔子之前，无数孔子，孔子之后，一无孔子；
鲁迅之前，一无鲁迅，鲁迅之后，无数鲁迅。

——郭沫若挽鲁迅联

译著尚未成书，惊闻陨星，中国何人领呐喊；
先生已经作古，痛忆旧雨，文坛从此感彷徨！

——埃德加·斯诺和姚克联名挽鲁迅联

要打叭儿落水狗，临死也不宽恕，懂得进退攻守，岂仅文坛闯将；
莫作空头文学家，一生最恨帮闲，敢于嬉笑怒骂，不愧思想权威。

——鲁迅逝世14周年之际陈毅挽鲁迅联

夫妻恩，今世未全来世再；
儿女债，两人共负一人完。

——何香凝挽廖仲恺联

痛吾父幼小困穷厄，备尝炎凉，劬劳七十又六龄，到老来只剩一身孤苦，易箦呼儿难瞑目；

感不孝早岁事戎机，历尽艰危，转战二万五千里，看今日挥戈大江南北，誓歼倭寇奠先灵。

——罗炳辉挽父联

4. 名胜联

名胜联是为名胜古迹题写或题刻的对联。名胜联常镌刻在名胜古迹的亭、台、楼、阁之上，具有极强的装饰性和艺术性。大部分名胜联是古时流传下来的，由于其保存年代久远，一般富于哲理性、概括性而不趋时，有很高的艺术价值。名胜联撰写时最大的要点是写出名胜的特点。

[名胜联范文]

世上疮痍，诗中圣哲；
民间疾苦，笔底波澜。

——郭沫若题成都杜甫草堂联

正邪自古同冰炭，
毁誉于今辨伪真。

——浙江杭州岳飞墓联

天边晴雪天山出，
不断风云地极来。

——甘肃玉门关联

乌威圣德万古流芳英烈将，
玉面神光千秋垂泽崇仁军。

——台湾彰化县秀水乡乌面将军庙联

拔地攀天四面云山拱一柱，
乘风步月万家烟火接层霄。

——山西应县木塔对联

峰峦或再有飞来坐山门老等，
泉水已渐生暖意放笑脸相迎。

——杭州灵隐寺天王殿联

风声雨声读书声，声声入耳；
家事国事天下事，事事关心。

——无锡东林书院联

胜迹表宫亭，况恰当芦阜南横，大江东去；

平湖波烟月，谁补种四周杨柳，十里荷花。

——江西九江烟水亭联

兴废总关情，看落霞孤鹜、秋水长天，幸此地湖山无恙；

古今才一瞬，问江上才人、阁中帝子，比当年风景如何。

——江西南昌滕王阁联

栋宇逼层霄忆几番仙人解佩词客题襟风日最佳时坐倒金尊却喜青山排闼至，

川原揽全省看不尽鄂渚烟光汉阳树色楼台如画里卧吹玉笛还随明月过江来。

——武汉晴川阁联

五百里滇池，奔来眼底。披襟岸帻，喜茫茫空阔无边！看：东骧神骏，西翥灵仪，北走蛇蜒，南翔缟素。高人韵士，何妨选胜登临，赴蟹屿螺洲，梳裹就风鬟雾鬓；更苹天苇地，点缀些翠羽丹霞。莫辜负：四周香稻，万顷晴沙，九夏芙蓉，三春杨柳。

数千年往事，注到心头。把酒凌虚，叹滚滚英雄谁在？想：汉习楼船，唐标铁柱，宋挥玉斧，元跨革囊。伟烈丰功，费尽移山心力，尽珠帘画栋，卷不及暮雨朝云，便断碣残碑，都付与苍烟落照。只赢得：几许疏钟，半江渔火，两行秋雁，一枕清霜。

——云南省昆明市滇池大观楼长联

5. 题赠联

题赠联是人们社会交往中自题、互赠或交际所用的对联。其内容多为自勉、共勉、治学、警世、言志等，题赠联的内容或抒怀或叙旧，或自励或励人，多是积极向上、催人奋进的。题赠联不同于其他类别的对联，它常常不贴不挂，多是用于交际的两句短诗。

[题赠联范文]

安危他日终须仗，

甘苦来时要共尝。

——孙中山赠黄兴联

有关家国书常读，

无益身心事莫为。

——徐特立赠青年联

海内共知徐孺子，
人间又见九方皋。

——章士钊赠徐悲鸿联

铁肩担道义，
妙手著文章。

——李大钊赠杨子惠

与有肝胆人共事，
从无字句处读书。

——周恩来青年时代自勉联

兢兢业业培育桃李芳天下，
勤勤恳恳造就栋梁兴中华。

——教师共勉联

以上是根据对联的内容划分出来的对联类型。对联还有其他划分方式，比较常见的还有根据对联字数的多少把对联分为短联、中等联、长联等。

短联：

短联是指字数较少，一般不需要在文中断句的对联，通常以五字七字为主。最短的短联其上下联分别只有一字，如：

墨，
泉。

还有二字短联，如：

夏雨，
春风。

长联：

长联一般是全联字数超过40字的才称为长联，有些长联字数可达到上百字，比如贵州省贵阳市甲秀楼有长联共计206字，为清代同治年间进士刘玉山所作。全联如下：

五百年稳占鳌矶，独撑天宇。让我一层更上，茫茫眼界拓开。看东枕衡湘，西襟滇诏，南屏粤峤，北带巴夔，迢递关河。喜雄跨两游，支持那中原半壁，却好把猪拱箐扫，乌撒碉躲，鸡讲营编，龙番险扼。劳劳缔造，装构成笙歌闾里，锦绣山川，漫云竹壤偏荒，难与神州争胜概。

数千仞高凌牛渡，永镇边隅。问谁双柱重镌，滚滚惊涛挽住。忆秦通焚道，汉置牂牁，唐靖且兰，宋封罗甸，凄迷风雨。叹名流几辈，销磨了旧迹千秋，到不如月唤狮岗，霞餐象岭，丸披风峪，雾袭螺峰。款款登临，领略这金碧亭台，画图烟景，恍觉蓬洲咫尺，频呼仙侣话游踪。

湖南黄鹤楼长联，为清朝潘炳烈所作，全联共计350字：

跨蹬起层楼，既言费文韦曾来，施谓吕绍先到此，楚书失考，竟莫喻仿自何朝？试梯山遥穷郢塞，觉斯处者个台隍，只有弥衡作赋，崔颢作诗，千秋宛在。迨後游踪宦迹，选胜凭临，极东连皖豫，西控荆襄，南枕长岳，北通中息，茫茫宇宙，胡往非过客遽户。悬屋角檐牙，听几番铜乌铁马，涌浦帆挂楫，玩一回雪浪云涛，出数十百丈之颠，高陵翼轸，巍巍岳岳，梁栋重新，挽倒峡狂澜，赖诸公力回气运。神仙浑是幻，又奚必肩头剑佩，丛里酒钱，岭际笛声，空中鹤影。

蟠峰撑杰阁，都说辛氏炉伊始，哪指鲍明远弗传，晋史缺疑，究未闻见从谁乎？由战垒仰慕皇初，想当年许多人物，但云屈子离骚，熊遗泽，万古常昭。其余劫霸图王，称威俄顷，任成灭黄弦，庄严广驾，共精组练，灵章华，落落豪雄，终归于苍烟夕照。惟方城汉水，犹记得周葛召棠，便大别晴川，亦依然尧天舜日，偕亿兆群伦以步，登耸云霄，荡荡平平，搀抢净扫，睹丰功伟烈，贺而今曲奏平。风月话无边，赏不尽郭外柳荫，亭前枣实，洲前草色，江上梅花。

四川青城山庙门长联共计392字，作者是清代才子李善济。

溯禹迹奠岷阜以还；南接衡湘，北连秦陇，西通藏卫，东峙夔巫，葱葱郁郁，纵横八百里舆图。试蹑屐登上清绝顶，看雪岭光腾，红吞沧海；锦江春涨，绿到瀛洲。历井扪参，须臾踏蜗牛两角，争奈路隔，蚕从何处寻？神仙帑库丈人峰，真墙堵耳。回思峨眉秋月，玉垒浮云，剑门细雨，尚依稀绕襟袖间。况乃夜朝群岳，圣灯先列宿柴天；泉喷六时，灵液疑真君唾地。读书台犹存芳躅，飞赴寺安敢跳梁。且逍遥陟檐卜冈，渡芙蓉岛，都露出庐山面目，难遽追攀，楼观互玲珑，今幸青崖径达。问当初，华渚姚墟，铜铸明皇应宛在。

自轩坛拜宁封而后：汉标李意、晋著范贤、唐隐薛昌、宋征张愈，烈烈轰轰，上下四千年文物。漫借瓻考前代遗徽，记官临内品，墨敕亲颁；曲和甘州，霓裳同咏。鸾章翠辇，不过留鸿爪一痕，可怜林深，杜宇几番唤。望帝归魂高士传，岂欺予哉。莫道赵昱斩蛟，佐卿化鹤，平仲驰骡，悉缥缈若遐荒事，兼之花芯宫词，巾帼共谯岩竞秀；貂蝉画像，侍中与太古齐名。携孤琴御史曾游，吹长笛放翁再往。休提说王柯丹鼎，谭峭踧鞋，那堪他沫水洪波，无端淘尽，英雄多寄寓，我亦碧落暂栖。待异日，龙吟虎啸，铁船贯郁定重来。

目前为止，公认最长联是 1612 字，是钟云舫拟题四川江津临江城楼联。

中等联：

比短联长、比长联短的对联就称之为中等联了。较标准的中等联字数一般为 10 字到 25 字。如南京弘济寺的一副对联：

松声竹声钟磬声，声声自在；

山色水色烟霞色，色色皆空。

还比如这副字数较多的风景联：

听雨雨住，住听雨楼边，住听雨声，声滴滴，听、听、听；

观潮潮来，来观潮阁上，来观潮浪，浪涛涛，观、观、观。

作为中国文化的“国粹”，对联至今应用仍为十分广泛，了解和掌握对联的相关知识，对于我们的生活、工作都十分有助益。

第八章
涉外信函写作模板与范本

chapter 8

第一节　涉外信函概述

一、涉外信函的含义

涉外信函是指与国外机构或人士联系事务时书写的信函。具体来说，它是指各种平行机关或不相隶属机关之间、单位之间，处理涉外事务，相互联系和商洽工作，询问和答复问题时使用的文书。

涉外信函从往来关系上分，可分为去函和复函两种。去函，即某涉外机关、单位向对方商洽工作或询问问题时所发生的函；复函，即某涉外机关、单位对对方来函所作回复的函。随着企事业单位对外交往活动的日益增加，商务信函的使用越来越频繁，已成为涉外信函中的一种常用文书。因此在这里将主要介绍外贸商务信函等，它包括涉外信电类文书、建立商务关系函和外贸商业信函等。

二、涉外信函的特点

（一）格式规范、统一

格式规范、统一是指外贸信函的布局符合统一的程式、习惯和格式设计。在长期的贸易实践及操作中，外贸信函已形成比较统一、固定的格式，即缩头式、齐头式及混合式。

缩头式是一种沿袭传统的格式，主要特点是信函收件人和信函正文的每段起始句及敬意结尾等按规定缩进若干格，这种格式较为正式；齐头式是指信中各部分都从每行的左边开始，这种格式便于打字和节省时间，提高工作效率，这是外贸工作者经常采用的一种格式；混合式是指信函的正文为缩头式，其他各部分采用齐头式。

上述三种格式虽各有其特点，但无优劣之分，在外贸信函起草时都可采用。具体采用何种格式，则可根据个人习惯和偏爱。但选择一种格式应考虑到收件人阅读的方便及信函打印的效率，同时应体现信函格式的规范和统一。

（二）条理清晰

条理清晰、固定是指涉外信函各个组成部分要按一定的规则、次序排列，层次分明、眉目清楚，使人一目了然。

（三）内容固定

涉外信函通常包括下面几个组成部分：信端、信内地址、称呼、正文、结束语、签名、附件、再启等。

第二节　涉外信电类文书

一、涉外信电类文书概述

在涉外信函中，信电类文书是用于商洽事务、联系工作、沟通情况、邀请赴会等事项的一种文书。它是不相隶属的、平行的单位之间，单位与个人之间，或个人与个人之间处理公私事务时使用的文书。涉外信电类文书是外事交往中产生并使用频率非常高的文书。在这章里主要介绍邀请信、介绍信、推荐信和慰问信等。

二、涉外信电类文书结构与写法

涉外信电类信函有其固定的结构和格式，通常包括下面几个组成部分：信端、信内地址、称呼、正文、结束语、签名、附件、再启等。

（一）信端（Heading）

信端即信头，一般包括写信人的地址和写信日期。一些正式信函的信端还包括发信人或单位的电话号码、电报挂号、电传、传真和邮政编码等。西方国家中有些信端甚至还有单位负责人的姓名、职务和职称等。信端的目的是使收信人一看便知道书信来自何处，何时发出，便于复信和查阅。用一般的信纸写信时，信端应写在信纸的右上角，若字数较多，可从信纸中间或偏右的地方写起。若字数较少，可适当多向右移一些，使整个信端的重心落在右上角。

1. 信端的写法

信端的写法主要有并列式和斜列式两种。从目前情况来看，前者更为常用。采用并列式时，每行开头要左对齐；采用斜列式时，每行开头逐次向右移两三个字母的距离。例如：

（1）并列式：

16 Fuxing Street

Haidian District

Beijing

Post Code：100035People’s Republic of China

Tel：63211234

Aug.20，2004

（2）斜列式（Indented Form）：

16 Fuxing Street

Haidian District

Beijing

Post Code：100035

People’s Republic of China

Tel：63211234

Aug.20，2004

写信端时，先写发信人的地址，地点的名称按由小到大的顺序排列，然后是其他项目和发信日期。

具体次序是：第一行写门牌号和街名；第二行写区名、市（县）名、省（州、邦）名，往国外寄的信，还要写上国家的名称；国家名称的前面加上邮政编码，其后可写上电话号码，最后一行写发信日期。如果写信人的地址是机关单位的名称，则将其作为第一行。如果写信人的单位没有门牌号码和街名，则第一行可写上所在班级或专业组的名称；第二行写系、科、室名称；第三行写学校名称；第四行写市（县）、省（州）名称；然后再写邮政编码、国名、电话号码、发信日期等项。

如果使用标点符号，则在每行末尾加逗号，最后一行的末尾加句号。但当前的信件中行末大都不加标点符号，但在每行之内该用标点符号的地方仍要用标点。特别要注意的是，门牌号码和街名之间要加逗号。月份和日期之间不可用逗号。在西方国家，城市名称之后往往写有字母或数字（如 New York，103），表示城市的邮政编码。

2. 发信日期的写法及注意事项

（1）年份应完全写出，不能简写。

（2）月份要用英文名称，不要用数字代替。

（3）月份名称多用公认的缩写式。但 May, June, July, 因为较短，不可缩写。

（4）写日期时，可用基数词 1，2，3，4，5，…，28，29，30，31 等，也可用序数词 lst，2nd，3rd，4th，5th，…，28th，29th，30th，31lst 等。但最好用基数词，简单明了。

（5）日期可有下列几种写法：

① Oct.20，2004

② 10 May，2004

③ 3rd June，2004

④ Sept.16th，2004

其中，①最为通用。

（二）信内地址（Inside Address，Introductory Address）

信内地址收信人的姓名和地址，写在信纸的左上角，从信纸的左边顶格开始写，低于写信人地址和发信日期一二行，也分并列式和斜列式两种，但应与信端的书写格式保持一致。其次序是，先写收信人姓名、头衔和单位名称，占一二行，然后写地址，可占二至四行。例如：

（1）并列式：

Ms.Joanna Kerry

Peking University

Haidian Distri

（2）斜列式：

Ms.Joanna Kerry

Peking University

Haidian District，100871

Beijing

China

（三）称呼（Salutation）

对收信人的称呼应自成一行，写在低于信内地址一二行的地方，从信纸的左边顶格开始写，每个词的开头字母要大写，至于末尾处的符号，英国人用逗号，但美国和加拿大英语则多用冒号。称呼用语可视写信人与收信人的关系而定。给外国人写英文信时，称呼用语要注意以下几点：

（1）对没有头衔的男性一般称呼 Mr.。Mr. 用在姓氏之前或姓氏和名字之前，不可只用在名字之前，例如正确的称呼应该是：Mr. 或 Mr.White，不可是：Mr.Phil。若称呼多个男性，则在姓名前用 Mr. 的复数形式 Messrs.。对一般以人名为名称的公司和企业常用这种称呼，例如：Messrs.Black and Brothers（布莱克兄弟公司）。

（2）对女性一般称呼 Mrs.，Madam 或 Miss。Mrs. 用在已婚女子的丈夫的姓氏之前，或姓氏和名字之前，一般不用在名字前；Madame 可以单独使用或加在丈夫的姓名之前。Mrs. 没有复数形式。若称呼多个女性，则在姓名前用 Mme. 的复数形式 Mmes.。而对以女子名字为名称的公司、企业，可用 Medames 称呼。Miss 多用于未婚女子，此词可缩写为 Ms.，于姓氏之前或姓氏和名字之前，一般不用于名字之前。

（3）对收信人的称呼，也可用头衔或职位的名称，不分性别。例如 Professor（缩写为 Prof.），Doctor（缩写为 Dr.），General（缩写为 Gen.）。这些称呼都放在姓氏之前或姓氏和名字之前，如 Prof.（Phil）White 等。

（4）涉外信函中对收信人的称呼，可用 Gentlemen（而不是 Gentleman），Dear Sir（s）和 My dear Sir（s）等。Gentlemen 之前不能加 Dear，后面也不能带姓名。用 Sirs 时，前面常用 Dear 一词，但也可单独用 Sir。若收信人是妇女，则无论已婚或未婚，都可单独使用 Madam 或其复数 Mesdames。

（5）对外国高级官员的称呼，如国家元首、政府首脑、部长、大使、公使和特使等，可用（ Dear）Sir，（ Dear）Mr.Chairman，（Dear）Mr.Premier，（9My dear）Mr.Ambassador，Your Excellency（复数为 Excellencies）。

（6）对君主制国家的国王和皇帝等男性君主，可以 Sir 称呼，对女王、女皇和皇后等女性君主，可用 Madam 称呼。有时也用 Your Majesty 称呼以表示。客气和尊敬 Your Majesty 可兼指男性和女性，其复数为 Your Majesties。

（7）对王室成员，如太子、王子、亲王和公主等，一般可用（Dear）Sir 或（Dear）Madam 但在正式尊称时，一般用 Your Highness（复数为 Highnesses）。

（四）信的正文（Body of the Letter）

信的正文每段第一行应往右缩进约四五个字母。在写事务性信件时，正文一般开门见山，内容简单明了，条理清楚。在写私人信件时，信写好之后若有什么遗漏，可以用 P.S. 表示补叙。

（五）结束语（Complimentary Close）

结束语是写信人表示自己对收信人的一种谦称，只占一行，低于正文一二行，从信纸的中间或偏右的地方开始写。第一个词的开头字母要大写，末尾用逗号。结束语视写信人与收信人的关系而定。例如，写给机关、团体或不相识的人的信，一般用"Yours（very）truly，Yours（very）faithfully，Yours（very）sincerely"等等。在欧洲一些国家里，多把 Yours 放在 sincerely 等词的前面。在美国和加拿大等国，则多把 yours 放在 Sincerely 等词之后。Yours 一词有时也可省略。

（六）签名（Signature）

信末的签名一般低于结束语一二行，从信纸中间偏右的地方开始写。若写信人是女性，与收信人又不相识，则一般在署名前用括号注上 Miss.，Mrs. 或 Ms.，以便对方回信时知道如何称呼。有的还在署名后写上自己的职称、职务或头衔。

（七）附件（Enclosure）

信件若有附件，应在左下角注明 Encl. 或 Enc.。若附件不止 1 个，则应写出 2（或 3，4，5 等）Encls.，例如：

Enc：Resume

Encls：GradeCertificate

（八）再启（Postscript，缩写为 P.S.）

再启部分用于补叙正文中遗漏的话，一般应尽量少用，正式函件中更应避免使用。

三、涉外邀请信

（一）涉外邀请信的含义

涉外邀请信指邀请其他国家和地区的特定单位或人士参加会议，具有礼仪和告知双重作用的会议文书。外事活动中的各种会议需要我们用会议邀请函去邀请对方。

（二）涉外邀请信的基本内容

涉外邀请函的主要内容包括会议的背景、目的和名称；主办单位和组织机构；会议内容和形式；会议的参加对象；会议的时间和地点、联络方式以及其他需要说明的事项。具体内容根据实际情况填写。

（三）涉外邀请信的结构与写法

1. 标题

标题由会议名称和“邀请函”三个字组成，一般可不写主办机关名称和“关于举办”的字样。“邀请函”三字是完整的文种名称，与公文中的“函”是两种不同的文种，因此不宜拆开写成“关于邀请出席 ×× 会议的函”。

2. 称呼

邀请函的邀请对象一般有三种：

（1）送到单位的邀请函，要写单位名称。由于邀请函是一种礼仪性文书，称呼中要用单称的写法，不宜统称，注意要用全称，以示礼貌和尊重。

（2）邀请函直接发给个人的，应当写个人姓名，前面加上“尊敬的”敬语词，后缀“先生”“女士”、“同志”等。

（3）网上或报刊上公开发布的邀请函，由于对象不确定，可省略称呼，或以“敬启者”统称。

3. 正文

邀请函正文应逐项载明具体内容。开头部分写明举办会议的背景和目的，用“特邀请您出席（列席）”照应称呼，再用过渡句转入下文。主体部分可采用序号加小标题的形式写明具体事项，最后写明联系联络信息和联络方式。结尾处也可写“此致”，再换行顶格写“敬礼”，也可省略。

4. 落款

因邀请函的标题一般不标注主办单位名称，因此落款处应当署主办单位名称并盖章或签字。

5. 邀请时间

邀请函的时间很重要，因此要写明具体的年、月、日。

（四）涉外邀请信写作模板与范文

[涉外邀请信写作模板 1]

邀请信	标题
尊敬的□□□□： 您好！	称呼
□□□□公司将于□□年□□月□□日在□□□地，举办□□□□活动，特邀您参加。谢谢。	正文
□□□□□ □□□□年□□月□□日	落款

[涉外邀请信写作模板 2]

邀请函	标题
□□□公司：	主送单位
经与贵公司就 ××× 项目合作事宜进行初步洽谈后，我公司对合作事宜进行了研究。 我公司认为，本项目符合合作的基本条件，具备进行商务合作洽谈的基础。具体的合作事宜必须经双方更进一步详细洽谈。请贵公司法人代表收到本邀请函后，派代表赴我公司作商务考察并就实质性框架合作进行洽谈，我公司将承担本次商务考察的全部费用。 敬请告知准确时间，以利安排，我公司法人将亲自与贵公司面议合作事宜。	正文
（签字） □□□□年□□月□□日	落款

[涉外邀请信范文 1]

邀请函

尊敬的女士们/先生们：

我们诚挚地邀请您参加将于 ×××× 年 ×× 月 ×× ～ ×× 日在中国广西南宁举办的第六届中国—东盟博览会工程机械及运输车辆展。

中国已经成为世界范围内的工程机械生产大国，中国的技术和产品物美价廉、性价比优越，正逐步成为东盟国家采购商的首选。随着中国及东盟各国自由贸易区的发展，机械行业的进口税将逐步降为零，这意味着东盟国家进口中国机械的成本将更低。同时，东盟各国经济加速发展，基础设施建设的力度加大，也为中国工程机械和运输车辆进入东盟市场提供了极好机遇。历届中国—东盟博览会上，机械产品的成交额始终高居榜首，占了商品贸易成交总额的 20% 以上。

为了应对全球金融危机的影响，我国政府出台了“四万亿扩大内需”、“增加固定投资”等新政策，使市场对各种工程机械的需求潜力大增。同时中央政府对北部湾经济区发展给予高度重视，制定更大的优惠政策。为此，广西壮族自治区人民政府作出决策，以超常规的办法，加快项目建设，全年力争完成全社会固定资产投资 6000 亿元。其中，北部湾经济区的南北钦防四市的投资逾 2000 亿元，确保钦州保税港区一期工程今年底封关运作、启动建设凭祥综合保税区一期工程建设中加快保税物流体系建设。交通投资将达到 815 亿元，保障一批铁路、高速公路、沿海港口、机场等项目建设，更好地融入中国—东盟自由贸易区。

中国—东盟博览会正在成为我国企业参与中国—东盟自由贸易区建设，分享自由贸易区成果的一个直接而有成效的平台。中国—东盟博览会以崭新而稳健的姿态走向世界，释放出“10+1>11”的无穷力量。

中国机械工程学会

××××年××月××日

[涉外邀请信范文 2]

邀请函

尊敬的先生/女士：

您好！

我们很荣幸地邀请您参加将于 ×××× 年 ×× 月 ×× ～ ×× 日在北京 21 世纪饭店举办的“第 27 届联合国粮食及农业组织亚太地区大会非政府组织磋商会议”。本次会议的主题是：从议程到行动——继“非政府组织粮食主权论坛”之后。此次磋商会议由联合国粮农组织（FAO）和国际粮食主权计划委员会亚洲分会（IPC-Asia）主办，中国国际民间组织合作促进会协办。届时，来自亚太地区 80 多个民间组织的 100 余名代表将参加会议。本次会议宣言将在 ×× 月 ×× ～ ×× 日召开的 27 届联合国粮食及农业组织亚太地区大会上宣读。

本次会议的主要议题包括：

1. 亚太地区粮食和农业领域的非政府组织如何在地区和国家层面执行“全球行动议程 / 公民社会战略”。

2. 亚太地区粮食和农业领域的非政府组织如何根据目前形势确定今后行动的参与者。

3. 参会机构起草非政府组织建议书提交给第 27 届联合国粮食及农业组织亚太地区会议，继续呼吁维护农民的利益。

真诚地期待着您的积极支持与参与！

×××
××××年××月××日

[涉外邀请信范文 3]

邀请信

亲爱的哈里森先生：

本公司新厂将于 4 月 10 日开始投产，希望能邀请您来参加新厂开工典礼。

如您所知，新厂的设立是本公司的一个里程碑，而这正是海内外对本公司产品不断需求的结果。我们邀请了所有对本公司的成功贡献一切力量的个人，我们相信，您一定会赏光。

如您确能参加，请来函告知您抵达的时间，以便我们为您安排会晤。当然，安排您在10日晚间夜宿的所有费用，皆由公司代您支付。

×××

××××年××月××日

[涉外邀请信范文4]

邀请信

亲爱的史密斯先生：

如您能够出席为中国代表团而举行的招待会，我（们）将感到十分荣幸。

招待会定于10月4日（星期二）在市政厅举行。下午6点钟准时举行鸡尾酒会，随之在8点钟举行正式的晚宴。

我（们）期待着您的光临。请提前通知您能否出席。

×××

××××年××月××日

[涉外邀请信范文5]

亲爱的罗杰博士：

南开大学外国语学院特邀请您出席 ×××× 年 × 月 ×× 日（星期六）早八点在学院会议室召开的学术年会并作演讲。

正如您所了解的，南大外国语学院对20世纪的英国文学颇感兴趣。您对此领域很熟悉，您的见解定会给我们带来很大的兴趣。

我们将随后把有关细节通知您，但恳请您尽快予以答复，以便作出安排。

×××

××××年××月××日

四、介绍信/推荐信

（一）介绍信 / 推荐信的含义

介绍信 / 推荐信是用来介绍或推荐联系接洽事宜的一种应用文体，是应用写作研究的文体之一。它具有介绍、证明的双重作用。外事活动中使用介绍信 / 推荐信，可以使对方了解来人的身份和目的，以便得到对方的信任和支持。

（二）介绍信 / 推荐信的基本内容

介绍信 / 推荐信首先要介绍被介绍人 / 被推荐人的身份和情况。通常要将被介绍人的姓名、职务与写信人的关系等说明出来；其次要说明介绍的目的和原因，该项要求将被介绍人前往应做的工作，办理的事情，需要哪些具体帮助或照顾等写出来；最后要表示谢意，要预先对对方可能给予的帮助或照顾表示感谢。

（三）介绍信 / 推荐信的结构与写法

介绍信包括标题、称谓、正文、结尾、单位名称和日期几部分。

1. 标题

在第一行居中写“介绍信”三个字。

2. 称谓

另起一行，顶格写收信单位名称或个人姓名，姓名后加“先生”“女士”等称呼，再加冒号。

3. 正文

另起一行，开头空两格写正文，一般不分段。要写清楚以下三点：

（1）派遣人员的姓名、人数、身份、职务、职称等。

（2）所要联系的工作、接洽的事项等。

（3）对收信单位或个人的希望、要求等，如“请接洽”等。

4. 落款

要写明单位名称和日期。

［介绍信写作模板］

介绍信 尊敬的□□□： 您好！ 兹有我单位□□□先生等□□人来你处办理事宜，望接洽为盼。 □□□□□□ □□□□年□□月□□日	标题 称呼 正文 落款

［介绍信范文］

介绍信

尊敬的×××先生/小姐：

现向您推荐我们的市场专家弗兰克·琼斯先生。他将因公务在4月15日到4月中旬期间停留伦敦。

我们将非常感谢您向琼斯先生提供的任何帮助，并非常高兴施以回报。

您诚挚的×××

××××年4月14日

［推荐信范文］

推荐信

尊敬的×××：

您好！

我是柳红红的导师×××，柳红红同学是我最欣赏的学生之一。她最吸引我的是她的学习天赋与上进心，她是我见过的最聪明的学生，学习成绩优秀，人文科学与自然科学同样精通。更为难得的是她从不妄自尊大、自以为是，依旧刻苦地对待每一项学习任务，力争成为整个团队中的最佳，体现了她对自己和爱她的人负责的态度。中国有句俗话："梅花香自苦寒来"，经过她持之以恒地付出，她的语言表达能力、活动的组织能力、与人的沟通能力、独立研究能力都非常突出，连续获得学校三好学生。特别是对英语，她具有天生的禀赋与逐渐培养起的热情，据我所知，她的雅思成绩非常好，并获得许多中学生英语竞赛的奖项。能在英语国家学习，是她很久以前的梦想，为此她早已经做好了准备。我总是情不自禁地感慨：她说的英语与我说的汉语一样棒！

柳红红不仅是我的学生，还是我的朋友。因为她的个性与理想深深地吸引了我。她总是无私地为团队奉献自己的聪明才智，主动为大家服务，任劳任怨，不计较个人得失，成为我们眼中的模范。她又非常幽默乐观，用她的微笑传递给大家一天的好心情。她又是一名体育健将，长跑、游泳、野外探险是她生活的一部分，从中她的意志得到了锻炼。我们交往非常愉快，她特别乐于与我一起分享她成长中的喜怒哀乐，还常常与我谈论电影艺术和旅游，美国的文化与风景深深地吸引了她，那里有她一个梦想。虽然真舍不得她离开祖国，但我尊重她的选择，相信她会学有所成，正如我相信我们的友谊天长地久一样。

谢谢。

此致

敬礼！

×××

××××年××月××日

五、慰问信

（一）慰问信的含义

慰问信是以组织或个人的名义，向有关单位或个人表示慰藉、问候、关怀、鼓励的社交文书。慰问的时机，可以是节日，也可以是执行一个艰巨任务需要精神鼓励的时刻，还可以是某一项重要工作完成之后。在外事活动中也常常使用这一文种。

（二）慰问信的基本内容

慰问信的内容可以分为以下三种：

一是对取得重大成绩的集体或个人表示慰问，对取得的成绩和做出的贡献表示肯定，并鼓励再接再厉；二是对遭遇暂时困难或严重损失的集体或个人表示同情和安慰；三是在节日之际，对外国友人表示节日的问候。

（三）慰问信的结构与写法

慰问信包括标题、称谓、正文、落款几个部分。

1. 标题

慰问信的标题有两种写法。一种是只写“慰问信”三个字；另一种是写明给什么人，如“致 ××× 的慰问信”。

2. 称谓

称谓一般在标题下第一行顶格写。个人姓名之前可加“尊敬的”等字样。

3. 正文

开头部分，用以交代慰问的背景，然后表示同情或慰问。这一部分要短小简洁。

主体部分，用以叙述主要事实，陈述其重要功绩和贡献或事故情况。这部分可以展开叙述，但仍应言简意赅。

结尾部分，要提出希望，予以鼓励。

4. 落款

在正文的右下方署发信人姓名和发信日期。

[慰问信写作模板]

慰问信	标题
尊敬的□□□：	称呼
惊悉□□□□□□□，我谨代表□□□，对□□□表示深切的慰问。	正文
□□□□□□ □□□□年□□月□□日	落款

[慰问信范文 1]

慰问信

尊敬的侯赛因总统：

惊悉贵国白沙瓦发生严重恐怖袭击事件，造成重大人员伤亡。我谨代表中国政府和人民，并以我个人的名义，对遇难者表示沉痛的哀悼，向伤员和遇难者家属表示深切的慰问。

中方反对一切形式的恐怖主义，强烈谴责这一惨无人道的恐怖袭击。中国人民对巴基斯坦人民的悲痛感同身受。中方坚定支持巴基斯坦政府打击恐怖主义的努力。

中华人民共和国主席　习近平

2014年12月17日

[慰问信范文 2]

慰问信

尊敬的×××：

我最近非常惦念中国人民，在过去的两周当中，我密切地关注着这场发生在四川的可恨的地震带来的破坏及影响。在此期间，最令人印象深刻的是中国政府和人民的人道主义的行动，为这些受到灾难的人民带来了高速及有效的援助。我感到特别欣慰的是，旨在帮助这些在灾难中丧失双亲的孩子们的汶川大地震孤儿救助专项基金已经得到成立。

我同时也想借这次机会，向这次灾难后的中国人民致以我最深切的同情，并向失去亲人的人们致以我发自内心深处的慰问。

我的王子基金比过去更紧密地在和中国合作，包括从某种程度上帮助保护中国丰富及多样化的文化遗产，我们将非常乐意来进一步发展这些合作，特别是王子基金中环境重建的项目，来参与四川省的灾后重建工作。

查尔斯威尔士亲王

××××年××月××日

Dear ×××,

The people of China have been very much in my thoughts over the past two weeks as I have watched, with mounting concern, the effects of the devastation caused by the terrible earthquake in Sichuan Province.It has been most impressive to see the marvellous way in which the Chinese humanitarian operations have brought swift and effective relief to those affected.I am articularly pleased that the Wenchuan Earthquake Orphan Fund has been established, to help the children who have lost their parents in the disaster.

I wanted to take this opportunity to send my deepest sympathy following this terrible tragedy to the people of China, and my most heartfelt ondolences to all those who have lost loved ones.

My Prince's Charities are engaging ever more closely in China, including work to assist, in a small way, with the preservation of China's rich and diverse heritage.It would give me the greatest pleasure if we were able to develop these ties still further with, in particular, practical assistance from my Prince's Foundation for the Built Environment in planning the reconstruction of parts of Sichuan Province.

Charles

The Prince of Wales

[慰问信范文 3]

Dear,

It was with a great sense of loss when we/I heard of (insert name) death.

We/I wanted to let you know that you have our/my greatest sympathy, and our/my heart (s) are/is truly saddened.

(insert name) was more than just a wonderful person; he/she was always so kind and considerate to us that we always welcomed seeing him/her at every opportunity.

And, we know that his/her passing will not only leave a void in our lives, but in the hearts of all those who knew him/her.

(insert name) will always remain within our hearts, and we have included (insert name) and you in our daily prayers.May God give you strength.

If there is anything that we can do to help you in anyway, please do not hesitate to call us at anytime.You can phone either of us at (insert area code and phone number) even if it is only to talk.

Our sincere thoughts and prayers are with you.

With our deepest sympathy,

×××

[慰问信范文 4]

慰问信

尊敬的王毅：

惊闻1日晚发生在长江湖北段的悲剧事故，我深感悲痛。我谨代表澳大利亚政府和澳大利亚人民，对在事故中丧生的遇难者表示哀悼，对他们的家人和所有因这起悲剧事故而受到影响的人们表示同情。搜寻和救援工作仍在继续，我的心同中国人民在一起。

澳大利亚外长朱莉·毕晓普

2015年6月3日

[慰问信范文 5]

慰问信

日本校友会，在日校友、留学生们：

近日，日本发生强烈地震并引发海啸，母校全体师生和广大校友对在日校友、留学生的人身安全深表关切。通过新闻媒体得知，目前在日华侨华人留学生暂未有伤亡情况报告。我们在感到欣慰的同时，希望各位在日校友、留学生在抗震救灾过程中要注意防范，确保安全、平安顺利地渡过这次灾难。请日本校友会转达我们对广大在日校友、留学生的牵挂和慰问。

祝愿各位在日校友、留学生尽快渡过难关，早日恢复正常生活。

李培根

华中科技大学校长

华中科技大学校友总会会长

二〇一一年三月十五日

第三节　建立商务关系函

一、建立商务关系函概述

在国际商务交往中，建立商务关系是交易开始和扩展的基础。无论对于新创建的贸易公司，还是对希望扩大业务与销售量的原有公司而言，同其预期的客户建立商务关系都是至关重要的手段之一。众所周知，客户是事业发展和壮大的基石。

建立商务关系一般经由以下几个渠道：国内外商会和贸易促进会，大使馆、领事馆、商务参赞处，海外客户、公开发行的行业名录，市场调研，商务交易会或展览会，银行，贸易代表团体的互访，市场代表自我介绍等。

二、建立商务关系函的写作原则

撰写建立业务关系信函时，要礼貌、得体、简洁地将写信人的意图表达清楚。语言风格要开门见山，简明扼要，切忌拖泥带水，避免使用生僻的词汇或难懂的专业术语。以下为具体的写作要求。

（一）套语使用频繁

为了建立良好的贸易关系，并给收信人留下一个美好印象，建立商务业务关系信函起到了非常重要的桥梁作用。经过多年的贸易实践，建立业务关系函不仅形成了规范的格式和统一的结构，而且使用各种常用的套语：

建立商务关系 Establishing business relations：

（1）Your firm has been kindly recommended by the Grand Resources Co.Ltd. as the largest exporters of glassware.

蒙天润宏泰责任有限公司介绍，得知贵公司是最大的玻璃器皿出口商。

（2）Through the courtesy of Mr.David Boswell，we learnt that you were interested in Chinese silk.

承蒙大卫·鲍兹威尔先生告知，我们获悉你方对中国丝绸很感兴趣。

（3）We owe your name and address to our Commercial Counselor's office in London，through which we learned that you were seeking partners in China for selling your software products.

蒙我驻伦敦商务参赞处介绍，我们得知你方正在中国寻找业务伙伴推销你们的软件产品。

（4）Our market survey informs us that you have a keen interest in the import of textile machinery.

从我们的市场调研得知，你们对进口中国造纺织机械设备非常感兴趣。

（5）We have the pleasure of introducing ourselves to you with the hope that we may have a good chance of cooperation with you in your business extension.

很荣幸向贵公司推介敝公司，希望我们能有机会与贵公司合作，扩大业务范围。

（6）We take the liberty of writing to you with a view to establish business relation with you.

我们冒昧写信以期与贵公司建立业务关系。

（7）We are willing to enter into business relations with you on the basis of equality，mutual benefit and exchanging needed years.

我方愿与贵方在平等互利、互通有无的基础上建立业务关系。

（8）We are glad to send you this letter，hoping that it will be the prelude to our friendly business cooperation in the coming years.

我们欣然寄发这封信，希望这会成为未来几年里我们友好商务合作的前奏。

（9）We are the exporter of long standing and high reputation，engaged in the exportation of light industrial products.

我们是信誉卓著的出口商，长期经营轻工产品的出口业务。

（10）In order to make us familiarized with your products，we shall appreciate your giving us the technical details of them at your earliest convenience.

为使我们熟悉贵方的产品，承蒙尽快提供产品详细说明，我们将不胜感谢。

（11）In compliance with your request，we send you our brochures together with the latest price list.

按照你方要求，现寄去我们的产品宣传手册和最新价格单。

（12）Our competitive prices，experience，efficiency，and reliability have won confidence and goodwill among our many business clients worldwide.

本公司产品价格低廉、经验丰富、效率卓著、信用可靠，已博得世界各地用户的信赖和合作。

（13）To give you some idea of various types of bicycles we are dealing in，we are pleased to send you，under separate cover，by air-mail our latest catalogue and a price list.

为使你方了解我方所经营的各种自行车，我们很高兴另封航邮寄去我们的最新产品目录和价格单一份。

（14）We have been in the line of chemical fertilizer for many years.

我们已经营化肥产品多年。

（15）Your prompt reply would be high appreciated.

如蒙即刻答复，将不胜感谢。

这些套语是在长期的贸易实践中所形成的常用的语言表达方式，外贸工作者可以使用这些用语。

（二）略语、术语并用

建立商务关系函文体的另一个特征是较多地使用缩略词和专业术语，而且许多缩略词本身又是专业术语。缩略词与专业术语并用是外贸信函典型的用词特征之一，例如，《国际贸易术语解释通则》中的13个价格术语FOB、CFR、CIF等都采用其缩略词，作为国际惯例，这些价格术语明确了买卖双方交货的权利和义务，而且又作为贸易纠纷解决、仲裁的依据。同样，国际贸易中的各种付款方式L/C、D/A、D/P、T/T等亦采用缩略词，而它们又是贸易货款结算方面的专业术语。

使用专业术语、缩略词是撰写外贸信函的难点之一，如稍有不慎，就会导致严重的后果。因此，撰写人不仅应具备扎实的语言技能，而且还应精通专业知识。

（三）措辞婉转、礼貌

外贸信函十分注重措辞的婉转、礼貌，使对方容易接受。由于买卖双方通过信函传递信息时，很注意措辞方式，所以有经验的外贸人员在撰写信函时，会充分考虑到对方的立场、处境，了解对方的问题和困难等等。外贸信函的措辞婉转和礼貌不仅体现在客气称呼及敬意结尾方面，而且在信的正文中也是显而易见的，例如信的起始句及结尾名中大量使用表示礼貌、语气婉转的词或词组：

（1）We wish to draw your attention to fact that…

（2）We are pleased to enclose our price list .

（3）Please inform us what special offer you can make us.

（4）Thank you for your letterdated to May 3.

以上 4 个例句很好地传递了礼貌、婉转的语气，使收信人或经办人倍感亲切，这对信函的及时处理、业务的进展、争议解决等起到很重要的作用。

三、建立商务关系函的内容

建立商务关系函的内容应包含以下几个部分：

从哪里获悉收信人或公司的信息；进出口意图；简述自己公司的业务范围、经历和产品；介绍自己公司的资信情况；期盼合作和早日回复。

[建立商务关系函写作模板]

建立商务关系函	标题
□□□公司：	主送单位
我们和________交往多年，承他向我们推荐了贵公司。 目前，我们专门从事________地区的贸易，但尚未与贵公司有贸易交往。 由于我们对推销________感兴趣，故特致函，以求能早日与贵方建立直接的贸易关系。 我们期待贵方能寄来你们有兴趣出售的各种________（货物）的详细说明和外销价格。我们将愉快地调查我方市场可能销售的情况。 另一方面，若贵公司愿从我方购买产品，承蒙关照，请将你们感兴趣的货物逐项列表，一并寄来，以便视我方供货能力，向贵公司提供一切所需的资料。 盼早日赐复。	正文
（签字） □□□□年□□月□□日	落款

[建立商务关系函范文 1]

建立商务关系函

××公司：

我们从我驻巴基斯坦使馆商务参赞处得悉贵公司的名称和地址，现借此机会与你方通信，意在建立友好业务关系。

我们是一家国有企业，专门经营台布出口业务。我们能接受顾客的来样订货，来样中可具体需要产品的花样图案，规格及包装装潢的要求。

为使你方对我方各类台布有大致的了解，我们另航寄最新的目录供参考。如果你方对产品有兴趣，请尽快通知我方。一俟收到你方具体询盘，即寄送报价单和样本。

盼早复。

×××

××××年××月××日

[建立商务关系函范文 2]

建立商务关系函

敬启者：

承蒙东京商会介绍，使我们公司得知贵公司的名称和地址，同时，得知贵方想要购买个人电脑。

我们是国内生产计算机的大型厂家之一，并且经营该产品达十年之久。今天，我公司与贵公司联系是想建立业务关系，并希望通过我们的共同努力，扩大我公司的业务范围。

为使贵方熟悉我们公司的经营范围，附寄一份有插图的、包括我方目前能够供货的主要项目的目录表。若对某项目感兴趣，请传真告知。我方将报最低价并尽力满足贵方要求。

我公司银行是日本东京银行。他们可以向贵公司提供我们的商业及资信状况的信息。

期盼贵方早日回复!

×××

××××年××月××日

[建立商务关系函范文3]

建立商务关系函

×××公司:

我们是专门从事医药保健品的进出口公司，但尚未与贵公司有商务交往。从联合国技术信息促进系统（TIPS）获悉，贵公司对中国中药材感兴趣。特此致函，以求早日与贵公司建立直接的贸易关系。

我公司已于昨天将产品目录邮出。若贵公司愿从我方购买医药保健品，承蒙关照，请将你们感兴趣的产品逐项列表（可参考我方的产品目录），一并寄来，以便视我方供货能力，向贵公司提供一切所需产品。

待接到贵公司询盘后，即报香港到岸价。

盼早日赐复。

×××

××××年××月××日

附件:

我公司名称和地址为：中国医药保健品进出口公司 ×× 分公司，中国 ×× 市 ×× 路 ××× 号。

电报挂号：×××××××

传真：××××××

[建立商务关系函范文 4]

建立商务关系函

×××公司：

谢谢贵公司5月7日来函，非常感谢×××向你推荐了我们。承作为×××的出口商，你愿意与我们建立直接贸易关系，这恰巧与我们的愿望一致。我们非常愉快地答复你对×××所需要的资料。所附上的商品样车，将会给你提供一套完整的各种货物的详细说明和出售价格。

目前，我们对混纺人造纤维感兴趣，如蒙贵公司寄来商品目录、样车以及有关需要的资料，便于我们熟悉贵公司的供货用料和质量情况，将不胜感激。

我们保证，如果贵公司货物的质量及价格均具有竞争性，我方将大量订货。

欣然等候贵方通知。

×××

××××年××月××日

第四节　外贸商业信函

一、外贸商业信函概述

外贸商业函电是建立对外贸易关系和外贸往来的重要手段。外贸商业函电主要包括询价，报盘，还盘，订货，接受，签约，包装，装运，支付，结算，保险，商检，索赔，代理及仲裁等一些特殊贸易形式和经济技术合作的文书。

二、外贸商业信函的特点

（一）语言简洁

外贸商业信函要求语言简练、清晰，还讲究句子结构简练、措辞简明扼要、语言清晰易懂。换言之，外贸信函使用简洁明了的用语代替累赘费解的用语，使用简单普通的句子代替复杂冗长的句子，语言趋于口语化。这样一来，信函内容清楚、易懂，使人一目了然，也就避免了因语言模棱两可、理解不一致给双方造成的不必要的麻烦。

（二）语气不同

写作不同类别的外贸商业信函时，使用的语气也不同，如开发信、询盘回复一般要客气，表达感谢；平常业务联系要细心、给以信任；催促付款要紧急而不失礼貌；客户索赔要理解、给予足够的解释和说明。

三、外贸商业信函的写作要求

外贸商业信函有其固定的语言、习惯用法和常用句型。我们需要掌握各种英语语言知识，掌握外贸书信的格式与写作技巧。

外贸函电常用句型如下：

（1）Please accept our thanks for the trouble you have taken.

有劳贵方，不胜感激。

（2）We are obliged to thank you for your kind attention in this matter.

不胜感激贵方对此事的关照。

（3）We tender you our sincere thanks for your generous treatment of us in this affair.

对贵方在此事中的慷慨之举，深表感谢。

（4）Allow us to thank you for the kindness extended to us.

对贵方之盛情，不胜感谢。

（5）We thank you for the special care you have given to the matter.

贵方对此悉心关照，不胜感激。

（6）We should be grateful for your trial order.

如承试订货，不胜感激。

（7）We should be grateful for your furnishing us details of your requirements.

如承赐示具体要求，不胜感激。

（8）It will be greatly appreciated if you will kindly send us your samples.

如承惠寄样品，不胜感激。

（9）We shall appreciate it very much if you will give our bid your favorable consideration.

如承优惠考虑报价，不胜感激。

（10）We are greatly obliged for your bulk order just received.

收到贵方大宗订货，不胜感激。

（11）We assure you of our best services at all times.

我方保证向贵方随时提供最佳服务。

（12）If there is anything we can do to help you，we shall be more than pleased to do so.

贵公司若有所需求，我公司定尽力效劳。

（13）It would give us a great pleasure to render you a similar service should an opportunity occur.

我方如有机会同样效劳贵方，将不胜欣慰。

（14）We spare no efforts in endeavoring to be of service to you.

我方将不遗余力为贵方效劳。

（15）We shall be very glad to handle for you at very low commission charges.

我方将很愉快与贵方合作，收费低廉。

（16）We have always been able to supply these firms with their monthly requirements without interruption.

我方始终能供应这些公司每月所需的数量，从无间断。

（17）We take this opportunity to re-emphasize that we shall，at all times，do everything possible to give you whatever information you desire.

我们借此机会再此强调，定会尽力随时提供贵方所需的信息。

（18）We are always in a position to quote you the most advantageous prices for higher quality merchandise.

我们始终能向贵方提供品质最佳的产品，报价最为优惠。

（19）This places our dealers in a highly competitive position and also enable them to enjoy a maximum profit.

这样可以使我方经营者具有很强的竞争力，还可获得最大的利润。

（20）We solicit a continuance of your confidence and support.

恳请贵方继续给予信任，大力支持。

四、外贸商业信函写作模板与范文

（一）询价函写作模板与范文

询价（enquiries），是由买方向卖方就某项商品交易条件提出的询问。询价目的是请对方报价。询价对交易双方都没有法律上的约束力。询价函的主要写作内容是向卖主索取商品目录本、价目单、商品样品以及样本等，也可以用发询价单或订单的方式询问某项商品的具体情况。

询价函常用例句如下：

（1）We are in receipt of your enquiry of yesterday.and offer you the following.

昨日收到贵公司的询价函，现报价如下：

（2）Referring to your letter dated...in which you inquired for...，we have pleasure in cabling you an offer as follows

关于贵方 ×× 月 ×× 日对 ×× 的询价函，现电报报价如下：

（3）Referring to your letter dated...in which you inquired for...，we have pleasure in cabling you an offer as follows：

关于贵方 ×× 月 ×× 日对 ×× 的询价函，现电报报价如下：

（4）In reply to your enquiry of the 10th May，we have pleasure in quoting you for our new engine...，net cash.

8 月 10 日的询价函收悉。发动机新产品每台净价为，支付现汇 ××。特此报价。

（5）We are enclosing here with an inquiry sheet.

随函寄上询价单一份。

（6）We enclose herewith an inquiry sheet.

兹随函附上询价单一份。

（7）We have pleasure In enclose our Inquiry no.18 against which you are request to make us an offer of fob basis .

随函附上第 18 号询价单，请报 FOB 价。

（8）We duly receive and thank you for your inquiry of the1st june and have pleasure in quoting you as follows：

感谢 6 月 1 日来函询价，现报价如下：

（9）I hope to receive your inquiries when in the market.

您在商场上如有需求，即盼来函询价。

（10）I hope to receive your inquiry when in the market.

您在市场上如有需求，即盼来函询价。

（11）Further to our letter of...，we have to inform you that our clients have withdrawn their inquiry for...

关于我方 ×× 月 ×× 日函，现客户已取消 ×× 的询价，特此通知。

（12）Yr inquiry 8th rcvd this Butterfly sewingmachine unavailable.

谢谢你方 8 日询价，蝴蝶牌缝纫机无现货。

（13）Referring yo your inquiry of Nov 20，we have quoted as below.

贵公司 11 月 20 日询问函收到，兹报价如下。

（14）In response（ reply）to your inquiry of June23，we have sent today our price-list.

特函回复您 6 月 28 日的询问，您所要的价目表已于今天奉寄。

（15）If you address the inquiries to an individual，your letter may have to wait while he is away.

如果您将询价信寄给个人，如该人外出的话，信函就会被耽搁。

（16）An offer of goods is usually made either by way of advertisements，circulars and letters or in reply to inquiries.

报盘一般以广告、通函和信件或报答复询价的方式来进行。

[询价函写作模板]

询价函 □□□公司： 本公司有意向贵公司购买各种型号的□□□，欲知每公斤抵达□□□的成本价运费价格。如蒙惠赐上述报价单，不胜感激。如能惠寄样本和价格表，亦必感激不尽。 盼与贵公司建立合作关系。 盼复。 （签字） □□□□年□□月□□日	标题 主送单位 正文 落款

[询价函范文 1]

询价函

敬启者：

我们在《新亚洲周刊》见到你们的广告。我们对你们的地毯尤感兴趣，因为我们的市场对优质地毯一直有稳定的需求。

请你寄一份最新的附图产品目录和价目表来。谢谢。

你真诚的×××

××××年××月××日

Dear sir,

We have seen your advertisement in the New Asia Journal and are particularly interested in your carpets, for there is a steady demand in our market for carpets of good quality.

Please send me your current illustrated catalogue and a price list.

Your faithfully

[询价函范文 2]

询价函

敬启者:

我们是一家经销防水衣的主要商号。我们的顾客对贵公司生产的雨衣有兴趣，并曾询问过它们的品质。

若质量和价格适宜，你们的雨衣在这里会有较好的销量。但在正式下订单之前，我们希望先试销。如你们能选一批男、女装雨衣寄来，并同意给我们 14 天的试销期，我们将会感到很高兴。在此期限结束时，任何未销出而我们又不准备库存的产品将退还给你们，退货费用由我方负担。

盼早日赐复。

你真诚的×××

××××年××月××日

Dear Sir,

We are a leading dealer in waterproof garments in this city.Our customers have expressed interest in your raincoats and enquired about their quality.

Provided quality and price are satisfactory there are prospects of good sales here, but before placing a firm order we should be glad if you would send us, on fourteen days approval, a selection of mens and womens raincoats.Any of the items unsold at the end of the period, and which we decide not to keep as stock, would be returned at our expense.

We look forward to hearing from you soon.

Your faithfully

（二）报价函写作模板与范文

报价函（offer），是指卖方在销售某种商品时，向买方报价和介绍商品情况，提出交易条件（即商品名称、数量、价格、付款条件、交货日期等）时所写的一种外贸信函。

报价分两种：实盘（firm offer）和虚盘（no-firm offer）。

1. 实盘

实盘是发盘人（Offerer）按其提供的条件以达成交易目的的明确表示。实盘具有法律效力。受盘人（Offeree）一旦在有效期限内接受实盘上的条件和内容，发盘人就无权拒绝售货。

一项实盘必须具备：

（1）实盘的内容和词句必须肯定，不能用“大约（about）”，“参考价（reference price）”等模棱两可的词。

（2）发盘的内容明确完整，其内容应包括商品品质（Quality），数量（Quantity），包装（Packing），价格（Price），装运（Shipment），支付（Payment），有效期（Validity）等。

（3）发盘中不能有保留条件，如：以我方最后确认为准 subject to our final confirmation，以货物的未售出为准 subject to goods being unsold。

2. 虚盘

虚盘是发盘人所作的不肯定交易的表示。凡不符合实盘所具备的上述三个条件的发盘，都是虚盘。虚盘无须详细的内容和具体条件，也不注明有效期，它仅表示交易的意向，不具有法律效力。出现下列一类词句者，皆为虚盘：

（1）Without engagement.

不负任何责任。

（2）subject to prior sale.

有权先售。

（3）All quotations are subject to our final confirmation unless otherwise stated.

所作报价，除特别注明外，须经我方确认后方能生效。

（4）Our offer is subject to approval of export licence.

出口许可证准许签证，我方报价才有效。

[报价函写作模板]

报价函 □□□公司： 　　我们已由□□□公司得悉贵司的地址，该公司是我们在□□市的生意往来时结识的．其告之我们，贵司正需大量蔽公司所制造的产品。 　　敝公司的□□□在大部分欧洲及其他国家享有盛名。过去□□年以来，蔽公司均能稳定地扩大出口计划。 　　敝公司对于在贵国获得立脚点深感兴趣，故愿意供应本公司的所有产品以满足贵国需要。 　　为了使贵司对我们的公司结构有所了解，特附上一本综合性简介小册子，望查收！ （签字） □□□□年□□月□□日	标题 主送单位 正文 落款

[报价函范文 1]

报价函

Sub：quotation for Supply of Equipment

Dear Sirs，

With reference to your ref.No.________dated________，we are pleased to be executed have just been slightly madified for better performance，but we，appreciating your interest in our products，will not add to the price any additional cost actually incurred during the modification.

Our quotation，in both CIF and FOB for your convenience，is as follows：

1.Description sprice：CIF（project lecation）FOB（departing port）

2.Terms of payment

Irrevocable and confirmed letter of credit negotiable at sight with shipping documents to be opened within 30 days after signing the contract in our favor，covering the total contract price.

3.Validity of offer

This offer remains valid until ________________.

4.Transportation

Transportation will be made by means of ocean vessel to the unloading port and then by trailers to the project location if you select CIF price（project location）.We shall be entitled to use any

shipping company abd aby inland transportation company，In case of demurrage at the unloading port，itshall be charged to your account.

5.Customs Clearance

We shall not responsible for any efforts，customs duty or any other charges regarding the customs clearnce such equipment.

6.Bank Charges

All bank charges，including for opening L/C，incurred outside our country shall be borne by you.

7.After-sales Service

In order to make every of our products，we agree to send one or more qualified technicians to your job site to provide training service free of charge.

We can assure you of our best efforts and services at all times and look forward to receiving your positive comments at your earliest convenience.

Enclosed are the latest specifications of all the items of equipment.

Yours faithfully，

____

Sales Manager

[报价函范文 2]

报价函

敬启者：

您 3 月 10 日的来函收悉，我们对您提出有意试销我们出产的男女装雨衣的要求谨表示由衷的高兴。

鉴于我们双方以往未有生意往来，可否请您提供一些一般的商业信用证明资料，或我们可查询的某家银行的名称。一旦这些查询获满意答复，我们将非常乐意向您寄出您信中提出的产品。

我们衷心希望这是我们双方长期愉快合作的开始，我们将为此尽心竭力。

×××

××××年××月××日

[报价函范文3]

报价函

亲爱的先生：

2004年1月16日有关查询大米和大豆新加坡到岸价的电传已收悉。

今日上午电传报价：精白米300公吨，每公吨成本加运费新加坡到岸价为2400澳元。于2004年3月或4月装运。以上实价需由贵公司于2004年2月10日前回复确认。

该报价为最优惠价，恕不能还价。

本公司与客户正洽售一批大豆交易，若贵公司愿意报以适当买价，本公司乐意出售。近来该类产品需求热烈，令价格上涨。请贵公司把握机会，尽早落实订单为盼。

销售部主任

托尼·斯密思谨上

2014年1月20日

[报价函范文4]

报价函

亲爱的先生：

去年此时贵公司所订购的BS362型号12伏密封电池，现已停止生产。

现有同类型产品CN233，存货共590件，特惠价每件30英镑。贵公司如感兴趣，敬请参看随附的简介说明。

大批订购可获八五折优惠，整批购入则可享八折特惠。

为感谢贵公司以往惠顾，特此给予订购优惠。极盼立即回复，如贵公司未欲订购，本公司亦能尽早另作安排。

你真诚的×××

××××年××月××日

（三）还盘函写作模板与范文

还盘函（counter offer）是指受盘人不同意或不完全同意发盘提出的各项条件，并提出修改意见，是对发盘条件进行添加、限制或其他更改的答复函件。根据《公约》的规定，受盘人对货物的价格、付款、品质、数量、交货时间与地点、一方当事人对另一方当事人的赔偿责任范围或解决争端的办法等条件提出添加或更改，均作为实质性变更发盘条件。

还盘函的写作内容主要包括：

1. 确认对方来函

还盘函是一封回信，因此在信的开头，要礼节性地感谢对方的来函。而且，通常还会先简洁地表明我方对来函的总体态度。

2. 强调原价的合理性，并列明理由

无论最后是否接受对方的还价，我们一般都会坚持原报价的合理性，同时给出各种适当的理由，或认为报价符合市价，或强调产品品质超群，或言明利润已降至极限，或指出目前原料价格上涨、人工成本提升等。

3. 提出我方条件，并催促对方行动

这部分的写法非常灵活，并没什么定式可言，关键是要具有说服力，而且常常带有促销的性质，如以数量折扣吸引对方大批订购，以库存紧张激励对方早下订单等。即便是在拒绝还价、不作任何让步的情况下，我们一般也会推荐一些价格低廉的替代品，以寻求新的商机。

还盘函常用例句如下：

（1）Quotations from other suppliers are about 10% lower than yours.In this case, you could win this deal only if you cut your prices.

其他供应商的报价都比你们低 10% 左右，在这种情况下，你们只有降价才能赢得这笔生意。

（2）We don’t deny that the quality of your electric drills is slightly better，but the difference in price should，in no case，be as big as 4%.

我们不否认贵公司的电钻质量稍好，但差价绝不至于高达 4%。

（3）Your offer for 200 sets of air-conditioners is acceptable but we are not in a position to make payment by L/C at sight as it will cost us more expenses.

你方关于 200 台空调的报价可以接受，但是我们无法接受即期信用证的付款方式，因为费用太高。

（4）It is difficult for us to push the sales of your products because Japanese dealers are selling the same item at a price 3% lower than yours.

日本供货商比你方低 3% 的价格出售同一产品，我们很难推销你方产品。

（5）Information indicates that some parcels of French makes have been sold here at a much lower price.

有消息称几批法国货已在此地售出，价格低得多。

（6）We make a counter-offer at $150 per metric ton F.O.B.London.

我们还价为每公吨伦敦离岸价 150 美元。

（7）We can't accept your offer unless the price is reduced by 5%.

除非你们减价 5%，否则我们无法接受报盘。

（8）In view of the declining market，we must keep the price under USD60. Otherwise it will be difficult for us to push sales.

考虑到市场下跌，我们必须尽力使价格保持在 60 美元以下，否则我们无法销售。

（9）To step up the trade，we on behalf of our end-users，make counter-offers as below.

为了促进贸易，我们代表我方最终客户，做如下还盘。

（10）下面既可以指价格高，又可以指价格低，需要视情况而定。一般来说，出自买方之口价格高，卖方之口价格低。

① Your price is competitive/ attractive/ acceptable.

你方价格有竞争力 / 吸引力 / 可接受。

② Your price is reasonable/unreasonable.

你方价格是合理的 / 不合理。

③ Your price is unworkable/ impracticable.

你方价格做不开 / 不可行。

（11）谈论价格高到什么程度：

① Your price is a bit/ rather/ too high.

你方价格有点高。

② Your price is on the high side./ We find the price you quoted rather on the high side.

你方价格偏高。

③ Your price is excessive.

你方价格过高。

④ We think your offer is too high to be acceptable.

我们认为你方的报价太高了，我方难以接受。

⑤ Your price is not on a level with/in line with the current market.

你方价格与当前的市场水平不相吻合。

⑥ In reply，we regret to inform you that our end-users here find your price too high and out of line with the prevailing market.

兹回复，很遗憾通知贵方，我方最终客户认为你方价格太高，与现行市场价格不符。

（12）价格低可以说：

① Your price is on the low side.

你方价格偏低。

② If you insist on your price and refuse to make any concession，there will be not much point in further discussion.

如果你方坚持自己的价格，不作让步，我们没有必要再谈下去了。

③ It is understood that to accept the prices you quoted would leave us little or no margin of profit on our sales.

如果接受贵方价格，那将意味着我们没有利润可言。

[还盘函写作模板]

<table>
<tr><td>还盘函
□□□公司：
来函收到，不胜感激。得知贵公司认为□□□价格过高，无利可图，本公司极感遗憾。来函又提及同类货品报价较其低近百分之□□。
本公司认同来函的说法，然而，其他厂商的产品质量绝对不能与本公司的相提并论。
虽然极望与贵公司交易，但该还盘较本公司报价相差极大，故未能接受贵公司订单。
特此调整报价，降价百分之□□，祈盼贵公司满意。
（签字）
□□□□年□□月□□日</td><td>标题
主送单位
正文
落款</td></tr>
</table>

[还盘函范文 1]

还盘函

Dear Mr.Chang,

We are very grateful of receiving your kindly offer of today.

While appreciating the good quality of your goods, we find your price is rather too high to be accepted by us.We also point out that very good quality Canned Mushrooms is available in our market from several European manufacturers, all of them are at prices from 5%-10% below yours.Such being the case, we have to ask you to consider if you can make a reduction in your price about 5%.As our order would be around US7.40/ctn, you may think it worth while to make a concession.

Your earlier reply will be highly appreciated.

Yours sincerely,

NEO GENERAL TRADING CO.

Tom Smith

亲爱的常先生：

非常高兴收到您今天的报盘。

在感谢贵公司的优质产品的同时，我们发现您提供的价格过高，难以接受。需要指出的是，在我们的市场中也有一些欧洲生产商提供的优质蘑菇罐头。它们的价格普遍比贵公司的低 5% ~ 10%。因此，我们希望贵公司可以考虑将价格降低 5% 左右，大约在美金 7.4 元 / 箱。这个让步对您应该是可以接受的。

我们将非常感谢您的早日答复。

您真诚的

NEO贸易总公司

汤姆·史密斯

[还盘函范文 2]

Dear Mr.Smith,

We learn from your E-Mail of today that our price is found to be on the high side. Much as we would like to cooperate with you in expanding sales, we are highly regret that we just cannot see our way clear to entertain your counter-offer, please kindly trust us that our price is quite realistic.In fact, we have received lots of orders from various sources at our level.

If you find any chance to do better, please let us know without any hesitation.On account of the raw material are extremly scanty at present, we would kindly ask your esteemed company to act as quickly as possible.

Looking forward you earlier reply with highly eagerness.

Yours faithfully,

Desun Trading Co., Ltd.

Foodstuffs Department

Leon Chang

亲爱的史密斯：

从您今天的电子邮件了解到，我们的价格偏高。我们非常希望同您合作以拓展业务，抱歉的是我们实在没有办法接受您的还盘。请您相信我们，这个价格已经是实价了。事实上，我们已经从各种来源接受了很多订单。

如果您可以接受，请不要犹豫，通知我方。考虑到目前原料的价格不断上涨，我们真诚地希望贵公司可以尽快做出决定。

热切等待您的早日回复。

您真诚的

德尚贸易有限公司

食品部

常丽

[还盘函范文 3]

还盘函

亲爱的先生：

贵方 6 月 10 日函悉。所报手拣去壳花生每公吨成本加运费到欧洲主要港口价人民币 1800 元实在太高，难以做开。

近来美国花生加运费到欧洲主要港口价每公吨仅 1700 元，供应量很大，可以随便购买。

因此，要求你方将价格减至与此相接近的水平，10 月船期。至于核桃仁，我方递价为每公吨 2500 元。其他条款如贵方上次来函所述。请告核桃仁的船期及包装情况。若同意我方上述递价，请速来电确认。

你真诚的×××

××××年××月××日

[还盘函范文 4]

还盘函

亲爱的先生：

谢谢你们对自行车报价的来信。

我们虽然赞赏你们自行车的质量，但价格太高不能接受。请参阅 89SP-754 号销售确认书，按此销售书我方订购了相同牌号的自行车 1000 辆，但价格比你方现报价格低 10%，自从上次订购以来，原材料价格跌落很多，这里你们自行车的零售价也下跌了 5%。接受你方现时的报价意味着我们将有巨大亏损，更不用谈利润了。

然而如果你们至少降价 1.5%，我们非常愿意向你方续订。否则，我们只能转向其他供应者提出类似需求。

我们希望你们认真考虑我方建议，并及早答复我方。

你真诚的×××

2×××年×月××日

（四）催款函写作模板与范文

催款函（request payment）是一种催交款项的文书，是交款单位或个人在超过规定期限，未按时交付款项时使用的通知书。催款函要包括以下主要条款：

（1）欠款单位的全称和账号。

（2）欠款的原因。

（3）欠款的时间。

（4）欠款的金额。

（5）发票号码。

（6）建议处理措施或意见。

写作催款函时要注意：文字简洁，语气诚恳，不可轻易怀疑对方故意拖欠不付，以免伤害对方感情，不利于以后的业务。但对于某些屡催不付的客户，语气要强硬坚决。

催款函常用例句如下：

（1）The following items totaling $4000 are still open on your account.

你的欠款总计为 4000 美元。

（2）It is now several weeks since we sent you our first invoice and we have not yet received your payment.

我们的第一份发票已经寄出有好几周了，但我们尚未收到你的任何款项。

（3）I' m wondering about your plans for paying your account which，as you know，is now over 40 days ast due.

我想了解一下你的付款计划，要知道，你的付款已经逾期 40 多天了。

（4）We must now ask you to settle this account within the next few days.

请你务必在这几日内结清这笔账款。

[催款函写作模板]

催款函 □□□公司： 现就贵司未及时支付我司货款一事向贵司致函如下： □□□□年□月□日，贵司与我司（或“经协商达成口头协议”）签订了《□□□□合同》。双方约定，贵司应于货到就付□□％的货款。我司依约将货物交给了贵司，然而贵司却并未能按约定及时支付货款，现共欠货款□□□□元。 我公司认为，双方既已有约在先，当全力守信方能长期友好合作，故特致函请贵司于□□□□年□□月□□日前将所欠货款支付我司。 （签字） □□□□年□□月□□日	标题 主送单位 正文 落款

[催款函范文 1]

催款函

subject：Demanding Overdue Payment

Dear Sirs,

Account No.8756

As you are usually very prompt in settling your accounts, we wonder whether there is any special reason why we have not received payment of the above account, already a month overdue.

We think you may not have received the statement of account we sent you on 30th August showing the balance of US$ 80，000 you owe.We send you a copy and hope it may have your early attention.

Yours faithfully,

×××

催款函主题：索取逾期账款

亲爱的先生：

第 8756 号账单

鉴于贵方总是及时结清项目，而此次逾期一个月仍未收到贵方上述账目的欠款，我们想知道是否有何特殊原因。

我们猜想贵方可能未及时收到我们 8 月 30 日发出的 80000 美元欠款的账单。现寄出一份，并希望贵方及早处理。

你真诚的×××

[催款函范文 2]

Subject: Urging Payment

Dear Sirs,

Account No.8756

Not having received any reply to our E-mail of September 8 requesting settlement of the above account, we are writing again to remind you that the amount still owing is US$ 80, 000.No doubt there is some special reason for delay in payment and we should welcome an explanation and also your remittance,

Yours faithfully,

×××

催款函主题：再次索取欠款

亲爱的先生：

第 8756 号账单

未见贵方对我们9月8日来信要求结算一事之回复。我们再次来函提醒贵方，欠款为 80000 美元。毫无疑问，一定有特殊原因使贵方延误付款，我们期待贵方说明原因并汇款。

你真诚的×××

[催款函范文 3]

Subject: Insisting on Payment

Dear Sirs,

Account No.8756

It is very difficult to understand why we have not heard from you in reply to our two E-mail of 8th and 18th September for payment of the sum US$ 80, 000 you are still owing.We had hoped that you would at least explain why the account continues to remain unpaid.

I am sure you will agree that we have shown every consideration and now you fail to reply to our earlier requests for payment, I am afraid you leave us no choice but to take other steps to recover the amount due.

We are most reluctant to do anything from which your credit and reputation might suffer and even now we prepare to give you a further opportunity to put the matter right.We therefore propose to give you 15 days to clear your account,

Yours faithfully,

×××

催款函主题：三度索取欠款

亲爱的先生：

第8756号账单

我们于9月8日及9月18日两次去函要求结付80000美元欠款，但至今未收到贵方任何答复，对此我们感到难以理解。我们希望贵方至少得解释为什么账款至今未付。

我想你们也知道我们对贵方多方关照，但你们对我们先前的两次询函不作答复。你们这样做恐怕已经使我们别无选择，只能采取其他步骤来收回欠款。

我们极不愿意做任何损害你们信誉的任何事情。即使现在我们还准备再给你们一次机会来挽回此事。因此，我们再给你们15天时间来结清账目。

你真诚的×××

（五）装运通知函写作模板与范文

装运通知函（declaration of shipment）是出口商向进口商发出货物已于某月某日或将于某月某日装运某船的通知。装运通知的作用在方便买方购买保险或准备提货手续，其内容通常包括货名、装运数量、船名、装船日期、契约或信用状号码等。

装运通知函是为了方便买方保险、准备提货手续或转售；出口商作此项通知时，有时尚附上或另行寄上货运单据副本，以便进口商明了装货内容，以及货运单据正本迟到时，可及时办理担保提货（delivery against letter of guarantee）。

在装运货物后，按照国际贸易的习惯做法，发货人应立即（一般在装船后3天内）发送装运通知给买方或其指定的人，从而方便买方办理保险和安排接货等事宜。如卖方未及时发送上述装船通知给买方而使其不能及时办理保险或接货，卖方就应负责赔偿买方由此而引起的一切损害或损失。

装运通知函常用例句如下：

（1）When the goods are ready for shipment，pls send us shipping advice by fax to facilitate us to make insurance arrangement.

当货物准备就绪，请尽快传真我方装运通知书，以便我方做好该批货物的保险。

（2）According to what is written on the advice note.

按装船通知书上所写。

（3）As soon as your L/C amendment reaches us，we shall，without delay，make the necessary arrangement for shipment.

你方信用证更改通知书一经抵达，我们便安排装运，不误。

（4）shipping order；shipping permit；shipping directions；shipping instructions：

装货单，装运通知单，装货命令，装船通知

（5）Transshipment Notification（Textiles）（Outbound）：

转运货物通知书（纺织品）（货物运离香港）。

（6）Transshipment Notification（Textiles）（Inbound）：

转运货物通知书（纺织品）（货物运进香港）。

（7）Three（3）originals and three（3）duplicate copies of clean on Board ocean Bill of Lading made out to order，Blank endorsed，notifying and marked "FREIGHT PREPAID.

全套清洁、已装船、空白抬头、空白背书、通知并注明运费已付的海运提单正、副本各三份。

（8）We await to receive your confirmation and the shipping advice .

恭候贵公司的销售确认书及装船通知。

（9）arrival notice：

抵港通知书（声明已具备装卸货条件）

（10）I await your advice of shipment，or the earliest time you propose to ship，by return of mail .

请电告装船通知或请来函告知最早装运期。

（11）We inform you that instructions filed under the captioned number have now been carried out and that the goods were dispatched per SS "Changjiang" yesterday.

兹通知你方，标题确认书项下的装运要求现已执行，货物昨天已由长江号货轮发出。

（12）Full set clean shipped on board Bills of Lading marked Freight Prepaid made out to order Bank of China and endorsed in blank，notifying Buyer.

全套清洁的已装船提单注明运费预付，作成以中国银行抬头，空白背书，并通知买方。

（13）They be notify of the arrival of the shipment.

通知他们装运的货物已到。

（14）Please advise us when the goods are ready for shipment.

一旦货物备妥装运，请速通知我方。

（15）Customers shall be informed promptly in the event that nonconforming product has been shipped.

一旦装运了不合格品，应立即通知客户。

（16）Related loading and unloading preparation ready written notice certain question discussion.

有关装卸准备就绪通知书若干问题的探讨。

（17）conversion notice :

转换通知，兑换通知书

［装运通知函写作模板］

装运通知函 □□□公司： 贵公司第□号订购函所订购的□□台□□牌□□□，已于□月□日交付托运，预计在□后到达□。 本人能够按照合约订明的要求为贵公司效劳，深感殊荣，深信此货将及时运抵贵公司，符合订明的质量要求。 （签字） □□□□年□□月□□日	标题 主送单位 正文 落款

[装运通知函范文 1]

装运通知函

Dear Sirs:

Thank you for your letter of 20 May enquiring about the shipment of your order under contract 4632.

Please accept my apology for the delay which has been caused by the unavailability of shipping space from Bombay to London.

The matter was, however, in hand and your consignment was shipped yesterday on board SS Pandit which is sailing directly to London.

I enclose one set of shipping documents comprising:

1.One non-negotiable copy of the bill of lading

2.Commercial invoice in duplicate.

3.One copy of the certificate of guarantee.

4.One copy of the certificate of quantity.

5.One copy of the insurance policy.

I am glad that we have been able to execute your order as contracted.I trust the goods will reach you in time for the winter selling season and prove to be entirely satisfactory.

I will personally ensure that you receive our prompt and careful attention at all times.

Yours faithfully,

Tony Smith

Chief Seller

亲爱的先生:

五月二十日询问有关订货合约第4632号装运情况的来信收悉。

因为未能取得从孟买到伦敦的货位而造成延误，本人深感歉意。

但是，该货已于昨日装上潘迪特号轮船，直接驶往伦敦。

随函敬附下列装运文件:

一、不可转让的提货单副本一份；

二、商业发票一式两份；

三、保证书副本一份；

四、数量证明书副本一份；

五、保险单副本一份。

本人能够按照合约订明的要求为贵公司效劳，深感殊荣，深信此货将及时运抵贵公司，符合订明的质量要求。

如有任何需要，本人乐意效劳。

采购部主任

托尼·斯密思谨上

2014年5月20日

[装运通知函范文2]

装运通知函

××公司：

贵公司第6号订购函所订购的70台××牌世纪星空调机，已于7月5日交付托运，预计在一周后到达东京市。

这批70台空调机分为10大箱包装，每箱上均印有“××空调”字样的标记。

随函附寄下列装运单据，以便贵公司在货物到达时顺利提货：

1. 公司开具的第127号发票一份；

2. 第29号货运提货单一份；

3. 第32号装箱单一份；

4. 第56号保险单一份；

5. 第38号检验单一份。

感谢贵公司对我公司的支持，希望继续保持合作关系。

你真诚的×××

××××年×月××日

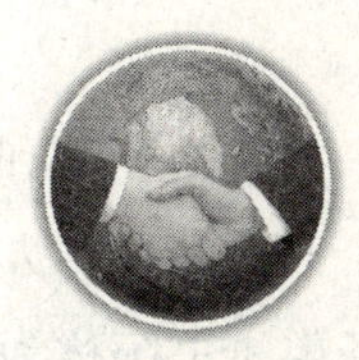

第九章
涉外礼仪文书写作模板与范本

chapter 9

第一节　涉外礼仪文书概述

礼仪是礼节和仪式的总称，它主要是用来调整人与人之间的关系，包括个人与个人之间、个人与组织之间以及组织与组织之间的关系。涉外礼仪活动中使用的各类文书统称为涉外礼仪文书。

涉外礼仪文书种类比较多。本章主要介绍一些常用的涉外礼仪文书。包括请柬、欢迎词与欢送词、祝酒词、贺信与贺电等。

涉外礼仪文书不仅可以沟通人与人之间的关系，也可以增强人与人之间的感情，如传递信息、表示礼节；沟通思想、交流情感；告知事项，处理事务等。总之，它在涉外活动中起着非常重要且不可替代的作用。

第二节　涉外请柬

一、请柬的含义

请柬又称为请帖、柬帖，是一种专门邀请客人参加某项活动、某项仪式或典礼的礼仪性文书。在国际交往活动不断丰富的今天，凡召开各种会议，举行各种典礼、仪式和活动，均会使用请柬。例如大型宴会的请柬、在教堂中举行婚礼的请柬、舞会请柬等。

请柬发送对象一般都是上级领导、知名人士、兄弟单位代表以及外国友人等，与主人是宾主关系，而非上下级关系或管理与被管理关系。

邀请函与请柬都属于邀请客人参会的礼仪性文书，其区别有两点：一是适用场合不同。邀请函多用于以口头交流为主要方式的会议活动，如有关邀请专家出席咨询会、论证会、研讨会，邀请记者参加发布会、记者招待会等；而举行各类较为隆重的仪式和交际活动，如开幕式、闭幕式、签字仪式、开工典礼、宴会、舞会等，则应当用请柬，而不用邀请函；二是规格不同。有的会议活动可能同时使用邀请函和请柬中，这时，一般的专家和客人发邀请函，而作为特邀嘉宾的上级领导、兄弟单位代表、社会名流、外国友人等，则应当用请柬。

晚宴、舞会等请柬用“request the pleasure (or honor) of your company”来邀请。在教堂结婚，邀请出席婚礼用“request the honor of your presence”，中文的意思是“敬请出席”或“恭请光临”。

二、请柬的特点

请柬在语言上除了要求简洁、明确外，还要措词文雅、大方和热情，在款式上也要美观、精致，以体现出主人的热情与诚意。

三、请柬的写作规范

（一）固定格式

请柬既可以按统一格式批量印制，也可以用市售的具有统一格式的请柬填发。如优质白色的双摺卡。正面用雕版精印。卡纸可用平面的。请柬和复函都用第三人称来写。格式用美观而不规则的缩行形式排列在一页内。时间如星期几、日期、月份和地点均须写明。这类请柬应当有信封，以示郑重。请柬的行文一般不用标点，也不提邀请对象姓名，而是将其姓名写在信封上。最后填写主办单位名称，也可由主人签名。

（二）撰拟格式

即根据活动的具体要求和对象的实际情况，亲笔拟写或专门打印的请柬。

具体格式如下：

1. 标题

仅写“请柬”二字，居中。不能写成“关于 ×××× 的请柬”。

2. 称呼

写明对象的姓名。如发给单位的，则写单位名称。

3. 正文

写明活动目的、内容、形式、时间、地点等。由于请柬发送的对象都是上级领导、兄弟单位、合作对象、社会知名人士、外国友人等，因此，语气用词一定要恭敬、委婉、恳切。请柬中的所提到的人名、国名、单位名称、节日名称都应用全称。如果要确切掌握出席情况，可在请柬下方注上“请答复”字样。

涉外请柬用法文编写“R.S.V.P.”。如只要求在不出席的情况下答复，则注上“Regrets only”（因故不能出席请答复），并注明回电号码，也可在请柬发出后，用电话询问能否出席。

4. 具名

以单位名义邀请的具单位名称并盖单位公章，以示郑重。以领导人名义发出的请柬，由领导人签署，以表诚意。

5. 日期

写明邀请日期。

请柬的回复，可按照不同情况写成接受邀请、婉谢邀请、取消邀请几种格式。

四、涉外请柬的常用句型

1. 招待会请柬

You are cordially invited to a buffet reception to be held at the Shanghai Banquet Hall, 1333 Nanjing West Road, on Tuesday, November.6, 2005, at 6 : 30 p.m., to celebrate the occasion of the Shanghai Workshop on International Investment.

为庆祝上海国际投资法研讨会胜利召开，谨定于2005年11月6日（星期二）晚6时半在南京西路1333号上海宴会厅举行招待会。敬请光临。

2. 婚礼请柬

Mr.and Mrs.Thomas Lang request the honor of your presence at the marriage of their daughter Jane to Mr.George Smith on Saturday, the first of October at five o’clock St.Peter’s Church Oxford and to the reception afterwards at the Royal Hotel 76 The Parks, Oxford R.S.V.P.

兹订于十月一日（星期六）下午五时在牛津圣彼得大教堂为小女珍妮与乔治·史密斯先生举行结婚典礼，并在牛津帕克斯76号皇家饭店设喜宴，恭请光临。托马斯·兰先生和夫人谨订。敬请赐复。

3. 结婚周年纪念请柬

Mr.and Mrs.James Porter request the pleasure of your company at dinner on the Tenth Anniversary of their marriage on Saturday, the ninth of June at seven o'clock in 85 Wilson Avenue.R.S.V.P.

兹订于六月九日（星期六）晚七时在威尔逊大街八十五号设宴庆贺我们结婚十周年（锡婚纪念），恭请光临。詹姆斯·波特和夫人同启。请赐回示。

4. 洗礼请柬

Mr.and Mrs.Edward Stone request the pleasure of your company at the christening of their son on Wednesday, March eighth at four Clock at 25 Willow Street.R.S.V.P.

兹订于三月八日（星期三）下午四时在柳林街二十五号为小儿施洗礼。敬请光临。爱德华·斯通先生和夫人同启。请赐回示。

[涉外请柬写作模板]

请柬	标题
尊敬的□□先生/女士：	称呼
□□□□公司将于□□年□□月□□日在□□□地，庆祝□□□□活动，恭请□□先生/女士参加。 　　敬请 光临	正文
□□□□□ □□□□年□□月□□日	落款

[涉外请柬范文 1]

请　柬

××先生（××女士）：

谨定于 2010 年 6 月 21 日晚七点在北京的京都信苑饭店举行宴会，庆祝美方华方公司和我方雅丽公司成功签订合作协议，恭请 ×× 先生 / 女士（或者 ××

代表）届时光临。如不能出席，请赐复为盼。电话：010-××××××××

此致

敬礼

雅丽公司董事长

2010年6月15日

[涉外请柬范文 2]

请 柬

××先生（××女士）：

为欢迎俄罗斯联邦政府总理米哈伊尔·叶菲莫维奇·弗拉德科夫华，谨订于二〇〇六年十一月九日（星期四）晚六时十五分在人民大会堂西厅举行宴会。

敬请

光临

中华人民共和国

国务院总理 温家宝

二〇〇六年十一月八日

[涉外请柬范文 3]

INVITATION CARD

On the occasion of

the sixtieth anniversary of the founding

of the Peoples Republic of China（事由）

the ...（举办单位）

requests the honor of your presence

at the reception to be held

in ...（举办场所）

at ...（钟点）p.m.

on Thursday， Oct.1， 2009

请 柬

谨定于二零零九年九月一日（星期四）下午 ×× 时在 ×× 地举行中华人民共和国成立六十周年纪念招待会。

敬请

光临

××××

二零零九年×月×日

[涉外请柬范文 4]

INVITATION CARD

Mr. ...（邀请者）头衔

requests the pleasure of the company of

Mr.and Mrs ...（被邀请者）

at a dinner party

in honor of Mr. ...（邀请者）头衔

at ...（钟点） p.m.

On Saturday， Sept.the 1st， 2015

at the ... Hotel，

in ... Avenue

RSVP Tel：...

Dress： informal

请 柬

谨定于二零零九年九月一日下午 ×× 时在 ×× 饭店举行宴会。

敬请

光临

×××

二零零九年×月×日

[涉外请柬范文 5]

请 柬

Mr.and Mrs.Oliver Barrett III
request the pleasure of your company
at a dinner in celebration of
Mr.Barrett's sixtieth birthday
Saturday, the sixth of March
at seven o'clock
Dover House, Ipswich, Massachusetts
R.S.V.P.2

兹订于三月六日（星期六）晚7时在马萨诸塞州伊普斯威奇镇多佛宅邸设宴庆贺巴雷特先生60岁寿辰，恭请届时光临。

奥利佛·巴雷特夫妇敬上

请赐回示

（接受邀请）

Mr.And Mrs.Benjamin King
accept with pleasure
Mr.and Mrs.Henry James Porter's
invitation to dinner
on Saturday, the fifteenth of September
at seven o'clock
The Golf Club

本杰明·金先生和夫人愉快地接受亨利·詹姆斯·波特和夫人的邀请，参加九月十五日（星期六）晚七时在“高尔夫俱乐部”举行的宴会。

本杰明·金夫妇谨复

（婉拒邀请）

Owing to Mr.Benjamin King’s
absence from town on business
Mrs.King
regrets she is unable to accept
Mr.and Mrs.Henry James Porter’s
kind invitation
on Saturday， the fifteenth of September

万分遗憾，本杰明·金先生因事外出，金夫人不能应邀参加亨利·詹姆斯·波特和夫人订于九月十五日（星期六）举行的宴会，谨表歉意。

本杰明·金夫人谨复

（婉谢邀请）

Mrs.Benjamin King
accepts with pleasure
Mr.And Mrs.Porter’s
kind invitation
on Saturday， the fifteenth of September
but regrets that
Mr.King
will be unable to attend

本杰明·金夫人愉快地接受波特先生和夫人的邀请，参加九月十五日（星期六）举行的宴会。但金先生不能出席，特表歉意。

本杰明·金夫人谨复

（取消邀请）

Mr.and Mrs.Henry James Porter
regret that owing to the sudden illness
of their son they are obliged
to recall their invitation for Saturday
the fifteenth of September

亨利·詹姆斯·波特和夫人因其子突然患病，不得不取消原定于九月十五日（星期六）的邀请。

我们深表歉意。

亨利·詹姆斯·波特夫妇

第三节　欢迎词

一、欢迎词的含义

欢迎词，是指客人光临时，主人为表示热烈的欢迎，在座谈会、宴会、酒会等场合发表的热情友好的讲话。外事活动中的欢迎词可以起到交流感情，促进和加深友谊的作用。

二、欢迎词的特点

（一）欢愉性

"有朋自远方来，不亦乐乎"，所以致欢迎词当有一种愉快的心情，言词用语务必富有激情和表现出致词人的真诚。这才可以给客人一种"宾至如归"的感觉，为下一步各种活动的圆满举行打下好的基础。

（二）简短性

欢迎词作为涉外礼仪类文书，又是口头发表的讲话，通常只需三五分钟时间，故内容要简短精练，并且多使用生活化的语言。

三、欢迎词的写作规范

（一）标题

欢迎词标题写法一般有两种。一种是单独以文种命名。如“欢迎词”。另一种是由活动内容和文种名共同构成。如“在 ×× 学术讨论会上的欢迎词”。

（二）称呼

欢迎词称呼要求写在开头顶格处。要写明来宾的姓名称呼。如“尊敬的各位先生们女士们”“亲爱的 ×× 大学各位同仁”。

（三）正文

欢迎词的正文一般可有开头、主体和结尾三部分构成。

1. 开头

开头通常应说明现场举行的是何种仪式或何种活动，发言者代表什么人向哪些来宾表示热烈欢迎。

欢迎词的称谓要用尊称和全称方式表述，修饰语可以用“尊敬的”、“敬爱的”等，以示庄重和尊敬，比如“尊敬的 ××× 女士”“敬爱的 ××× 先生”。

2. 主体

欢迎词在这一部分一般要阐述和回顾宾主双方在共同的领域所持的共同的立场、观点、目标和原则等内容，较具体地介绍来宾在各方面的成就或在某些方面做出的突出贡献，介绍两国间的交往历史和传统友谊，友好合作的成就等。同时要指出来宾本次到访或光临对增加宾主友谊及合作交流所具有的现实意义和历史意义。

3. 结尾

欢迎词通常在结尾处再次向来宾表示欢迎，并表达自己对今后合作的良好祝愿。

（四）落款

欢迎词的落款要署上致词单位名称、致词者的身份、姓名，并署上成文日期。

四、欢迎词的常用句型

（1）On behalf of sb，I have the honor extend this warm welcome to sb.

我很荣幸地代表大家向你们表示热烈欢迎。

（2）Permit me extend these warm welcome and gracious greetings to our distinguished guests coming from afar.

请允许我向远道而来的贵宾表示热烈的欢迎和亲切的问候。

（3）I am very delighted to extend this personal warm welcome to guest.

我很愉快地以我个人的名义，对来宾致以热烈欢迎。

（4）Extend a warm welcome to sb.

表示热烈欢迎。

（5）It is with great pleasure that I extend a warm welcome to you.

怀着愉快的心情向你们表示欢迎。

（6）To take this opportunity to convey to our guest.

向客人表示热烈欢迎。

（7）I am very happy to have this second chance of joyful gathering with you.

我非常高兴和你再次相聚。

[欢迎词写作模板]

在□□□上的欢迎词	标题
尊敬的□□□□:	称呼
我代表□□□□对各位贵宾的到来表示热烈的欢迎！ 最后，我祝愿本次□□□会议取得圆满成功！	正文
□□□□□ □□□□年□□月□□日	落款

[欢迎词范文 1]

习近平在APEC欢迎宴会上的致辞

尊敬的各位同事，尊敬的各位来宾，女士们、先生们，朋友们：

大家晚上好！在亚太经合组织第二十二次领导人非正式会议召开之际，大家不远万里来到北京，用中国人的话来说，就是大家有缘分，有缘千里来相会。

首先我代表中国政府和人民，代表我的夫人，也以我个人的名义对各位贵宾的到来表示热烈的欢迎！

刚才我在门口迎接大家，看到各位都穿上中国式服装，既充满了中国传统元素，又体现了现代气息，让我们更感亲近。中国老百姓看了以后，也会感到亲切，会感到各位就像到邻居家串门，来朋友家叙旧一样。特别是各位女士的服饰格外鲜丽，群芳荟萃、姹紫嫣红，为今天的晚宴增加了一道亮丽的风景线。我们现在所在的地方叫水立方，对面是鸟巢，这两个建筑一方一圆，这蕴含着天圆地方中国的哲学理念，形成了阴阳平衡的统一。中国举办 2008 年北京奥运会的时候，水上的项目比赛就在这里举行的，那一次共产生了 44 枚金牌，创造了 25 项世界纪录，很多来自在座的各成员国的选手，在这里创造了超越自我的奇迹。今天在座的领导人，有的当年就参加了北京奥运会的开幕式。

这几天我每天早晨起来以后的第一件事，就是看看北京空气质量如何，希望雾霾小一些，以便让各位远方的客人到北京时感觉舒适一点。好在是人努力天帮忙啊，这几天北京空气质量总体好多了，不过我也担心我这个话说早了，但愿明天的天气也还好。这几天北京空气质量好，是我们有关地方和部门共同努力的结果，来之不易。我要感谢各位，也感谢这次会议，让我们下了更大的决心，来保护生态环境，有利于我们今后把生态环境保护工作做得更好。也有人说，现在北京的蓝天是 APEC 蓝，美好而短暂，过了这一阵就没了，我希望并相信通过不懈的努力，APEC 蓝能够保持下去。

我们正在全力进行污染治理，力度之大，前所未有，我希望北京乃至全中国都能够蓝天常在，青山常在，绿水常在，让孩子们都生活在良好的生态环境之中，这也是中国梦中很重要的内容。

各位同事，女士们、先生们、朋友们，我们之所以选择水立方来举行这个晚宴，是因为水在中国文化中具有重要的象征意义。2000 多年前，老子说："上善若水，水利万物而不争。"意思就是说最高境界的善行就像水一样涓涓细流，泽被万物。亚太经合组织以太平洋之水结缘，我们有责任使太平洋成为太平之洋，友谊之洋，合作之洋，见证亚太地区和平、发展、繁荣、进步。

这是一个富有意义的夜晚，我们为亚太长远发展的共同使命而来，应该以此为契机，一起勾画亚太长远发展愿景，确定亚太未来合作方向。明天我们将相会在燕山脚下雁栖湖畔，正式拉开领导人会议的序幕。孔子说："智者乐水，仁者乐山"，那儿有山有水，大家可以智者见智，仁者见仁，共商亚太发展大计，共谋亚太合作愿景。

现在我提议，大家共同举杯，为亚太地区繁荣进步，为亚太经合组织蓬勃发展，为这次领导人非正式会议圆满成功，为各位嘉宾和家人的健康干杯！干杯！

中华人民共和国主席　习近平

2014年11月11日

[欢迎词范文 2]

黄思绵在首届青奥会开幕式上的欢迎词

The President of the Republic of Singapore, Mr S.R.Nathan, The President of the International Olympic Committee, Mr Jacques Rogge, The Prime Minister of the Republic of Singapore, Mr Lee Hsien Loong, Royal Highnesses, Excellencies, My IOC Colleagues, Members of the Olympic family, Young Olympians, My fellow Singaporeans, Ladies and gentlemen,

新加坡共和国总统纳丹先生，国际奥委会主席雅克·罗格博士，新加坡共和国总理李显龙先生，尊敬的皇室成员、阁下，国际奥委会的同事们，奥运大家庭的成员们，年轻的奥林匹克运动员们，新加坡的公民们，女士们、先生们，

Good evening, it is a great honour and privilege for me to stand before you and to warmly welcome you to the Opening Ceremony of the inaugural Youth Olympic Games.

晚上好！非常荣幸能够站在这里，诚挚地欢迎你们来到第一届青奥会开幕式现场。

Tonight, we witness the birth of the Youth Olympic Games and share with the world this historic moment.Tonight, we welcome 3, 600 Young Olympians to

Singapore；and over the next 12 days we will witness these outstanding talents from the 204 National Olympic Committees compete in 26 Olympic sports.

今晚，我们一同见证青年奥林匹克运动会的诞生，与全世界共同分享这一历史时刻。今晚，我们欢迎3600名青年奥林匹克运动员来到新加坡。在接下来的12天中，我们将共同见证来自204个国家和地区奥委会的优秀运动员们在26个比赛大项中展现风采。

The Young Olympians will compete against each other in sports and they will also come together to take part in the Culture and Education Programme as friends and partners.The IOC has envisaged the Culture and Education Programme as a defining element of the Youth Olympic Games，differentiating it from other Games.

青年运动员们不仅是赛场上竞争高下的对手，也会是场下的朋友、队友，并一同参与各种文化教育活动。国际奥委会将文化教育活动作为青奥会的重要元素，并以此区别其他综合运动会。

Through the programme，the Young Olympians will take part in activities and discussions on global and social issues as well as learn how they can make a positive impact in their community.Most importantly，we hope that they will build strong and abiding bonds of friendship，and learn that the power of sports and the ideals of the Olympic values can help us build a more united and peaceful world.

通过文化教育活动，青年运动员们不仅将参与各种活动以及关于全球事务的讨论，还将学习如何在社区中发挥积极的作用。尤为重要的是，我们希望通过这些活动，青年运动员们能够建立坚定、长久的友谊，认识到体育的力量以及奥林匹克价值理念可以帮助我们建立一个团结、和平的世界。

President Rogge and my dear IOC colleagues，thank you for your vision and for your gift to the youth of the world.Thank you for these Games that will change lives and imbue the Olympic values of Excellence，Friendship and Respect.Thank you for entrusting this exciting challenge to Singapore.

雅克·罗格主席和国际奥委会的同事们，感谢你们的想象力，感谢你们为全世界的年轻人带来的礼物。感谢奥运会，她能改变生活，传播卓越、友谊、互敬的奥林匹克理念。感谢你们为新加坡带来的机遇与挑战。

My friends and colleagues at the International Federations and National Olympic Committees, thank you for your close collaboration.Together with the IOC, we have co-constructed this very first Youth Olympic Games in these short and eventful two and a half years.We could not have done it without you.

谢谢你们，我的同事们，国际体育联合会以及国家和地区奥委会的朋友们，感谢你们的协作与支持。在短短的两年半里，我们与国际奥委会一起筹备了第一届青年奥林匹克运动会。没有你们，一切皆无可能。

On behalf of the Singapore 2010 Youth Olympic Games Organising Committee, I will like to thank our Prime Minister Mr Lee Hsien Loong and the Government of Singapore for the wholehearted support they have given to these Games.

我谨代表2010年新加坡青奥会组委会，感谢李显龙总理以及新加坡政府对本次运动会提供的大力支持！

To my fellow citizens, thank you for the concerted effort from the whole of Singapore.More than 20, 000 have volunteered their services directly to the Games, and many thousands more have offered their support in many other ways.I call upon all Singaporeans to be gracious hosts and to create a meaningful and memorable experience for our all guests.

感谢新加坡人民的理解和努力！超过20000名志愿者为运动会工作，众多的市民以不同的方式支持青奥会的举办。我号召全体新加坡人民礼貌待客，为我们的客人和观众带来一次意义非凡、无法忘怀的经历。

Friends from all over the world, just 5 days ago on August 9th, Singapore celebrated the 45th Anniversary of her Independence.In the course of our history, we have come through many trials and tribulations, growing from a small fishing village 200 years ago to the Singapore of today.We are proud of our country and what we have achieved together.There are so many things to do, to see and to explore in Singapore. To our overseas guests I wish you a pleasant and memorable stay.

全世界的朋友们，5天前，8月9日，新加坡刚刚度过了第45个国庆日。在国家历程中，我们经历了无数考验的苦难，从200多年前的一个小渔村成长为今时今日的独立国家。我们为祖国自豪，为我们独立之后取得的成就自豪。新加坡有众多事务值得去发现，去体验。愿来自海外的游客们留下难忘的回忆。

Thank you all for joining us in this exciting journey.Let us celebrate and enjoy the Youth Olympic Games and live the Olympic Values of Excellence, Friendship and Respect.

感谢加入青奥之旅。让我们享受青奥会，实践卓越、友谊、互敬的奥林匹克理念。

Thank you.Merci beaucoup.

谢谢你们！非常感谢！

Now, I have the honour to invite Mr Jacques Rogge, President of the International Olympic Committee, to deliver his address.Mr President, please.

现在，我很荣幸地邀请国际奥林匹克委员会主席罗格博士致辞！

新加坡青奥会组委会主席

黄思绵

2010年8月14日

[欢迎词范文 3]

Welcoming Remarks at First ConGen Wuhan July 4th Reception

by US Consul General to Wuhan Wendy Lyle

July 4th, 2008

在第一届武汉总领馆美国国庆招待晚会所致的欢迎词

美国驻武汉领事馆总领事 白小琳

2008年7月4日

Good Evening, Ladies and Gentlemen ! I am Wendy Lyle, the U.S.Consul General in Wuhan and the moderator of tonight's reception.

大家好！我是白小琳，美国驻武汉总领事，也是今天晚上美国国庆招待会的主持人。

On behalf of the U.S.Consulate General in Wuhan, I would like to extend a hearty welcome to all of you——Vice Governor Tian Chengzhong of Hubei ; Deputy Mayor

Yue Yong of Wuhan ; French Consul General ; senior officials from all four provinces of the Wuhan Consular District ; mayors and deputy mayors and senior government officials of 13 cities in central China ; presidents, professors and students from 14 universities ; members of Wuhan art community ; my dear friends from Shenzhen, Hong Kong and Wuhan Tiandi ; my good colleagues from the U.S.Embassy in Beijing ; and distinguished representatives of Beijing and Wuhan American business communities.

我谨代表美国驻武汉总领馆，竭诚欢迎大家！欢迎田承忠副省长；法国总领事费勇；湖北，湖南，江西，河南省政府的领导；代表武汉，鄂州，荆州，宜昌，襄樊，长沙，岳阳，湘潭，南昌，九江，郑州，开封与洛阳的书记，市长，副市长和其他市政府领导；代表十四所中部高等学府，包括武汉大学，华中科技大学，中国地质大学，华中农业大学，华中师范大学，中南财经政法大学，中南民族大学，湖北大学，江汉大学，湖北美术学院，长江大学，南昌大学，和湖南女子大学的校长，副校长，老师和同学；武汉文化艺术界的知名人士，从深圳，香港和武汉等地来的好朋友，从北京使馆来的好同事，还有代表北京和武汉美国商业界的贵宾们。

Before we begin tonight' s reception, let' s take a moment to commemorate all the victims of the tragic Wenchuan Earthquake and pay tribute to the American and Chinese people who have shown such courage to help the victims recover from the tragedy and rebuild their communities.To date, total U.S.Government assistance to China is valued at nearly $3.7 million.The U.S.private sector has provided more than $102 million in cash and in-kind contributions to Chinese response efforts.On June 29, Secretary of State Condoleezza Rice visited the disaster zone and praised China's post-quake recovery efforts.She told the reporters afterwards, "I'm really impressed by the recovery effort.It is really a sign of how the human spirit can overcome great devastation."

在我们开始今天晚上的典礼之前，让我们向汶川震灾受难的百姓致哀，并向中国人民在救灾中勇敢博爱帮助灾民重整家园致敬。到目前为止，美国政府已经提供了 370 多万美元的援助。美国人民的私人捐赠超过 10200 万美元。6 月 29 日，美国国务卿莱斯亲临灾区慰问。她对中国灾后救援工作十分赞扬。她告诉记者们说这是人定胜天的表现。

It is a joyful occasion and a historical moment for us to get together at the Holiday Inn tonight to celebrate this great holiday-the 232nd Independence Day of the United States, and to pay tribute to our strong friendships with China and France.I would like to invite all of you to join me for a national anthem sing-along.We will begin with the U.S.national anthem, and then the national anthem of our host country, China.

今晚我们相聚一堂，在天安假日酒店，欢庆这个美好的假日 -- 美国第 232 个独立周年纪念日，并为美国与中国和法国的友谊致敬。这是一个富有历史意义的日子。我们要以唱国歌向美国和中国致敬。我们先邀请美国朋友欢唱美国国歌，再邀请中国朋友欢唱中国国歌。

The establishment of a Consulate General in Wuhan is a landmark in U.S.history. It opened a new chapter in U.S.-China relations.It is a concrete demonstration of the strong and growing ties between the United States and China.Never in the shared history of our two countries have the United States and China been so deeply engaged, working together on a wide scope of global issues than ever before.China is one of our most important bilateral relationships and will continue to be central to our success on nearly all fronts of our foreign policy.On June 29, Secretary Rice mentioned the importance of the bilateral relations in a press conference and said, "The United States and China simply must work together if we are going to resolve the many challenges that we face in the international community in a constructive and diplomatic manner."

美国驻武汉总领馆的设立是美国历史上的一个里程碑，给美中关系展开了新的篇章，是美中关系日益紧密的证明。两国在许许多多全球性问题上携手合作，关系密切，前所未有。对美国而言，中国至关紧要。美中关系在美国全面外交关系中具有核心重要地位。6 月 29 日，莱斯国务卿在新闻发布会上提到了美中关系的重要性。她说“要以外交途径，有建设性的解决我们在国际上所面临的许多挑战，美中两国非合作不可。”

It is truly an honor to have you here with me to celebrate the first U.S.Consulate General Wuhan July 4th Reception. "July Fourth" embodies all the wonderful aspirations we Americans strive for as we serenade our national identity and national values, and pay homage to our friendships and partnerships with China and France.

今天晚上非常荣幸请到大家在武汉和我一起共同欢庆第一届美国驻武汉总领馆美国国庆招待晚会。七月四日代表着美国精神，也代表着美国政府与人民重视美中法三国友谊与互利互惠合作关系的情怀。J-Joy（J 代表欢欣鼓舞），U-United States（U 代表美国），L-Life（L 代表生生不息），Y-Youth（Y 代表青春活泼），F-Friendship（F 代表友谊长存），O-Originality（O 代表独特创新），U-Unity（U 代表团结一致），R-Resourcefulness（R 代表灵机应变），T-Trade（T 代表商贸兴隆），H-Humanity（H 代表人性社会）。

With all my sincerity，I would like to offer my thanks on this special day.I thank the U.S.and Chinese governments for their wisdom to sign the 1981 Consular Facilities Agreement and select Wuhan as the site of one of the U.S.Consulate Generals in China.I thank the American and Chinese people for giving me the honor to serve as the first US Consul General of Wuhan.And I thank all the provincial and municipal governments in Hubei，Hunan，Jiangxi and Henan for giving me all the support I could have hoped for in the past seven months since I arrived here to run the Consulate on my own while the office is being set up.

在今天这个特殊的节日里，我诚挚地向大家表示感谢。感谢美中两国政府有先见之明，签署了 1981 年美中领事协议，并选择武汉作为美国总领馆馆址之一。感谢美中两国人民给我这个机会担任第一任美国驻武汉总领事。感谢湖北，湖南，江西与河南各个省市政府在过去七个月里尽全力支持我一个人在武汉上任，开办总领馆。

I thank all of you for being here tonight to make this reception such a memorable occasion.I thank Wuhan Tiandi for donating all the services to provide glorious decorations and help organize musical and dance performances for the reception.I thank Jianghan University，Hubei University，South Central University for Nationalities and Hunan Women’s University for volunteering professors and students to bring us excellent musical and dance performances.I thank Wuhan University Interpretation Team volunteers.I thank Hubei Art Academy and Wuhan artists for donating their services to mount an art exhibit at the reception and share their artistic inspirations with us.I thank Wuhan volunteers and my Embassy colleagues for your assistance.I thank the American Chamber of Commerce in China and American business leaders in Wuhan for your much-appreciated support and donations.I thank Holiday Inn for providing complimentary space and outstanding services，and last，but not least，I thank Wuhan Public Security Bureau for working so hard to make us very safe tonight.

Thank you！

感谢大家百忙中抽空参加今天晚上的招待会，给我们带来了美好的回忆。感谢武汉天地为招待会策划庄严隆重的装潢，并协调全场音乐和舞蹈表演。感谢江汉大学，湖北大学，中南民族大学和湖南女子大学师生们自动自发，为招待会带来精彩的歌舞表演。感谢武汉大学口译队提供志愿服务。感谢湖北美术学院美术馆和武汉的艺术家们为招待会精心筹划艺术邀请展，给我们一个大好机会一睹你们的灵感与才华。感谢爱护我，支持我的武汉志愿者，和美国使馆同事们的协助。特别感谢美国中国商会和武汉美国商业界的领导们大力支持与捐赠。感谢汉口天安假日酒店提供场所，服务到位。更重要的，我们感谢武汉公安局辛苦筹划，彻底提供万无一失的安全措施。

谢谢！

I now would like to invite Vice Governor Tian Chengzhong of Hubei to make remarks.

现在我诚挚邀请湖北副省长田承忠为我们讲话。

（Vice Governor Tian’s remarks-5 minutes with consecutive interpretation）

（田省长讲话及翻译五分钟）

I now invite AmChamChina Chairman Jim Zimmerman to make remarks.

现在我诚挚邀请美国中国商会主席吉莫曼先生讲话。

（Chaiman Zimmerman’s remarks-5 minutes with consecutive interpretation）

（吉莫曼先生讲话及翻译五分钟）

Now let’s us toast the July 4th and long live friendships！

现在我们一起举杯为美国国庆和友谊万古长青干杯！

[欢迎词范文 4]

Welcome Address

欢迎词

Dear Delegates,

On behalf of Southwestern University of Finance and Economics, it is our pleasure to welcome economists from all over the world to "2012 conference on Trends and Cycles in Global Dynamics and Perspectives of World Development" jointly organized by School of Economics of Southwestern University of Finance and Economics (China), Faculty of Global Studies of Lomonosov Moscow State University (Russia), Institute of Economics Russian Academy of Sciences (Russia), The Chinese Economist Society (CES) and China Society of World Economics (CSWE).

This year's conference marks the 120th anniversary of economist Nikolai Kondratieff's birth, as well as the 90th anniversary of the publication of his Mirovoye khozyaistvo i ego conyunktury vo vremya i posle voiny [The World Economy and its Conjunctures during and after the War] (Vologda, 1922), where he first spelled out the idea of long cycles, which is known as Kondratieff cycles or Kondratieff waves (or K-waves for short) later.

The global trend is one of the major challenges nowadays, which brings about both advantages and disadvantages to economies all over the world.We will seek to address issues of globalization with both national and supranational, group and world interests, and identify how countries prepare well for the global trends in an open international economy.Since the world financial crisis has revealed weaknesses in some aspects of globalization, the discussion of the current process and of the multiple economic dimensions is very important to the recovery of the world economy.This conference will provide an opportunity for professional researchers to present and share the latest perspectives about global dynamics and world development.

We have received paper submissions from 18 countries and areas, 85 of which will be presented and discussed in 24 sessions in this year's conference.The organizers are grateful to the authors for their enthusiasm and to all the reviewers for their work and time given to evaluate the volunteered submissions in detail.

The 2012 conference on Trends and Cycles in Global Dynamics and Perspectives of World Development will offer you up to date studies and researches on globalization and world economy in your field.We specially thank all members of the committee for their contributions to the organization of this conference.

Kind Regards

Dewu Zhao,
Zongyi Zhang
Southwestern University of Finance and Economics

[欢迎词范文 5]

欢迎词

亲爱的各位代表们：

金秋十月，丹桂飘香。蓉城日丽风和，柳林秋高气爽，欣逢 2012 全球化进程国际学术大会召开之际，我谨代表 ×××× 大学向远道而来的各位嘉宾致以最热烈的欢迎！

本次全球化进程国际学术大会，以著名经济学家尼古拉·康德拉季耶夫诞生 120 周年及其著作 “The World Economy and its Conjunctures during and after the War” 发表 90 周年为契机，由 ×××× 大学与莫斯科罗诺蒙夫国立大学共同主办，中国世界经济学会和中国留美经济学会协办。同时，我们十分荣幸地邀请到了来自美国、俄罗斯、英国、德国、乌克兰、澳大利亚、新加坡、南非、瑞士等十多个国家的多名经济学者共聚 ×××× 大学，参加此次全球化进程国际学术大会。通过为国际范围内的学术对话与讨论搭建平台，全球化进程国际学术大会将成为一次影响范围广、学术水平高、社会意义大的经济学盛会。

全球化是本次会议的讨论主题，也是当今世界格局发展的必然趋势。经济全球化是全球化进程的主要方面，包括了金融全球化、生产全球化、贸易全球化、技术全球化等不同领域的经济现象。借助于经济全球化，世界经济活动超越国界，以对外贸易、资本流动、技术转移、提供服务的方式形成相互依存、相互联系的覆盖全球范围的有机经济整体。经济全球化发展的同时，也将伴随着政治、文化等诸多方面的全球化发展。因此，全球化的时代，是竞争与合作并存、机遇与挑战相倚的时代。对于正处在改革发展关键时期的中国，和其他世界各国，思考如何适应全球化大背景下的多元化发展趋势、如何应对全球化发展衍生出的经济与社会危机、如何在良性竞争的同时实现互利共赢等问题，有着巨大的现实意义。

本次全球化进程国际学术大会将从理论与实际的不同视角，探讨全球化——特别是经济全球化进程中的重点与热点问题，展示当前经济学界在相关领域的最新研究成果。通过对于热点学术问题的相互交流，以及对于当前经济现象的共同思考，必将推动全球化问题研究的进步，为中国改革开放、世界经济的复苏和进一步发展提供丰富的建议。

衷心祝愿各位领导、同僚，各位专家、学者，各位新老朋友们蓉城之行愉快！

××××大学

校长：×××

2012年10月13日

[欢迎词范文6]

在亚欧议员伙伴会议上的欢迎词

各位议员朋友，女士们，先生们：

中国政府一向重视亚欧会议进程，是进程的积极参与者和推动者。中国国务院总理出席了历届亚欧首脑会议，积极倡导和平、开放、协作、发展的理念，阐明建立亚欧新型伙伴关系的基本原则，提出关于加强亚欧政治对话与磋商、深化和提升经贸关系、加强环境与农业领域合作、拓展文化文明对话、推动青年交流等倡议和主张。中国发起和主办了多项部长级会议和其他重要活动，内容涉及环境、文化、科技、中小企业、海关、农业、司法等众多领域，是首倡部长级会议最多的成员，为推动亚欧政策对话与务实合作做出了积极努力。

今年10月24日至25日，中国将在北京主办第七届亚欧首脑会议。本届首脑会议是亚欧会议实现第二轮扩大后45方领导人首次聚会。会议主题为“对话合作、互利共赢”，将围绕政治、经济和社会文化三个领域进行深入讨论，包括与可持续发展相关的问题。我们希望借此次首脑会议，进一步加强与亚欧国家的友好关系，深化亚欧双方在各领域的平等对话与互利合作，创造共赢局面，造福两大洲人民。

为推动亚欧会议进程进一步深入发展，我愿在此谈谈以下几点看法：

第一，亚欧会议应成为成员间增进互信、理解和协调、配合的渠道。为不断适应新的形势发展，应对当前各种传统和非传统安全挑战，亚欧各方应进一步加强协调与配合，共同推进和平与发展的事业，共同推动国际热点问题和地区争端的妥善解决，在国际事务中发挥更大的建设性作用。

第二，亚欧会议应成为地区间开展全方位、多领域务实合作的平台。亚欧各方同为全球化的重要参与者，应继续探求有效的具体途径，加强在经贸、金融、科技、文化、教育等领域的全面交流和务实合作，从对话走向行动，使亚欧人民切实受益，实现互利共赢。

第三，亚欧合作应成为国家间实现和谐共处的典范。亚欧各国在历史背景、社会制度、文化传统和经贸发展等方面的多样性和互补性应成为各方相互借鉴、共同进步的基础和动力。亚欧各方应继续坚持相互尊重、平等互利的原则，开放包容，和谐共处。

女士们，先生们，

亚欧议员伙伴会议对于推进亚欧会议进程有着重要影响。我们希望本届伙伴会议能够多献计献策，为首脑会议及相关讨论提供有益的建议。最后，我祝愿本届亚欧议会伙伴会议取得圆满成功。

谢谢大家！

×××

××××年××月××日

第四节　欢送词

一、欢送词的含义

欢送词是宾客应邀参加活动将返回之时，主人为表达对宾客的欢送之意，在告别仪式或告别宴会上向告别对象发表的表示感谢、欢送之意的带有礼仪性质的应用性文书。

二、欢送词的特点

（一）惜别性

“相见时难别亦难”，中国人重情谊的民族传统精神在今天更显得金贵。欢送词要表达外宾远行时的感受，所以依依惜别之情要溢于言表，而且格调也不可低沉。涉外公共事务的交往更应把握好分别时所用言辞的分寸。

（二）口语性

和欢迎词一样，欢送词的遣词造句也应注意使用生活化的语言，使送别既富有情趣又自然得体。

三、欢送词的写作规范

（一）标题

欢送词标题常见的写法是只标示文种名称，即在第一行居中用较大字体书写“欢送词”三字。也可以写成“在 ××× 会议闭幕式上的欢送词”或是“××× 在 ×××× 会议闭幕式上的欢送词”。

（二）署名

常见的写法是在标题之下居中书写致词者的姓名，可以在致词者姓名前面标示其身份，在姓名的上行或下行居中写上致词日期。如果标题中已出现致词者的姓名，则省略署名。

（三）称谓

欢送词的称谓通常是在标题或署名下另起一行顶格书写告别对象的名称。称谓后加冒号。要用尊称方式和全称方式表述，修饰语可以用“尊敬的”“敬爱的”等，以示庄重和尊敬，比如“尊敬的 ××× 女士”“敬爱的 ××× 先生”等。

（四）正文

正文的内容一般分为三种：一是表达惜别之情，即直言告别的原因，表达自己的依依不舍之情；二是表达感激之情，即回顾与告别对象的友谊，向告别对象表达真诚的感谢，希望今后加强联系、继续合作；三是表达留恋之情，即呼应开头的惜别之情，强调难舍难分的留恋之情，将情感推向高潮。

（五）结语

结束语通常是在正文下另起一行空两格书写，多为简洁的致谢语。要再次表达惜别之情，期待未来的再次来访，并祝良好愿望和希望等。

结语也可融入正文部分。

（六）落款

落款在正文末偏右下方，署上致词单位的全称，如果标题中有名称，可以不再署名。以个人名义致词的，一定要署上致词者的身份、姓名。署名下一行署上成文日期。

四、欢送词的常用句型

（1）Thanks for your understanding and cooperation you have given us in those days.

感谢你这几天给予我们的理解和合作。

（2）Parting is such sweet sorrow.

别离是如此甜蜜的悲伤。

（3）There is an old saying in China "A bosom friend afar brings a distant land near".We are friend forever.

中国有句古话说："海内存知己，天涯若比邻。"我们永远是朋友。

[欢送词写作模板]

欢送词	标题
尊敬的□□□： 我代表□□□□对□□□的圆满访问表示热烈的祝贺！ 在即将分别的时刻，我们的心情依依不舍。 祝□□□一路顺风，万事如意！	称呼 正文
□□□□□ □□□□年□□月□□日	落款

[欢送词范文 1]

欢送词

尊敬的女士们、先生们：

首先，我代表 ×××，对你们访问的圆满成功表示热烈的祝贺。

明天，你们就要离开 ×× 了，在即将分别的时刻，我们的心情依依不舍。大家相处的时间是短暂的，但我们之间的友好情谊是长久的。我国有句古语："来日方长，后会有期。"我们欢迎各位女士、先生在方便的时候再次来 ×× 作客，相信我们的友好合作会日益加强。

祝大家一路顺风，万事如意！

××××公司总经理×××

××××年××月××日

[欢送词范文 2]

欢送词

尊敬的查理博士、同志们、朋友们：

刚好在两个星期以前，我们愉快地在这里欢聚一堂，热烈欢迎查理博士。

今天，查理博士在访问了我国的许多地方之后，即将离去，将于明天回国。我们再一次在这里欢聚一堂，欢送查理博士。我谨代表全体教育厅人员，对查理博士的来访表示感谢，对查理博士的离去表示欢送。

查理博士的访问虽然是短暂的，然而，却是极其成功的。在北京期间，查理博士会晤了有关方面的领导同志，参观了工厂、公共设施、学校，与各界人士进行了广泛的交谈，并认真研究了我国的政治、经济、文化和教育状况，加深了对我国的认识。

在向查理博士告别之际，我真诚地希望查理博士给我们提出批评、意见和建议，以便我们进一步改进工作。同时，我想借此机会，请求查理博士转达我们对英国人民的深情厚谊，转达我们对他们的亲切问候和敬意！

最后，祝查理博士一路平安，身体健康！

××省教育厅厅长×××

××××年××月××日

[欢送词范文 3]

ladies and gentlemen,

Good afternoon.

Time goes so quickly and your visit to changsha is drawing to a close.Please allow me to take this opportunity to say something about our wonder trip.

In these days, we visited Yuelu Mountain, Hunan Provinical Museum, and so on.I wish to thank you all for the understanding and cooperation you have given us.

You have been very punctual on all occasions, which made things a lot easier for our work.Two days ago, we met as strangers, today, we bid farewell each other as friends.I treasure this friendship established with you.

If you have some comments and suggestions about our services, make you unhappy, I want to say sorry, we will correct it when you come again.

As you have probably observed, changsha is developing very quickly, the city will become more and more beautiful.I hope to say you again in the future and to be your local guide again.I hope you have a wonderful life in your country.Thank you.

Yours sincerely

×××

[欢送词范文 4]

ladies and gentlemen,

Today is one of the happiest and saddest days in my life.I am very happy that Mr.Jones has been promoted to the director of the Los Angeles branch.However, I am very sad that he has to leave us behind.

As you know, for the past five years Mr.Jones has been with us, he has always been our pride, with his talent, abilities, and warm personality.He always made an extra effort to adapt himself to the Chinese way of life and business.

Indeed, his absence from this office is a big loss, but it will definitely be a great gain for the Los Angeles office.

Mr.jones, we are going to miss you very much and we all wish you the very best in your future.

Yours sincerely

×××

[欢送词范文 5]

Ladies and Gentlemen,

Time goes so quickly and your trip to China is drawing to a close.It' s pity that you cannot stay in Xinjiang any longer.Then please allow me to take this opportunity to say goodbye to you.

I would like to tell you that it is a great pleasure for me to spend these days as your guide.I have had the opportunity to meet and get to know you, and we have spent a great deal of time together.I hope you enjoyed these few days as much as I have.We have tried to make you stay here in Xinjiang as pleasant and enjoyable as possible.We sincerely hope that you have enjoyed being here and that one day in the future you will return to visit us again.If there is anything we can do to make this possible, please feel free to call us.

I wish to thank you all for the cooperation and support you have given us in the past several days.You have kept good time on all occasions, which made things a lot easier for me.You have been very attentive when we had anything to tell you.I' d like to add that you are the best group we' ve ever been with.

Several days ago, we met as strangers, but today we say goodbye to each other as friends.A Chinese saying goes, "A good friend from afar brings a distant land closer." I hope you' ll take back happy memories of your trip to Xinjiang and you are welcome to come back sometime in the future.

As you have probably observed, Xinjiang is developing very quickly.When and if you come back in the future, here may have changed beyond recognition.Meanwhile, I will continue my humble job as a tour guide.I wish to see you again in the future and to be your guide.

Once again，thank you for your cooperation and support.Goodbye！

Yours sincerely

×××

第五节　祝酒词

一、祝酒词的含义

祝酒词是在宴会开宴前主人表示热烈欢迎、亲切问候、诚挚感谢，客人答谢并表示衷心祝愿的应酬之辞。祝酒在现代社会是人们交往中的一种祝愿的形式，酒本身不是祝贺对象，而是以酒助兴，借酒言欢，把酒作为交往的媒介进行祝愿，以此表达对客人的祝愿和欢迎，起到活跃现场气氛、增进主客之间感情的作用。一篇得体的祝酒词，有助于把酒会宴席的气氛烘托得更加喜庆热烈。在今天国际间的交流和交往活动中，祝酒词是招待贵宾的一种常用的礼仪。

二、祝酒词的特点

祝酒词一般都篇幅简短，语言口语化。其特点主要有三点：

一是祝愿性，即祝愿双方事业成功或祝愿幸福，要发自内心地向对方表达良好的祝愿；

二是渲染性，即以热情好客的语言为酒会营造友好和谐的气氛；

三是简洁性，即语言生动简洁，富有吸引力。

祝酒词必须要有表示欢迎、感谢和干杯的语句，还要特别讲究外交辞令和礼仪方面的要求。

三、祝酒词的写作规范

（一）标题

标题可以在第一行居中用较大字体书写“祝酒词”三字；也可以由讲话者姓名、会议名称和文种构成，如“××× 在 ×× 会上的祝酒词”“××× 在 ×× 宴会上的讲话”等。

（二）署名

从文本角度来看，如果标题中没有出现致辞者的姓名，可在标题之下居中写致词者的姓名。

（三）称呼

称呼是指接受祝贺的单位、团体名称或个人姓名。在标题或署名之下另起一行顶格书写致辞对象的名称。称谓后加冒号。为了表示热情和亲切、友好之意，前面可以加修饰语“亲爱的”“尊敬的”“尊贵的”等，后面可以加上“先生”“女士”“同志”等称谓。

（四）正文

正文是祝词的主体部分。在称呼之下另起一行空两格开始书写，一般由开头、主体和结尾三部分构成。

1. 开头

开门见山地说明设宴目的，表达致辞者的心情，说明祝贺、欢迎、问候的对象、原因，以及致辞人代表谁，并表示祝贺、祝愿或感谢等。

2. 主体

根据宴请的对象、宴会的性质，用饱含感情的笔墨叙写主人的必要的想法、观点、立场和意见。如访问的意义、聚会的目的、双方友谊的回顾、彼此的合作、未来前景的展望、美好的祝愿和希望等。总之要回顾过去、放眼全局、展望未来。

3. 结尾

用提议为什么干杯来表示祝愿、鼓励或希望的话语作结。其写法通常是另起一行写上“最后我提议”“我提议”“请允许我举杯”等语句。“干杯”两字也经常独占一行，后用感叹号。结尾采用分行排列的形式。从内容长短看，有用一两句话表达的，有用几句话的，还有用十几句、几十句话表达的。从祝酒的范围看，有回敬东道主的，有对全体宾客的，也有对个别人的，祝词内容要视具体情况而定。

四、祝酒词的常用句型

（1）Here's to your health / success.

为你的健康 / 成功干杯!

（2）Here's to our friendship！

为我们的友谊干杯!

（3）Here's to Tom for his new job！

为汤姆的新工作干杯!

（4）It gives me great pleasure on behalf of this company to extend a warm welcome to the members of the delegation.

我非常荣幸代表公司向代表团各位成员的到来表示热烈的欢迎。

（5）This visit is another symbol of the growing ties between our two countries.

这次访问对我们两国有着增强纽带的重要作用。

（6）I' d like to propose a toast to the health of our host，to our growing personal as well as commercial ties，and to the happiness of the people of our two countries.

我提议，为我们的客人的健康，为我们不断发展的私人以及商业合作，为我们两国人民的幸福，干杯!

（7）Let me begin by saying，“ A Happy New Year ！” to all of you and especially to Mr.Smith，our guest of honor.

对各位，尤其是我们的贵宾史密斯先生，我首先要说的是，“新年快乐!”

（8）Let us all now drink a toast to the future success of the company.

现在我们大家一起来干杯，祝公司未来宏图大展!

[祝酒词写作模板]

在□□□宴会上的祝酒词 □□□□年□月□□日 □□□	标题 署名
尊敬的□□□:	称呼
今天，我们高兴得迎来了□□□。我谨代表□□□□对□□□的莅临□□□表示热烈的欢迎! 现在，我提议：为了□□□身体健康，为了□□□之间的合作不断加强，干杯!	正文

[祝酒词范文1]

弘扬奥林匹克精神，共创世界美好未来

——在北京奥运会欢迎宴会上的祝酒词

（2008年8月8日）

中华人民共和国主席　胡锦涛

尊敬的国际奥委会主席罗格先生，尊敬的国际奥委会名誉主席萨马兰奇先生，尊敬的各位国家元首、政府首脑和王室代表，尊敬的各位国际奥委会委员，尊敬的各位贵宾，女士们、先生们，朋友们：

今晚，北京奥运会将隆重开幕，我们共同期待的这个历史性时刻就要到来了。我谨代表中国政府和人民对各位嘉宾莅临北京奥运会，表示热烈的欢迎！

在北京奥运会申办和筹办的过程中，中国政府和人民得到了各国政府和人民的真诚帮助，得到了国际奥委会和国际奥林匹克大家庭的大力支持。在这里，我谨向你们并通过你们，向所有为北京奥运会作出贡献的人们，表示诚挚的谢意！

借此机会，我对国际社会为中国抗击汶川大地震提供的真诚支持和宝贵帮助，表示衷心的感谢！世界各国人民的深情厚谊，中国人民将永远铭记！

女士们、先生们、朋友们！

2800多年前在神圣的奥林匹亚兴起的奥林匹克运动，是古代希腊人奉献给人类的宝贵精神和文化财富。诞生于1896年的现代奥林匹克运动，继承了古代奥林匹克传统，发展成为当今世界参与最广泛、影响最深远的文化体育活动。在历届奥运会上，各国运动员秉承更快、更高、更强的宗旨，顽强拼搏，追求卓越，创造了一个又一个佳绩，推动了世界体育运动蓬勃发展。

奥运会是体育竞赛的盛会，更是文化交流的平台。国际奥林匹克运动把不同国度、不同民族、不同文化的人们聚集在一起，增进了世界各国人民的相互了解和友谊，为推进人类和平与发展的崇高事业作出了重大贡献。

当今世界既面临着前所未有的发展机遇，也面临着前所未有的严峻挑战。世界从来没有像今天这样需要相互理解、相互包容、相互合作。北京奥运会不仅是

中国的机会，也是世界的机会。我们应该通过参与奥运会，弘扬团结、友谊、和平的奥林匹克精神，促进世界各国人民沟通心灵、加深了解、增进友谊、跨越分歧，推动建设持久和平、共同繁荣的和谐世界。

女士们、先生们、朋友们！

举办奥运会，是中华民族的百年期盼，是全体中华儿女的共同心愿。2001年北京申奥成功以来，中国政府和人民认真履行对国际社会的郑重承诺，坚持绿色奥运、科技奥运、人文奥运理念，全力做好各项筹办工作。我相信，在国际奥委会和国际奥林匹克大家庭支持下，我们一定能够共同把北京奥运会办成一届有特色、高水平的奥运会。

现在，我提议：为国际奥林匹克运动蓬勃发展，为世界各国人民团结和友谊不断加强，为各位嘉宾和家人身体健康，干杯！

[祝酒词范文2]

宴请外宾祝酒词

尊敬的俄布市政府友好代表团全体成员：

在这鲜花盛开，草长莺飞的美好季节里，我们高兴地迎来了以第一副市长切列米欣先生为首的俄布市政府代表团。上午，我们参观了世界著名的火山风景名胜区五大连池，刚才，我和切列米欣先生代表五大连池市和布拉格维申斯克市签订了友好城市协议。这个具有里程碑意义的协议，标志着两地间合作与交往开始，它必将对促进两地经济文化的繁荣发展以及传统友谊的巩固和加深。

去年，我率团到俄罗斯首府莫斯科进行了项目考察，深深地感受到了俄罗斯人民的热情好客和醇厚的民族风情，这次能够在资源丰富、人杰地灵、民风纯朴的五大连池接待尊贵的俄罗斯客人，我感到十分荣幸。

今天我们五大连池市政府在波斯特酒店举行欢迎午宴，共同庆祝我们成功地缔结为友好城市，下面我提议：为了切列米欣先生及其美丽助手和其他随员的身体健康，为了五市与布市之间加强合作，携手促进两地的繁荣与发展，干杯！

×××

[祝酒词范文 3]

在国际禁化武视察员及国家代表招待宴会上的祝酒词

Toast at the Reception of OPCW Inspectors and the Country Representative

尊敬的国际禁化武视察组凯里·基兰组长及各位视察员，尊敬的国家代表，女士们、先生们：

中午好！

Respected Mr.Kerry Kilan, leader of the OPCW Inspection Team, members of the team, respected country representative, ladies and gentlemen:

Good noon!

今天，苏州市人民政府和张家港市人民政府在此设宴，感谢国际禁化武视察组全体成员四天来的辛勤工作，感谢国家代表以及国家、省禁化武办领导对我们工作的支持、帮助和认可，本次核查工作的圆满完成，离不开你们的努力和各有关方面的高度配合。

Today, Suzhou Municipal Government and Zhangjiagang Municipal Government are holding reception here to convey our thanks to the members of OPCW Inspection Team for your hard work in the recent 4 days, and also to the country representative and the leaders of national and provincial organizations of the prohibition of chemical weapons for your support, help and affirmation towards our work.The successful conclusion of the inspection is not possible without your efforts and the coordination from all relevant parties.

在刚刚结束的签字仪式上，张家港市政府代表地方政府明确表示要切实履行《公约》规定的各项义务，积极接受和配合国际禁化武组织开展的各项视察活动。今后，我们将在国家和江苏省人民政府的领导下，继续做好各项履约工作。

At the signing ceremony a moment ago, Zhangjiagang Municipal Government, on behalf of local governments, made it clear that we would earnestly fulfill the obligations prescribed in the CWC and happily receive and cooperate with all inspections made by OPCW.In the future, we will, under the leadership of central and provincial governments, continue our fulfilment.

现在，我提议：

为此次禁化武核查工作的圆满结束，

为我们的友谊，

为在座各位的事业顺利、身体健康、阖家幸福，

干杯！

Hereby, I would like to propose a toast

To the successful conclusion of this OPCW inspection,

To our friendship,

To your good health, happy family and success in work,

Cheers !

[祝酒词范文 4]

Ladies and Gentlemen,

On behalf of all the members of our mission, I would like to express our sincere thanks to you for inviting us to such a marvelous Christmas party.

We really enjoyed the delicious food and excellent wine.Also, the music was perfect.I enjoyed meeting and talking to you, and sharing the time together.As we say, well begun is half done.I hope we will be able to maintain this good relationship and make next year another great one together.

Thank you again for the wonderful party, we had a great time.

In closing, I would like to invite you to join me in a toast.

To the health of Mr.Vice President,

To the health of our American friends,

To the health of My colleagues, and

To all the ladies and gentlemen present here

Cheers !

×××

第六节　贺信贺电

一、贺信、贺电的含义

贺信、贺电是表示庆贺、赞颂的礼仪生活文书。它是从古代祝词演变而来，用于行政机关、企事业单位、社会团体或个人对取得巨大成就、做出卓越贡献的集体或个人，对重大节日、重大会议、重要任职等表示表彰、赞扬、慰问及庆贺。在涉外活动中已经成为非常重要的一种礼仪生活文书。例如在某个组织、某些重要人物取得成功和成绩或是在节日、生日等值得庆祝的日子里，用这种专用的礼节书信表示庆贺。贺信、贺电可以当场宣读或寄给对方，也可登报或广播。

二、贺信、贺电的特点

贺信、贺电是表示庆贺的，因此其特点可分为三点：

一是祝贺性，即通过真诚的祝贺和赞颂来增加了解、加深友情、加强联系、促进合作；

二是信电性，即通过书信或电文达到祝贺目的，因此语言必须简洁有力、热情真挚；

三是抒情性，即真情实感的自然抒发，给人以鼓舞。

三、贺信、贺电的写作规范

贺信、贺电通常由标题、称谓、正文、结尾和落款五部分组成。

（一）标题

贺信、贺电的标题有四种写法。一是只写“贺信”或“贺电”二字；二是用发信（电）者+贺信（电）作标题，如“××公司贺信（电）”；三是用发信（电）者+事由+贺信（电）作标题，如“××对××会议圆满成功的贺信（电）”；四是用发信（电）者+受信（电）者+贺信（电）作标题，如“××协会给××公司的贺信（电）”。

（二）称谓

贺信、贺电标题下顶格写明被祝贺的集体或个人的名称或姓名。称谓之后要用冒号。如果贺信、贺电是给个人的，则在个人名称后面加上“先生”、“女士”等相应的称谓。

（三）正文

贺信、贺电的正文部分首先写明祝贺的事由，并表示热烈祝贺之情；接着可以结合当前形势，概括分析祝贺方取得的成绩或所要祝贺事项的重大意义；最后表示热烈的祝贺或者赞颂。

（四）结尾

贺信、贺电通常采用祝愿的话语作结。如“此致敬礼”、“祝取得更大的胜利”等。

（五）落款

在贺信、贺电右下方写明发信（电）方的姓名或名称，并署上成文时间。

四、贺信、贺电常用句型

（1）On the occasion of the...th anniversary of...，please accept our heartiest congratulations.

值此××周年之际，请接受我们最真诚的祝贺。

（2）Allow me to convey my congratulations on your promotion to Minister of Trade.

请允许我向您升任贸易部长表示祝贺。

（3）I am delighted that many years service you have given to your country should have been recognized and appreciated.

多年来你对国家的贡献被认可，欣赏，我非常高兴。

（4）May the trade connections between our countries continue to develop with each passing day！

愿我们两国之间的贸易联系持续发展。

（5）We wish you success in your new post and look forward to closer cooperation with you in the development of trade between our two countries.

我们祝愿您在新的职位取得成功，期待我们两国在贸易发展上进一步合作。

[贺信（电）写作模板]

<table>
<tr><td>贺信（电）
尊敬的□□□：
值此□□□之际，我谨代表□□□向□□□表示热烈的祝贺！
预祝□□□会议取得圆满成功！
□□□
□□□□年□□月□□日</td><td>标题
称呼

正文

落款</td></tr>
</table>

[贺信（电）范文 1]

习近平致2013成都《财富》全球论坛的贺信

尊敬的比克斯先生，尊敬的各位嘉宾：

值此 2013 成都《财富》全球论坛开幕之际，我谨向论坛的举办表示热烈的祝贺！向各位代表表示诚挚的欢迎！

借此机会，我代表中国政府和人民，向为四川汶川特大地震、芦山强烈地震抢险救援和灾后恢复重建提供支持帮助的各国企业和各方朋友们，表示衷心的感谢！

由时代华纳集团主办、全球跨国公司广泛参与的《财富》全球论坛，是世界上最有影响的经济发展论坛之一。这次论坛以“中国的新未来”为主题，表明国际社会关心关注中国的未来。

当前，世界多极化和经济全球化深入发展，各国相互依存更加紧密。中国的发展离不开世界，世界的发展也需要中国。

面向未来，中国已经确定了“两个一百年”的奋斗目标。一是到 2020 年，即中国共产党成立 100 年时，国内生产总值和城乡居民人均收入在 2010 年的基础上翻一番，全面建成惠及十几亿人口的小康社会。二是到本世纪中叶，即中华人民共和国成立100年时，建成富强民主文明和谐的社会主义现代化国家。

实现中华民族伟大复兴的中国梦，是中国各族人民的共同愿景。为此，我们将坚持把发展作为第一要务，坚持以人为本，坚持改革开放，全面推进经济建设、政治建设、文化建设、社会建设、生态文明建设，促进现代化建设各个方面、各个环节相协调。

实践将证明，一个充满生机活力的中国，一个不断发展进步的中国，将给各国人民带来更多机遇和福祉。

中国坚定不移走和平发展道路、奉行互利共赢的开放战略。改革开放以来，一大批跨国公司来华投资发展，获得了巨大收益，也为中国经济社会发展作出了重要贡献。今天，我们依然热忱欢迎全球优秀企业来华兴业，参与中国现代化进程，共享中国改革发展成果。中国政府将一如既往保护投资者合法权益，加强知识产权保护，为各国企业提供良好服务。

我预祝2013成都财富全球论坛圆满成功！

中华人民共和国主席 习近平

2013年6月5日

[贺信（电）范文2]

贺 电

尊敬的女士们、先生们：

值此生态文明贵阳国际论坛2013年年会开幕之际，我谨代表中国政府和人民，并以我个人的名义，向会议的召开致以热烈的祝贺！向出席会议的各国元首、政府首脑、联合国机构负责人以及专家学者、企业家等各方嘉宾，表示热烈的欢迎！

这次生态文明贵阳国际论坛年会以“建设生态文明：绿色变革与转型——绿色产业、绿色城镇、绿色消费引领可持续发展”为主题，凝聚了国际社会对生态文明建设的共同关注。相信通过与会嘉宾共同努力，会议的成果必将为保护全球生态环境作出积极贡献。

走向生态文明新时代，建设美丽中国，是实现中华民族伟大复兴的中国梦的重要内容。中国将按照尊重自然、顺应自然、保护自然的理念，贯彻节约资源和保护环境的基本国策，更加自觉地推动绿色发展、循环发展、低碳发展，把生态文明建设融入经济建设、政治建设、文化建设、社会建设各方面和全过程，形成节约资源、保护环境的空间格局、产业结构、生产方式、生活方式，为子孙后代留下天蓝、地绿、水清的生产生活环境。

保护生态环境，应对气候变化，维护能源资源安全，是全球面临的共同挑战。中国将继续承担应尽的国际义务，同世界各国深入开展生态文明领域的交流合作，推动成果分享，携手共建生态良好的地球美好家园。

预祝会议取得圆满成功！

中华人民共和国主席　习近平

2013年7月18日

[贺信（电）范文3]

Congratulation to new owners

Dear Mr.Jackson,

As the new owners of (establishment name), please accept our congratulations and very best wishes for your success.

(name of company) is a well established supplier of beef and provisions to many of the finer hotels and restaurants in (city) and its vicinity.We specialize in choice and prime, portion controlled, pork, lamb veal and western beef.We have enclosed a price list for your perusal, but would like to add that there are specific quantity discounts available.

(name of rep), our sales representative for your area would be pleased to come to the (name of restaurant) at your convenience to show you the quality of our products and discuss our terns and prices with you .please call ×××××× for an appointment.

Yours cordially

[贺信（电）范文 4]

Congratulation on promotion

Dear Tony,

It is our great pleasure to inform you that you have been promoted to the challenging and demanding position of (position).

This promotion is in recognition of the fine work you have done for this firm.We are very confident that you will meet the new responsibilities which accompany the position of (position) with the same level of enthusiasm and enterprise which you have exhibited since you came to work with our firm.

Please accept our congratulations on your new promotion.

Truly yours.

[贺信（电）范文 5]

May 20， 2008

Dear President Ma：

Please accept my warmest congratulations on your inauguration as the new President of Taiwan.This is an important event in the political history of the island, one which can deepen the ties between the United States and Taiwan.A sound U.S.-Taiwan relationship will certainly be the goal of my Administration.Your inauguration also holds promise for more peaceful and stable relations between the two sides of the Taiwan Straits, in no small measure because you have extended the hand of peace and cooperation to Beijing.

Your election is the latest step in consolidating a democracy that has advanced over the last two decades.The people of Taiwan showed great maturity by endorsing a track of peace, prosperity, and good relations with the United States.

I sincerely hope the People's Republic of China will respond to the beginning of your presidency in a constructive and forward-leaning way.It is important for Beijing to demonstrate to the people of Taiwan that the practical and non-confrontational approach that you have taken towards the Mainland can achieve positive results.I hope that there will be progress on issues including development of economic ties, expanding Taiwan's international space, and cross-Straits security, on which you have made proposals that deserve a good-faith response.

I support the "One China" policy of the United States, adherence to the three U.S._PRC Joint Communique's concerning Taiwan, and observance of the Taiwan Relations Act.On that foundation, I believe that the United States should strengthen channels of communication with officials of your government.We should continue to provide the arms necessary for Taiwan to deter possible aggression.And we should support your efforts to build closer ties with the Mainland that will lay the groundwork for a mores table and predicable relationship.

Your election on March 22nd and your inauguration on May 20th were good days for the people of Taiwan, for the forces of democracy around the world, and for peace and stability in the Taiwan Strait and western Pacific.I will do all that I can to support Taiwan' s democracy in the years ahead.

With best wishes,

Barack Obama

参考文献

[1] 李广明 . 应用文写作范文大全 [M]. 北京：当代世界出版社，2010.

[2] 文学 . 新编办公室文字材料写作必备全书 [M]. 北京：海潮出版社，2010.

[3] 谈青、郭建庆 . 应用写作进阶 [M]. 上海：上海人民出版社，2008.

[4] 胡阳 . 新编党务公文写作与规范处理必备全书 [M]. 北京：海潮出版社，2010.

[5] 杨锋 . 应用写作 [M]. 广州：暨南大学出版社，2011.

[6] 杨锋、周蓓新 . 秘书实用写作 [M]. 广州：暨南大学出版社，2007.

[7] 徐秋儿 . 现代应用写作实训 [M]. 杭州：浙江大学出版社，2005.

[8] 黄泽才 . 新编应用写作 [M]. 北京：北京理工大学出版社，2007.

[9] 乔刚，谢海泉 . 现代应用文写作 [M]. 北京：北京理工大学出版社，2007.

[10] 汪祥云，蒋瑞松 . 应用文写作（修订版）[M]. 上海：上海交通大学出版社，2003.

[11] 翁世荣 . 秘书辞典 [M]. 北京：档案出版社，1989.

[12] 郭建利 . 应用写作一点通 [M]. 上海：浙江大学出版社，2007.

[13] 沈绍辉、刘向斌 . 应用文写作 [M]. 北京：北京师范大学出版社，2010.

[14] 常广平 . 应用文写作 [M]. 北京：北京师范大学出版社，2011.

[15] 李展 . 职场文书写作 [M]. 北京：北京大学出版社，2011.

[16] 李建英 . 应用文书写作 [M]. 上海：上海交通大学出版社，2011.

[17] 范立荣等 . 现代秘书礼仪 [M]. 北京：首都经济贸易大学出版社，2006.

[18] 盛小利等 . 商务公文写作速成模板 [M]. 北京：科学出版社，2009.

[19] 黄高才等 . 常见应用文写作暨范例大全 [M]. 北京：中国人民大学出版社，2010.

[20] 尹平平等 . 文秘写作实用模板与范本 [M]. 北京：中国纺织出版社，2012.

[21] 段文昌、王文媛 . 应用文写作 [M]. 北京：北京师范大学出版社，2011.

[22] 王朝源 . 公文交际语言研究 . 中国优秀博硕士学位论文全文数据库，2012.

[23] 赵芳 . 跨文化交际能力 . 中国优秀博硕士学位论文全文数据库，2013.

[24] 龚文 . 论公文写作的灵活性 . 中国优秀博硕士学位论文全文数据库，2012.

[25] 周尤睿 . 论公文写作中句式的写作与运用 . 中国优秀博硕士学位论文全文数据库，2014.

[26] 马书青 . 试析公文语言的准确性与模糊性 . 中国优秀博硕士学位论文全文数据库，2012.

[27] 安从强 . 现代公文中表范围的模糊词语研究 . 中国优秀博硕士学位论文全文数据库，2009.

[28] 叶淑斌 . 比较合作原则与关联理论 . 福建省外国语文学会 2002 年会论文集，2002.

[29] 彭林霞、黄莉 . 商务电子邮件与商务信函中礼貌策略的对比分析 . 温州大学学报，2006.

[30] 马云霞 . 语言在国际交往中的经济价值研究 . 中国优秀博硕士学位论文全文数据库，2012.

[31] 李萍 . 语用模因复制与话语得体语用能力培养 . 外国语文，2009.

[32] 冯爽 . 国际商务文秘英语能力研究 . 中国优秀博硕士学位论文全文数据库，2010.

[33] 吴薇 . 论公关语言及其语用策略 . 中国优秀博硕士学位论文全文数据库，2002.